W0181302

Die mächtigsten
GEHEIMBÜNDE

Frank Fabian

Die mächtigsten
GEHEIMBÜNDE

Bassermann

ISBN: 978-3-8094-3799-4

1. Auflage 2017

© 2017 by Bassermann Verlag, einem Unternehmen der Verlagsgruppe
Random House GmbH, Neumarkter Str. 28, 81673 München

Die Verwertung der Texte und Bilder, auch auszugsweise, ist ohne die Zustimmung
des Verlags urheberrechtswidrig und strafbar. Dies gilt auch für Vervielfältigun-
gen, Übersetzungen, Mikroverfilmung und für die Verarbeitung mit elektronischen
Systemen.
Sollte diese Publikation Links auf Webseiten Dritter enthalten, so übernehmen wir
für deren Inhalt keine Haftung, da wir uns diese nicht zu eigen machen, sondern
lediglich auf deren Stand zum Zeitpunkt der Erstveröffentlichung verweisen.

Projektleitung: Dr. Margit Roth
Umschlaggestaltung: Atelier Versen, Bad Aibling
Herstellung: Reinhard Soll
Druck und Verarbeitung: GGP Media GmbH, Pößneck
Printed in Germany

Verlagsgruppe Random House FSC® N001967

INHALT

WARUM DIESES BUCH NICHT GESCHRIEBEN WERDEN
KANN ODER DIE ANATOMIE DES GEHEIMNISSES   11

    TECHNIKEN DER VERWIRRUNG 12

    DIE ANATOMIE DES GEHEIMNISSES 15

    DIE CHARAKTERISTIKEN GEHEIMGESELLSCHAFTEN 16

    ARTEN VON GEHEIMBÜNDEN UND INSIDER-ZIRKELN 18

1. DIE DREI GEHEIMNISSE DER TEMPELRITTER ODER
   AUFSTIEG UND FALL DES MÄCHTIGSTEN
   MITTELALTERLICHEN RITTERORDENS   23

    EINE EINZIGARTIGE HISTORIE 24

    DIE VERSCHWIEGENE WAHRHEIT 26

    DIE WAHREN GRÜNDUNGSVÄTER DER TEMPLER 30

    WIE MAN EINE ELITETRUPPE AUS DEM BODEN STAMPFT 34

    DIE KRIEGE DER TEMPLER 39

    SAGENHAFTE SCHÄTZE 39

    AUFNAHMERITEN UND ANDERE ZEREMONIEN................ 43

    DER UNTERGANG 47

    DIE SCHURKEN UND DRAHTZIEHER 50

2. UNERHÖRTE MANIPULATIONSMETHODEN:
   DER MÖRDER- UND GEHEIMBUND DER ASSASSINEN   55

    EINE VERRÄTERISCHE DEFINITION.................. 56

    AUF DEN SPUREN MOHAMMEDS 57

    TERROR UND MORD 58

    MARCO POLO ODER DIE QUELLENLAGE 61

    DER GEHEIMBUND ERBLICKT DAS LICHT DER WELT 63

    DIE GEHEIMNISSE DER ASSASSINEN 70

    ENDGÜLTIGES FAZIT................... 71

3. GEHEIME BRUDERSCHAFTEN IM BANNE DES PAPSTTUMS – TEIL 1: DIE JESUITEN 73

DIE WAHRHEIT ÜBER DEN GRÜNDER oder WAS ÜBER DIE JESUITEN GESAGT WERDEN DARF 74

DIE JESUITEN 76

EINGRIFF IN DIE HISTORIE 79

DIE EROBERUNG DER WELT 81

VERSCHWÖRUNGEN UND VERBOTE 83

IM URTEIL: LOYOLA UND DIE JESUITEN 88

ENDGÜLTIGES FAZIT: SCHWARZ UND WEISS 91

4. GEHEIME BRUDERSCHAFTEN IM BANNE DES PAPSTTUMS – TEIL 2: OPUS DEI 95

DIE VERSCHWÖRUNG 97

DIE ZWEI GESICHTER JOSEMARÍA ESCRIVÁS 99

DIE HIERARCHIE 101

MISSION, MOTIVATION, INDOKTRINATION 103

DIE UNTERWANDERUNG 103

DER AUFTRAG 104

DIE POLITIK UND DIE BESITZGEHEIMNISSE DES VATIKANS 106

DER ORDEN VOR GERICHT 108

DAS PAPSTTUM VOR GERICHT 110

5. DIE HINTERMÄNNER DER AMERIKANISCHEN REVOLUTION 113

WELTMÄCHTE 114

DER BRUDERKRIEG 116

DIE UNABHÄNGIGKEITSERKLÄRUNG 126

DAS POLITISCHE GLAUBENSBEKENNTNIS DER USA oder DIE ERFOLGREICHSTE VERFASSUNG DER WELT 130

HOCHGEHEIME MACHENSCHAFTEN 135

DAS MYSTERIÖSE BEZIEHUNGSGEFLECHT DER AMERIKANI-
SCHEN REVOLUTIONÄRE 139
KLEINES BRISANTES ERSTES FAZIT 142

6. DER MYSTERIÖSE GRAF VON SAINT GERMAIN   147
DIE LEGENDE 148
NICHTS ALS DIE WAHRHEIT 162
ENDGÜLTIGES FAZIT 174
NOCH EINMAL: DIE FREIMAUREREI 176

7. RÄTSELHAFTE ROSENKREUZER   179
JOHANN VALENTIN ANDREAE 180
POWER ODER DER ORDEN DER ROSENKREUZER 184
DIE WIEDERAUFERSTEHUNG 190
VIER ERKENNTNISSE 192

8. DIE VERSCHWÖRUNGEN DER ILLUMINATEN   195
EINE AUSSERGEWÖHNLICHE GESTALT 196
DIE INTELLEKTUELLE REVOLUTION 197
GEHEIME ZIELE 201
DIE UNTERWANDERUNG 202
DER UNTERGANG 205
WILDE VERSCHWÖRUNGSTHEORIEN 210
DIE DREI FEHLER 212

9. HITLERS GEHEIMBÜNDELEI   215
GEHEIMBÜNDELEI 216
DIE MYSTERIÖSEN PROTOKOLLE DER WEISEN VON ZION 224
DIE VERSCHWÖRUNG GEGEN DIE MENSCHLICHKEIT 232
HITLER UND SEINE GEHEIMBÜNDELEI 235

10. UNBEKANNTES ÜBER DIE FREIMAURER-LOGE P2   237

DIE ENTHÜLLUNG 238
UMSTURZPLÄNE UND TERROR 241
NOCH EINMAL: UMSTURZPLÄNE 248
OHNE MASKE: LICIO GELLI 249
DIE VERSCHWÖRUNG FLIEGT AUF 261
RECHTFERTIGUNGSVERSUCHE
UND FALSCHE FÄHRTEN 264
WAS NICHT VOM TISCH ZU WISCHEN IST.................... 265
GELÖSTE UND UNGELÖSTE RÄTSEL 267

11. WAS ÜBER DIE FREIMAUREREI NICHT GESAGT
WERDEN DARF: GERÜCHTE, GEHEIMNISSE,
GESCHICHTE UND GEGENWART   269

EINSICHT NR. 1 270
EINSICHT NR. 2... 272
DIE ENTSTEHUNG DER FREIMAUREREI........................ 273
DIE ENTSTEHUNG EINES GEHEIMKULTES 276
DIE INTELLEKTUELLE REVOLUTION 279
DER GEGENSCHLAG 281
RÄTSEL DER POLITIK... 283
DER LUDERGERUCH DER REVOLUTION 286
DIE BLUTIGE REVOLUTION 289
DIE REVOLUTION FRISST IHRE KINDER 294
REVOLUTIONEN UND DIE FREIMAUREREI..................... 297
DIE SCHWARZE HAND 301
DIE NAZIS UND DIE FREIMAUREREI.............................. 304
VERTRAULICH: DER WAHRE
EINFLUSS DER FREIMAUREREI 306
DER GEHEIMBUND IN DER GEGENWART 308
VORLÄUFIGES FAZIT 308
ENDGÜLTIGES FAZIT... 313

WARUM DIESES BUCH GESCHRIEBEN WERDEN MUSSTE ODER GEHEIMNIS ENTHÜLLT 315

SKULL AND BONES.. 315

DIE BILDERBERGER.. 317

ROCKEFELLER, ROTHSCHILD & CO. 318

DIE WAHRE MACHT 319

LITERATURVERZEICHNIS 323

ÜBER DEN AUTOR 332

ERFOLGSTITEL 332

WARUM DIESES BUCH NICHT GESCHRIEBEN WERDEN KANN ODER DIE ANATOMIE DES GEHEIMNISSES

Kein Thema ist aufregender und spannender als das der Geheimbünde. Es lässt uns ahnen, dass uns bislang viel vorenthalten wurde – Fakten und Tatsachen, über die wir Bescheid wissen sollten. Fest steht: Über Geheimgesellschaften und Geheimbünde wurde bis heute zu selten oder nie die Wahrheit gesagt.

Aber warum? Aus welchem Grund werden wir über Geheimbünde nicht informiert? Beispielsweise im Geschichtsunterricht? In der Historie gab es nachweislich zahlreiche Geheimbünde, die enorme Auswirkungen auf den Verlauf der Ereignisse hatten und die „Geschichte" manchmal sogar in eine ganz neue Richtung drängten.

Warum tappen wir im Dunkeln, wenn wir unser Wissen über Geheimgesellschaften seriös erweitern wollen? Noch einmal: Geheimbünde veränderten nachweislich den Lauf der Geschichte. Müssten wir demnach nicht über ihre Existenz aufgeklärt werden?

Nun, die Gründe liegen auf der Hand: Eine „Geheimgesellschaft" scheut per definitionem das Tageslicht. Ihre Vertreter versuchen alles, um bestimmte Informationen nicht ans Licht kommen zu lassen. Sie leugnen manchmal sogar ihre schiere Existenz. Sie legen falsche Fährten. Sie geben scheinbare Geheimnisse preis, die bei genauerer Betrachtung gar keine sind, sondern lupenreine Fehlinformationen, die in die Irre führen sollen, damit sich der neugierige Zeitgenosse in einem Labyrinth verirrt.

TECHNIKEN DER VERWIRRUNG

Betrachten wir nur einmal einen Aspekt des Repertoires des ehemaligen sowjetischen Geheimdienstes, des KGB, der ja in weitestem Sinn als „Geheimgesellschaft" bezeichnet werden kann.

KGB? Das *Komitet Gossudarstwennoi Besopasnosti* – das Komitee für Staatssicherheit – hatte in der ehemaligen Sowjetunion von 1954 bis 1991 zahlreiche Aufgaben. Uns interessiert hier aber nur, dass es innerhalb des KGB eine eigene Desinformationsabteilung gab, in der systematisch daran gearbeitet wurde, Fehlinformationen zu lancieren. Tausende von KGB-Mitarbeitern waren auf nichts anderes spezialisiert, als professionell zu lügen. Es gab eigene Techniken, ja ein ganzes Technik-Repertoire, auf intelligente Weise die Wahrheit zu verdrehen.

Eine Technik bestand beispielsweise darin, den „Feind", der eine geheim gehaltene, schmutzige Tat des KGB aufgedeckt hatte (zum Beispiel einen „kleinen Mord" an einem missliebigen Politiker) sofort zu beschuldigen, die Tat *selbst* ausgeführt zu haben. Wenn also beispielsweise Großbritannien öffentlich lamentierte, der KGB habe den italienischen Politiker xy umgebracht, so veröffentlichte der KGB umgehend eine Gegendarstellung, die besagte, dass eigentlich die Briten diesen italienischen Politiker ins Jenseits befördert hätten …

Die Technik besteht also darin, den Gegner desselben Verbrechens und derselben Taten zu beschuldigen, die man *selbst* begangen hat – manchmal sogar rein prophylaktisch, noch bevor die Öffentlichkeit davon Wind bekommt. Die Wirkung ist interessant: Die Öffentlichkeit wird dadurch in totale Verwirrung gestürzt.

Diese Methode gehört geradezu zum Standard-Repertoire von Geheimdiensten. Und es gibt noch viel mehr Techniken, die Wahrheit zu verschleiern. Es existiert eine hohe Schule der Lüge und 101 Methoden, die Wahrheit zu verdrehen.

Halb- oder Viertelwahrheiten werden manchmal geschickt benutzt, um eine Behauptung, die eigentlich eine Lüge ist, glaubhafter erscheinen zu lassen.

Ehemalige Mitglieder, die die Existenz eines Geheimbundes möglicherweise bezeugen könnten, können umgebracht werden. Zeugen können mundtot gemacht werden – durch Erpressungen und Drohungen. Zeugen können bestochen werden. Falsche Zeugen lassen sich wie von Magierhand aus dem Hut zaubern.

Äußerst geschickt kann ein Geheimbund auch blitzschnell das Interesse der Öffentlichkeit auf ein anderes Thema lenken, wenn er von einer nicht mehr zu leugnenden Untat ablenken muss oder wenn die eigene geheim gehaltene Existenz aufgeflogen ist. Die Medien werden dabei manipuliert wie dressierte Hündchen. Da sie ja nach bestimmten Gesetzmäßigkeiten reagieren, hecheln sie ständig dem neuesten Skandal hinterher. Also wirft man ihnen schnell einen neuen Bissen, einen neuen Skandal vor. Auf diese Weise ist es möglich, die kurz aufgeblitzte Wahrheit schnell wieder unter den Teppich zu kehren. In der Folge wird die undichte Stelle rasch gekittet, indem ein paar Verräter beseitigt werden.

Und so verschwinden die winzigen Lichter der Wahrheit sofort wieder, die manchmal hier und da aufblitzen. Die Öffentlichkeit wird wieder eilfertig mit ein paar Fehlinformationen gefüttert und abgespeist …

Die Techniken der Desinformation sind ebenso raffiniert wie zahlreich. Mit anderen Worten: Sobald wir Geheimbünden auf der Spur sind, sehen wir uns immer einem geschickt gestrickten Netz von Lügen gegenüber. Ferner wird nicht selten mit ganz harten Bandagen gekämpft. Ein „kleiner Mord" gilt nichts.

Die prominentesten Methoden der Lüge bestehen darin, falsche Drahtzieher zu nennen oder die Zeit und den Ort zu verändern. Auf diese Art bleibt ein Geheimbund manchmal lange Zeit unsichtbar. Manchmal verstecken sich die wahren Strippenzieher dadurch, dass sie drei, vier oder sogar fünf Mittelsmänner einschalten, um etwas zu „bewegen". Auch das trägt zur eigenen Unsichtbarkeit bei.

Wir müssen also in aller Schärfe realisieren, dass wir nicht in einem Informations-, sondern in einem Desinformationszeitalter leben. Allein die Informationsflut, die täglich auf uns einprasselt, kann kaum mehr seriös ausgewertet werden.

Die Presse hilft bei vielen Vertuschungen mit. Sie lügt wie gedruckt, weiß schon der Volksmund. Die Täuschungen, die durch die Medien in die Welt gesetzt werden, wurden mittlerweile von zahlreichen Wissenschaftlern verlässlich dokumentiert. Zeitungen, Zeitschriften, Fernsehen, Radio und Internet sind Fundgruben von Fehlinformationen. Denn natürlich beherrschen einige Geheimbünde virtuos das Spiel, Menschen an der Nase herumzuführen – es ist schließlich ihr ureigenstes Metier.

Als Erstes müssen wir also begreifen, dass es eine „Hohe Schule der Lüge" gibt, wie man das nennen könnte. Es gibt ein regelrechtes „Know-how" der Lüge. So verwundert es nicht, dass Geheimgesellschaften und Geheimbünde bis heute mit einem Schutzwall von Lügen umgeben sind.

Als Zweites müssen wir festhalten, dass die Krakenarme einiger Geheimbünde längst auch die Medien erreicht haben. Von vielen Medien wird die Wahrheit regelmäßig zu Grabe getragen.

DIE ANATOMIE DES GEHEIMNISSES

Will man dem Tabu-Thema Geheimbünde wirklich auf die Schliche kommen, muss man zunächst Folgendes realisieren:

„Eigentlich" ist es unmöglich, über dieses Thema ein seriöses Buch zu schreiben. In der Geschichte gibt es einfach zu viele Geheimbünde. Darüber hinaus weist schon der Ausdruck Geheimbund oder Geheimgesellschaft darauf, dass viele Fakten nicht bekannt sind. Oft wurden zudem Fakten verschleiert, verändert oder gar vernichtet.

Und wer kann sich schon anmaßen, ohne Dokumente und Zeugen hinter all die Kulissen blicken zu können?

Die Anatomie des Geheimnisses besteht doch gerade darin, dass all seine Teile geheim sind: die Mitglieder, die Ziele, die Orte der Zusammenkunft, die Hierarchien, die Einweihungspraktiken und noch viel mehr.

Ein Geheimbund ist per definitionem rätselhaft und undurchdringlich. Deshalb kann man selten hundertprozentig zuverlässige Aussagen über Geheimbünde treffen. Zu vieles beruht auf Täuschung und Lüge.

Weltweit gab es im Laufe der Geschichte schätzungsweise weit über tausend Geheimgesellschaften oder Geheimbünde. Geheimnisse zu haben ist geradezu eine menschliche Obsession. Besonders im Mittelalter war man regelrecht besessen von Geheimbünden – unter anderem in Deutschland, Frankreich und England, aber auch in China oder in Indien. Auch das Altertum liebte die Geheimbündelei, genau wie die Neuzeit. Sie ist unausrottbar. Menschen sind verliebt in Geheimniskrämereien.

Doch nicht nur das, auch die schiere Notwendigkeit, Macht zu erhalten oder zu zementieren, lud dazu ein, mit Geheimbünden zu operieren. Geheimbünde dienten ebenfalls dazu, einen missliebigen Herrscher vom Thron zu stoßen, ihn zum Beispiel mit Gift aus dem Leben zu befördern und die Machtfrage neu zu stellen. Ein Putsch konnte nur gelingen, wenn er der Geheimhaltung unterlag und nicht rechtzeitig aufgedeckt wurde – wenn kurz gesagt eine Art Geheimbund existierte. Verräterische Spuren wurden in der Folge rasch verwischt und die Identität der Geheimnisträger verschleiert.

Wir sehen uns demnach beträchtlichen Schwierigkeiten gegenüber, wenn wir über Geheimbünde berichten wollen.

DIE CHARAKTERISTIKEN VON GEHEIMGESELLSCHAFTEN

Dennoch ist es möglich, Geheimbünde zu identifizieren und zumindest einige ihrer Taten ins Scheinwerferlicht zu rücken. Und es ist unerhört wichtig. Denn es ist eine schiere Notwendigkeit, über die Existenz von Geheimbünden Bescheid zu wissen – jedenfalls, wenn wir die Geschichte verstehen wollen, aber auch die Gegenwart.

Noch einmal: Wir dürfen nicht darauf verzichten, das Phänomen der Geheimbünde genauer zu untersuchen. Geheimgesellschaften bewegten nämlich viel. Mehr als einmal bildeten geheime Bruderschaften in der hohen Politik das Zünglein an der Waage. Ja, sie bestimmten manchmal sogar den Verlauf der Geschichte. Wenn wir intellektuell erwachsen werden wollen, sind wir geradezu verpflichtet, etwas über Geheimbünde in Erfahrung zu bringen – andernfalls wissen wir nie, wie in den höchsten Zirkeln die Weichen gestellt werden und wie mit Macht umgegangen wird.

Wollen wir sowohl die Geschichte als auch die Gegenwart verstehen, bleibt uns nichts anderes übrig, als uns auch mit Geheimbünden zu beschäftigen, die manchmal, nicht immer, gleichzeitig auch echte Elitezirkel waren.

Obwohl es einerseits schwierig ist, Geheimbünden auf die Spur zu kommen, weisen andererseits einige zuverlässige Indikatoren auf Geheimgesellschaften hin. Geheimbünde zeichnen sich bemerkenswerterweise fast immer durch bestimmte Charakteristiken aus. Die wichtigsten Kennzeichen von Geheimbünden und geheimen Elitegesellschaften sind:

- Bei der Aufnahme gibt es rigorose Auswahlverfahren.
- An die Mitglieder werden höchste Anforderungen gestellt, manchmal werden sogar gefährliche Einsätze von ihnen gefordert.
- Es herrscht eiserne Disziplin, wobei unbedingter Gehorsam eingefordert wird.
- Immer handelt es sich um ein geschlossenes hierarchisches System, manchmal mit verschiedenen Stufen oder Einweihungsgraden, die erreicht werden können.
- An der Spitze steht eine Führungspersönlichkeit, die höchsten Respekt, ja Verehrung genießt.
- Es gibt eigene Gruppen-Codices und Gruppen-Ideale.
- Es existieren hochgesteckte Ziele, eine eigene Ästhetik sowie Anreizsysteme und Auszeichnungen.
- Alle Mitglieder werden gewöhnlich zur Geheimhaltung verpflichtet.
- Bei Fehlverhalten spielen genau definierte Bestrafungen eine Rolle.
- Oft winkt ein hoher Lohn, der materieller Art (Geld, Besitz, Macht) oder spiritueller Art (das Paradies zum Beispiel) sein kann.[1]

Einige dieser Indikatoren werden manchmal stolz zur Schau gestellt. Manche werden auch enthüllt. Das ist die Achillesferse jedes Geheimbundes. Denn es gibt immer Abweichler, ehemalige Mitglieder und

Ausgestoßene, die plaudern und Geheimnisse verraten. Allerdings muss man deren Informationen mit Vorsicht genießen. Geheimbünde sind jedenfalls selten vollständig unsichtbar und umso leichter zu erkennen, je stärker man für das Thema sensibilisiert ist. Manchmal lassen sich Geheimbünde auch an ihren Früchten erkennen. Oft werden sie nämlich dann entdeckt, wenn zum Beispiel ein bestimmtes politisches Ziel erreicht wurde, das nur im Rahmen eines Geheimbundes ausformuliert werden konnte. Und zu guter Letzt versorgt uns die Historie mit zahlreichen Informationen über Geheimbünde: Mit einer gewissen Verzögerung, die normalerweise rund fünfzig oder hundert Jahre beträgt, kommen selbst ehemals „hochgeheime" Informationen ans Licht – nachdem einige Mitglieder und Drahtzieher eines Geheimbundes verstorben sind und ihnen durch Öffentlichkeit kein Schaden mehr erwachsen kann.

Es ist also inzwischen durchaus möglich, Geheimbünden auf die Spur zu kommen, auf seriöse Art und Weise, ohne zu verrückten und abwegigen Verschwörungstheorien Zuflucht zu nehmen.

ARTEN VON GEHEIMBÜNDEN
UND INSIDER-ZIRKELN

Bei Geheimbünden lassen sich verschiedene Ziele unterscheiden, die sie verfolgen. So gibt es

- die staatlichen Geheimdienste (CIA, den ehemaligen KGB, den BND und so fort), die das eigene Land verteidigen oder andere (Feind-)Länder schwächen wollen;

- Geheimbünde mit einem politischen Ziel (die Tempelritter oder die Freimaurer etwa);
- geheime Bruderschaften mit einem religiösen Ziel (Opus Dei zum Beispiel, mit Abstrichen die Jesuiten) und schließlich
- Insider-Zirkel, die in erster Linie finanzielle Ziele verfolgen (wie das etwa bei international operierenden Bankern der Fall ist).

Selbstredend gibt es Überschneidungen.

In diesem Buch werden wir uns nur mit Geheimbünden befassen, die politische und religiöse Ziele verfolgten. Wir werden nicht über Geheimdienste aufklären und auch nicht über Finanz-Insider-Zirkel – das würde den Rahmen des vorliegenden Buches sprengen.

Ferner werden wir uns nur mit hieb- und stichfesten historischen Ereignissen befassen, die glasklar belegt sind, um uns nicht auf das Niveau von hundert unterschiedlichen Verschwörungstheorien zu begeben, die heute an allen Ecken und Enden wohlfeil zu haben sind. Denn auch Folgendes ist wahr:

DIE INFLATION DER VERSCHWÖRUNGS-LITERATUR ODER DICHTUNG UND WAHRHEIT

Längst findet sich überall die wildeste Verschwörungsliteratur. Das Internet ist übervoll davon. Alle möglichen Weltanschauungen, Ideologien, Religionen oder politischen Parteien offerieren in reicher Fülle die widersprüchlichsten (und zum Teil getürkten und unbewiesenen) „Informationen" über bestimmte Ereignisse. Viele dieser Theorien entbehren jedes Beweises.

Unser Ehrgeiz besteht jedoch darin, nur mittels konkreter historischer Ereignisse Geheimbünde zu „enttarnen". Wir lassen nur Fakten und Tatsachen gelten, die von jedem Geschichtswissenschaftler nachvollzogen werden können. In diesem Sinne versuchen wir, folgende Fragen zu beantworten:

- Worin bestanden die drei Geheimnisse der Tempelritter und wie ist der sagenhafte Aufstieg und plötzliche Fall dieser zeitweise mächtigsten mittelalterlichen Institution zu erklären?
- Was wissen wir mit Sicherheit über die legendären Assassinen – diese brandgefährliche islamische Geheimbruderschaft, die mit Haschisch, Paradiesvorstellungen und Sex ihre Mitglieder zum Töten und Morden verführte?
- Welche geheimen Bruderschaften standen und stehen im Banne des Papsttums – wie etwa das Opus Dei oder die Jesuiten?
- Wer waren die Hintermänner der Amerikanischen Revolution?
- Wer zog die Strippen in der Französischen Revolution?
- Welchen Geheimorganisationen gehörte der mysteriöse Graf von Saint Germain an und wer waren im 17. Jahrhundert die grauen Eminenzen hinter den europäischen Thronen?
- Was hat es mit den Geheimbünden der Illuminati und Rosenkreuzer auf sich?
- Was wissen wir über den Geheimbund Schwarze Hand, der eine tragende Rolle beim Ausbruch des Ersten Weltkriegs spielte?
- Worin bestand Hitlers Geheimbündelei, wer waren die Männer hinter Hitler?
- Welche Fakten werden bis heute über die Freimaurer-Loge P2 unter den Teppich gekehrt?
- Wie liest sich die wahre Geschichte der Freimaurerei?

So viel dürfen wir versprechen: Sie werden nach der Lektüre dieser Kapitel eine ganz andere Sicht auf die Geschichte haben. Geheimbünde werfen ein völlig neues Licht auf verschiedene historische Ereignisse – man muss nur um ihre Existenz wissen.

Beginnen wir mit einem der interessantesten Geheimbünde der Geschichte: den Tempelrittern. Ihre Existenz ist genauestens dokumentiert, und Historiker haben längst gesicherte Fakten über sie zusammengetragen. Fragen wir uns, wie die Templer zu dem einflussreichsten Orden ihrer Zeit aufsteigen konnten. Wie gelang es ihnen, für eine kurze Zeit eine so unvorstellbare Macht in ihren Händen zu vereinen und solch unermessliche Reichtümer an sich zu raffen, wie es nie vorher in der Geschichte des Abendlands möglich war? Und was machte den innersten Kern dieses Geheimbundes und seine Faszination aus?

1.
DIE DREI GEHEIMNISSE DER TEMPELRITTER ODER AUFSTIEG UND FALL DES MÄCHTIGSTEN MITTELALTERLICHEN RITTERORDENS

Wir haben es bereits angedeutet: Bis heute wird die ungeheure Macht der Tempelritter völlig unterschätzt, die sich in ihren legendären, tapferen Großmeistern an der Spitze ballte: Hugo von Payens, Eberhard von Barris, Bertrand de Blanchefort ... und wie sie alle hießen. Diese Großmeister waren teilweise mächtiger als viele Könige ihrer Zeit.

Der Grund: Die Templer verfügten über sagenhafte Schätze, über Gold und Geld, wodurch sie zum reichsten Orden ihrer Zeit aufstiegen. Zahlreiche Legenden, Gerüchte und Sagen rankten sich um die Quelle dieses Reichtums. Woher stammte er?

Ferner suchten der Mut der Templer und ihre Einsatzbereitschaft ihresgleichen – in militärischer Hinsicht konnte es niemand mit diesen Rittern aufnehmen, sofern ein Fürst, Sultan oder König nicht über ein weit überlegenes Heer verfügte. Jeder Templer war eine kleine, schier uneinnehmbare „Festung" in sich. Der Tempelritter starrte vor Waffen und fürchtete weder Tod noch Teufel. Er verachtete den Tod sogar zutiefst. Eine der Templer-Regeln besagt, er dürfe in einem Kampf erst dann fliehen, wenn er sich mindestens einer vierfachen Übermacht gegenübersehe. Und wenn ein Templer im Kampf fiel, riss er vorher gewöhnlich zahlreiche Feinde mit sich in den Tod. Die Templer waren eine draufgängerische, militärische Elitetruppe, motiviert bis unter die Haarspitzen und von ihren Feinden mehr gefürchtet als Satan persönlich. Wodurch waren die Tempelherren in militärischer Hinsicht so überlegen?

Und es gab ein drittes Mysterium: Das war das eigentliche Geheimnis der Templer. Es wurde zum Teil genährt durch geheime Einweihungsriten, die lange Zeit nicht bekannt wurden. Worin bestand dieses letzte und bedeutendste Geheimnis?

Alle drei Geheimnisse der Templer wurden bis heute nie komplett ausgeleuchtet. Aber wir werden im Laufe dieses Kapitels sehr präzise Antworten liefern. Sie lassen uns die Tempelritter mit einem Schlag verstehen und bringen mehr Licht in das Dunkel dieses Geheimbundes, als das bisher der Fall war.

Aber zunächst müssen wir uns zumindest einen Überblick verschaffen, die Fakten müssen auf den Tisch. Wir müssen in Erfahrung bringen, was überhaupt geschah.

EINE EINZIGARTIGE HISTORIE

Der Templerorden (man sprach und spricht auch von Templern, Tempelrittern oder Tempelherren) war ursprünglich kein Geheimbund, sondern ein geistlicher Ritterorden. Er existierte von 1118 bis 1312, überdauerte also rund zwei Jahrhunderte. Zuletzt war er in Deutschland, Frankreich, England, Spanien, Italien, vielen osteuropäischen

Ländern, in allen Ländern, die ins Heilige Land führten, und im Heiligen Land selbst präsent, von vielen strategisch wichtigen Inseln wie Zypern ganz abgesehen. Seine Machtentfaltung war unvorstellbar. In ganz Europa und im Nahen Osten gab es mit einem Mal Templer-Burgen, „Kommenden" oder „Komtureien" (= wörtlich: Häuser), Stützpunkte und Festungen, die Landkarte war übersät von ihnen.

Die verschiedenen Burgen und Niederlassungen der Templer um das Jahr 1300
(Quelle: Wikipedia).

Doch was war eigentlich ein geistlicher Ritterorden? Ein Templer war eine eigenartige, eigentlich unmögliche Mischung aus Mönch und Ritter, denn ein Mönch ist friedfertig, ein Ritter dagegen ein Krieger. Ein Mönch betet täglich und hält die linke Backe hin, wenn er auf die rechte geschlagen wird; ein Krieger ist ein Haudegen, der erbarmungslos mit dem Schwert zuschlägt und auf den Feind eindrischt.

Und wie war es zu der Gründung dieses geistlichen Ritterordens gekommen? Wer hatte Pate gestanden? Und warum war dieser Orden überhaupt ins Leben gerufen worden?

Fragen über Fragen!

DIE VERSCHWIEGENE WAHRHEIT

Wir können den Templerorden nicht verstehen, wenn wir nicht zumindest in groben Zügen den historischen Hintergrund ausleuchten – und auf einige Fakten aufmerksam machen, die normalerweise unter den Tisch gekehrt werden.

Erinnern wir uns also: Im Jahre 1096 wurde das ganze Abendland vom Kreuzzugsfieber gepackt. Die Franzosen waren besonders eifrig, aber auch die Deutschen konnten ihre Begeisterung kaum zügeln. Der sogenannte Erste Kreuzzug, wie er später von Historikern genannt wurde, nahm Gestalt an. Als Vater dieses Kreuzzuges gelten die Päpste Gregor VII. (1073–1085 auf Petris Stuhl) und Papst Urban II. (1088–1099 in Amt und Würden). Es ging darum, mit Waffengewalt den „einzig wahren Glauben" durchzusetzen, besonders im Heiligen Land, das von Muselmanen, auch Sarazenen genannt, beherrscht wurde. Um Menschen zur Eroberung des Landes zu motivieren, wurden diese Sarazenen zunächst auf das Übelste diffamiert und verleumdet. Man unterstellte ihnen die grauenhaftesten Untaten – alles erstunken und erlogen. Danach durfte ein Kreuzzügler den Sarazenen mit Zustimmung Christi, genauer gesagt mit höchstkirchlicher Erlaubnis, unbedenklich die Kehle durchschneiden.

Das Ziel des Ersten Kreuzzuges bestand darin, den „freien Zugang zu Jerusalem wiederherzustellen", das sich in den Händen der „Ungläubigen" befand. In Jerusalem hatte angeblich Jesus gewirkt, auf diesem heiligen Boden war er gewandelt.

Aber zunächst mussten Christen entsprechend „eingestimmt" werden. Der „begnadete" Rhetoriker Papst Urban II. machte sich in dieser Hinsicht besonders verdient – in Wahrheit war er ein Hetzer vor dem Herrn. Sarazenen wurden von Urban II. als „gottloses Volk" bezeichnet und als „Hunde", die aus Jerusalem vertrieben werden müssten. Eine Hetzrede aus seinem Mund hörte sich folgendermaßen an:

„Die Wiege unseres Heils nun, das Vaterland des Herrn, das Mutterland der Religion, hat ein gottloses Volk in seiner Gewalt. Das gottlose Volk der Sarazenen drückt die heiligen Orte, die von den Füßen des Herrn betreten worden sind, schon seit langer Zeit mit seiner Tyrannei und hält die Gläubigen in Knechtschaft und Unterwerfung. Die Hunde sind ins Heiligtum gekommen, und das Allerheiligste ist entweiht. Das Volk, das den wahren Gott verehrt, ist erniedrigt ..."[1]

Noch einmal: Der Papst rief dazu auf, Jerusalem zu erobern. Den Kreuzzüglern wurde die Aufhebung aller anhängigen Gerichtsverfahren, der Schuldenaufschub, der Erlass aller Sünden (auch Todsünden wie Mord), das ewige Seelenheil, das Paradies sowie reiche Beute in den eroberten Ländern versprochen.

Ein wilder, ungeordneter Haufen – Bauern und Adlige, kurz Menschen aus allen Gesellschaftsschichten – brach jubelnd auf. Ohne Bedenken brachten sie auf dem Weg nach Jerusalem viele Juden um und überfielen und beraubten Bauern und Dörfer am Wegesrand. Es ging ja um eine heilige Sache. Der wilde Haufen überwand Hunger und Krankheit, Hitze und selbst die Pest – und befand sich unversehens mitten in Syrien. Hier jedoch vernichtete ein Türkenheer die ersten Kreuzfahrer fast vollständig. Aber nach einiger Zeit folgten dem ungeordneten Haufen Ritter, Grafen und Blaublütige, die weit besser ausgerüstet waren und eine echte Gefahr für das Morgenland darstellten.

In Byzanz/Konstantinopel unterstützte der byzantinische Kaiser die Kreuzfahrer, rechnete er sich doch ebenfalls fette Beute aus, wenn die verdammten Muselmanen besiegt würden. In Syrien und Palästina eroberte dieses Kreuzfahrerheer in der Folge mehrere wichtige Städte, aber der Kampf, die Hitze und der Durst vernichteten große Teile des Heeres, bis schließlich nur noch 12 000 Mann vor den Toren Jerusalems standen. Jerusalem wurde indes nur von 1000 Mann verteidigt – und so kam es, wie es kommen musste: Jerusalem, die heiligste Stadt der Erde, fiel unter dem ohrenbetäubenden Jubelgeschrei der Kreuzfahrer, die nun wie Berserker wüteten.

Menschen wurden gefoltert, enthauptet, erschossen, von Türmen gestürzt oder verbrannt. „Frauen wurden erdolcht, Säuglinge von der Mutterbrust gerissen und über die Stadtmauern geschleudert oder an Pfählen zerschmettert"[2], berichtete ein Chronist. Dann umarmten sich die Kreuzfahrer, weinten heiße Tränen vor Freude und stürzten in die Grabeskirche, wo Christus einst nach seinem Tod aufgebahrt worden sein sollte.

Das Ziel war erreicht, die Heilige Stadt befand sich wieder im Besitz des Christentums, selbst die Engel im Himmel sangen Hosianna. Eilig wurde das „Königreich Jerusalem" errichtet, das offiziell unter päpstlicher Herrschaft stand, in Wahrheit jedoch gaben einige Aristokraten den Ton an. Grund und Boden wurden neu verteilt und die früheren Lehnsherren zu Leibeigenen degradiert, christliche genauso wie mohammedanische. Die einheimischen Christen blickten mit Wehmut auf die frühere muslimische Herrschaft zurück, als man sehr viel toleranter und gerechter mit ihnen umgegangen war. Die meisten Kreuzfahrer kehrten zurück in ihre angestammten Lande, sodass das neue „Königreich Jerusalem" plötzlich nur noch unzureichend verteidigt war. Und so kam es zum zweiten Mal, wie es kommen musste: In dieser Region fiel eine Stadt nach der anderen in die Hände der „Ungläubigen" zurück, was in Europa helle Empörung auslöste und schließlich zum Zweiten Kreuzzug führte.

Zwischen dem Ersten und dem Zweiten Kreuzzug war der Orden der Tempelritter gegründet worden, im Jahre 1118, um dieses wichtige Datum zu wiederholen.

Was war passiert?

Die Päpste im Bund mit einigen fanatischen Predigern – deren wichtigster Vertreter laut den Quellen ein Abt „mit honigsüßer Stimme" und starker Überzeugungskraft namens Bernhard von Clairvaux war – hatten längst erkannt, dass man das „Königreich Jerusalem" und das Heilige Land nur dann sichern konnte, wenn eine militärische Elitetruppe den Muselmanen Einhalt gebot.

Aus dieser Erwägung heraus erblickten die Tempelritter das Licht der Welt. Sie waren eine religiös-militärische Notwendigkeit – vom Standpunkt der Päpste und Prediger aus. Der Tempelritter musste einerseits beten und gehorsam sein und unverbrüchlich und fest im christlichen Glauben stehen und andererseits ein brandgefährlicher Kämpfer sein, den alle mehr fürchteten als der Teufel das Weihwasser. Wollten der Papst und der „heilige Bernhard" je ihre Absicht durchsetzen, so brauchten sie einen militärisch-mönchischen Elitekrieger, eine einzigartige Mischung aus „Geistlichkeit" und „Weltlichkeit". Kurz gesagt musste eine neue Art Mensch geschaffen werden.

DIE WAHREN GRÜNDUNGSVÄTER
DER TEMPLER

Die inoffiziellen (und wahren) Gründungsväter der Tempelritter waren also die Päpste und einige fanatisierte Prediger, allen voran Bernhard von Clairvaux, auf den wir noch zu sprechen kommen werden. Denn diese schillernde Figur ist mehr als interessant. Die offiziellen Gründungsväter hingegen waren französische Ritter.

Als die wichtigste Gründerfigur der Templer wird bis heute ein gewisser Hugo de Payens genannt – auch Paenz, Pahens, Payns, Paenciis oder Paganis geschrieben, mit einem Namen ging man weniger sorgfältig um als mit dem Wort Gottes. Hugo de Payens (1070–1136) war ein Ritter edlen Geblüts aus Frankreich. Er avancierte zum ersten Großmeister des Templerordens. Payens hatte bereits am Ersten Kreuzzug teilgenommen, in einem Heer des Grafen de Blois et de Champagne, mit dessen Familie ihn mindestens Freundschaft, vielleicht sogar Verwandtschaft verband. Er kannte auch Gottfried von Bouillon (1060–1100), einen mächtigen niederlothringischen Herzog, ebenfalls Kreuzfahrer und Gründer des christlichen „Königreichs Jerusalem". Bouillon nahm zwar selbst nie den Königstitel für das neu geschaffene „Königreich Jerusalem" an, sorgte aber dafür, dass sein Bruder als Balduin I. zum König von Jerusalem aufstieg. Später sollte Bouillon das Vorbild für viele europäische Ritter werden.

Hugo de Payens war also gut vernetzt. Auch er wusste, dass man das neue „Königreich Jerusalem" nur dann würde halten können, wenn es hinreichend verteidigt würde.

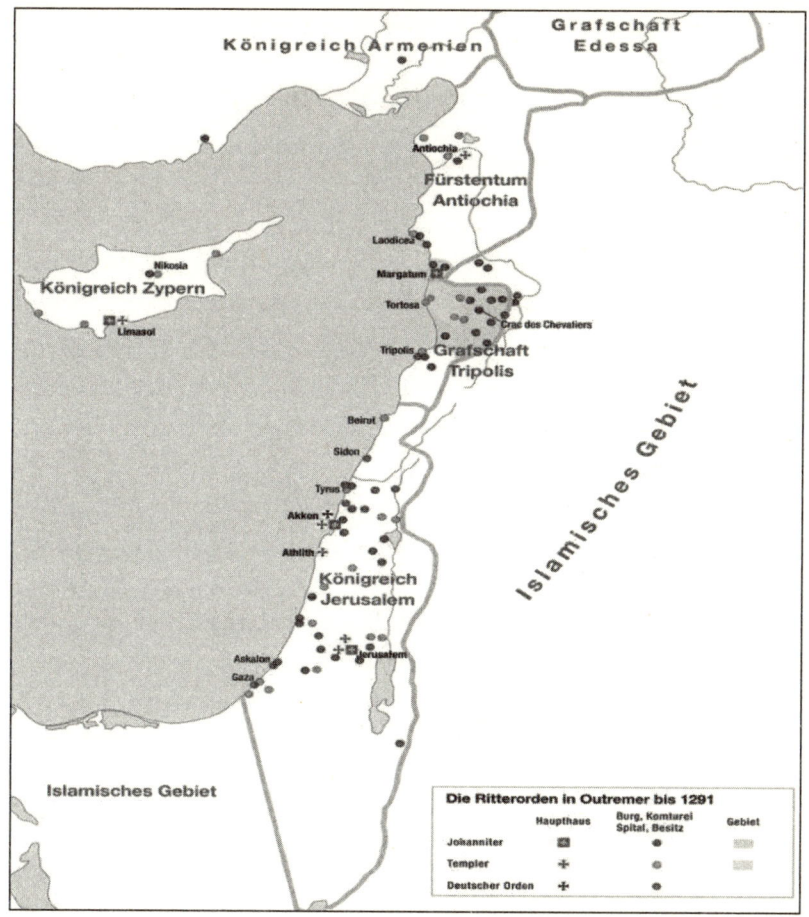

Das „Königreich Jerusalem" im Jahre 1291 – mit seinen Nachbarn in heutigen Teilen von Syrien, Israel und dem Libanon – umfasste zahlreiche Städte und ganze Landstriche, beileibe nicht nur die Stadt Jerusalem (Quelle: Wikipedia).

Im Jahre 1118 reiste Hugo de Payens mit mehreren „gottesfürchtigen" Rittern in dieses neu geschaffene „Königreich Jerusalem", also ins Heilige Land. Ihm folgte de Champagne. Die beiden trafen sich mit König Balduin II., dem Nachfolger des inzwischen verstorbenen Balduin I. In einem Dreierbund – so jedenfalls eine historische Version – beschloss man, den Orden der Tempelritter aus der Taufe zu heben.

Balduin II. stellte den Rittern einen geheiligten Ort in Jerusalem als Hauptsitz zur Verfügung, an dem einst der Salomonische Tempel gestanden hatte. Salomon – bekanntermaßen der weiseste Herrscher der jüdischen Geschichte – hatte einst einen Tempel in Jerusalem errichten lassen. Daher stammt also der Name Templer, die offiziell „Arme Ritterschaft Christi und des Salomonischen Tempels zu Jerusalem" *(Pauperes commilitones Christi templique Salomonici Hierosolymitanis)* hießen.

Noch einmal: Der Name Templer geht auf die Trümmer dieses Salomonischen Tempels zurück, der auch für die Christenheit eine besondere religiöse Bedeutung besaß.

Der Salomonische Tempel beherbergte der religiösen Legende zufolge die Bundeslade mit den heiligen Gesetzestexten der Juden, zu denen unter anderem die Zehn Gebote gehörten. Die Bundeslade? Angeblich hatte Gott selbst im zweiten Buch Mose genaue Anweisungen für den Bau der Bundeslade gegeben:

„Und sie sollen eine Lade aus Akazienholz machen, zweieinhalb Ellen ihre Länge und eineinhalb Ellen ihre Breite und eineinhalb Ellen ihre Höhe. Und du sollst sie mit purem Gold überziehen. Innen und außen sollst du sie überziehen, und du sollst einen goldenen Rand rings an ihr machen. … Und du sollst das Zeugnis, das ich dir geben werde, in die Lade legen."[3]

In dieser Bundeslade befanden sich demnach die heiligsten Texte und Anordnungen Gottes. Auf diese Weise war ein Bund zwischen den Juden und Gott geschlossen worden. Doch diese Bundeslade war längst verloren gegangen. Oder ruhte sie verborgen zwischen den Trümmern des Salomonischen Tempels? Man könnte sie angeblich wiederfinden, wenn man

1. innerhalb der Ruinen des Salomonischen Tempels nach
2. einer unvorstellbar wertvollen Truhe suchte, in der sich
3. das Wort Gottes befand.

Die Templer fußten also auf einer religiösen Legende oder wurden zumindest damit in Verbindung gebracht. Später bildete sich mehr als ein Gerücht um die angebliche Suche der Templer nach dieser Bundeslade.

Der Salomonische Tempel war jedoch mehrmals zerstört, wieder aufgebaut und abermals zerstört worden, bis der Tempelplatz – während der Herrschaft der Muselmanen in dieser Region – für eine Moschee genutzt wurde. Nach der Eroberung Jerusalems durch die Kreuzfahrer wurde diese Moschee, ein Symbol des Islam, selbstverständlich erneut umgewandelt und wich einem Symbol des Christentums. Kein geringerer als der neue (christliche) König von Jerusalem residierte jetzt hier in einem Palast – bis er den Ort den Templern überließ. Und die errichteten an dieser geschichtsträchtigen Stelle ihr Hauptquartier. Von hier aus nahmen zahlreiche, zum Teil hochgeheime Unternehmungen ihren Ausgang. Plötzlich gab es also diese Tempelritter oder Templer. Im Gegenzug verlangte König Balduin II., ihm müsse nun stets eine einsatzbereite, pflichtbewusste Kampftruppe zur Verfügung stehen, wenn Not am Mann sei. Darüber hinaus hätten die Templer die Pilgerwege zu schützen. Die Tempelritter legten außerdem das Gelübde der Keuschheit, der Armut und des Gehorsams ab – ein mönchischer Schwur.

Um Rom zufriedenzustellen und die Unabhängigkeit der Templer sicherzustellen, wurde entschieden, dass der neue Orden direkt dem Papst unterstünde und sonst niemandem rechenschaftspflichtig sei. Das war besonders wichtig, da die Tempelherren sich in der Folge keinem lokalen christlichen Machthaber beugen mussten. Und der Papst in Rom, der *papa*, der war weit weg vom Schuss.

Soweit die nackten Fakten über die Entstehung der Templer.

Natürlich werden in der offiziellen Gründungsgeschichte noch weitere Namen genannt, auch Variationen gibt es zuhauf wie etwa, dass Hugo de Champagne erst später den eigentlichen Aufschwung des Ordens herbeiführte. Doch welche Spielart auch immer stimmt, tatsächlich ist das nicht einmal ein Zehntel der wahren Geschichte, sondern lediglich der äußere Schein.

WIE MAN EINE ELITETRUPPE AUS DEM BODEN STAMPFT

Nach der Gründung des Templerordens reisten Hugo von Payens und seine Mannen sofort nach Frankreich, England, Schottland und Flandern und rekrutierten geradezu fieberhaft Mitglieder für den neuen Orden. Es galt, eine schlagkräftige Ordensarmee aufzustellen und – weit wichtiger – einen speziellen Mönchsritter zu schmieden, eine seltsame Mischung aus Kriegsmann und Heiligen. Dieses mentale Kunststück konnte jedoch nur einem gelingen: dem legendären Bernhard von Clairvaux, dem einflussreichsten Abt dieser Zeit, dem Mann mit der „honigsüßen Stimme".

Bis heute ist nicht bekannt, welche Rolle dieser übermächtige Abt wirklich spielte. Er war jedenfalls maßgeblich daran beteiligt, einen völlig neuen Verhaltenskodex für diese Art von Mönchsritter zu erstellen – rigorose, ja brutale Regeln, die es in sich hatten und ein echtes Novum darstellten. In einem „geistigen" Sinne erfand Clairvaux erst diesen Typus des Mönchsritters, gottgleich schuf er gewissermaßen einen „neuen Menschen".

Anfänglich gab es nur 72 Ordensregeln, später 686. Die Ergänzungen betrafen vor allem den militärischen Bereich sowie Strafen für Vergehen. Auch das *Lob der neuen Ritterschaft,* ein Traktat aus der Feder des heiligen Bernhard, wurde später integriert.

Die Ordensregeln legten zunächst eine kompromisslose Hierarchie fest, die nicht infrage gestellt werden durfte. An der Spitze der Templer stand der Großmeister, dem bedingungslos zu gehorchen war. Über ihm standen nur der Papst und Gott.

Ferner wurden darin alle militärischen Details festgehalten. Jede Waffe hatte eine symbolische Bedeutung: Der Griff des Schwertes erinnerte an das Kreuz und das Leiden Christi. Die Klinge war ein Symbol der Gerechtigkeit. Die Lanze repräsentierte Geradheit, ihre eiserne Spitze die Kraft der Wahrheit. Der Rundhelm, der den Kopf des Tempelritters komplett umschloss, war ein Sinnbild der Schamhaftigkeit und der Demut. Der Harnisch stand für den Mut des Ritters. Die bewehrten Handschuhe sollten den Mönchsritter vor bösen Taten bewahren, vor Meineid und Raub zum Beispiel. Der weiße Mantel der Tempelritter symbolisierte Reinheit, das rote Tatzenkreuz das Blut Christi. Auf diese Weise wurden alle Schutz-, Verteidigungs- und Angriffswaffen in eine religiöse Sphäre erhoben. Der Tempelritter wurde förmlich in das Christentum hineinhypnotisiert. Zusammen mit den unvorstellbar zahlreichen ständigen Gebeten, die tagaus und tagein gesprochen werden mussten, kam das einer Gehirnwäsche und Autosuggestion gleich. Alles war Religion, und Religion war Krieg.

Die Ordensregeln bestimmten selbst die Anzahl der Pferde und der Knappen, die ein Templer besitzen durfte, ferner wie die Zügel auszusehen hatten, die Steigbügel, die Sporen und die Futtersäcke für die Pferde.

Aber Clairvaux, der geistige Übervater all dieser Regeln, ging noch weiter. In seiner Propagandaschrift *De laude novae militiae ad milites templi (Vom Lob der neuen Ritterschaft an die Tempelritter),* die er zwischen den Jahren 1128 und 1131 verfasste und die wie gesagt später in die Ordensregeln integriert wurde, setzte er gewissermaßen – man höre und staune – den Tod außer Kraft. Lauschen wir dem heiligen Bernhard im Originalton:

„Der neue Ritter, dessen Leib mit einer Rüstung aus Eisen und dessen Seele mit einer Rüstung des Glaubens bewehrt ist, fürchtet nichts, weder das Leben noch den Tod, denn Christus ist sein Leben, Christus ist Lohn für seinen Tod (…)

Ziehet also los in aller Sicherheit, Ritter, und kämpft ohne Furcht gegen die Feinde des Kreuzes Christi. (…) Freue dich, mutiger Kämpfer, wenn du überlebst und Sieger im Herrn bist, freue dich und rühme dich noch mehr, wenn du stirbst und dich zum Herrn gesellst."[4]

Fabelhaft! Der eigene Tod war also zu begrüßen. Dem Ritter wurde weisgemacht, dass er direkt in den Himmel aufführe, wenn er stürbe. Der unvorstellbare Mut der Tempelritter findet mit diesen Zeilen seine Erklärung. Es wurde ein neues Ideal geschaffen, mental, aber auch körperlich. Denn die Templer waren „… nie gekämmt, selten gewaschen, mit wildem Bartwuchs, stinkend und schweißbedeckt, geschwärzt von ihren Harnischen und der Hitze.[5] " Ein Tempelritter musste völlig bedürfnislos sein, mit wenig Schlaf auskommen können und falls nötig mit wenig Essen. Und immer wieder wurde der bedingungslose Gehorsam beschworen: „An erster Stelle stehen Disziplin und uneingeschränkter Gehorsam. Jeder kommt und geht, wie es der Vorgesetzte befiehlt."[6]

Der Templer durfte nicht verheiratet sein, ja Frauen nicht einmal „ins Angesicht schauen", wie eine Ordensregel besagte. Er durfte keine „zweideutigen Lieder" singen und musste sich von jedem „schamlosen Getue" fernhalten. Er durfte selbstverständlich keine Kinder haben, sich weder Glücksspielen zuwenden noch auf die Jagd gehen. Er hatte Komödianten, Possenreißer und Taschenspieler zu meiden. Ja, er durfte nicht einmal lachen! „Es lachen die Menschen, es weinen die Menschen, und dass die Menschen lachen, muss man beweinen", lehrte der heilige Bernhard. Lachen wurde als Untugend gebrandmarkt. Der Ritter hatte streng, ernst und gottesfürchtig zu sein. Gleichzeitig war einfach alles auf den Krieg ausgerichtet:

„Wenn die Stunde des Krieges schlägt, panzern sie sich innerlich mit Glauben, äußerlich mit Eisen, nicht mit Vergoldungen … Sie wollen dem Feind Schrecken einflößen … Sie trachten nach dem Sieg … Sie wollen gefürchtet und nicht bewundert werden."
(Clairvaux: *Vom Lob der neuen Ritterschaft*)

Alles zielte auf das effektive Töten ab. Der „neue Mensch", der hier erschaffen wurde, war ein Kampfroboter. Er wurde gehirngewaschen und indoktriniert – bis in die letzte Zelle seines Körpers.

Mit anderen Worten: Hugo von Payens und vor allem Bernhard von Clairvaux hoben den „heiligen Krieg" aus der Taufe. Clairvaux' Kernsatz über den Tempelritter, der diesen neuen Menschen beschrieb, lautete:

„Wenn er [= der Templer] einen Missetäter umbringt, ist er kein Mörder, sondern, wenn ich so sagen darf, ein Übel-Töter. Er rächt Christus an denen, die Böses tun. Er verteidigt die Christen … Wenn er selbst stirbt, geht er nicht zugrunde, er gelangt an sein Ziel. Der Tod, den er zufügt, kommt Christus zugute; der ihm zugefügte ihm selbst."[7]

Unglaublich! Die „Missetäter" waren natürlich die Muselmanen, die Andersgläubigen, die Feinde, die besiegt und ausgerottet werden mussten. Hier wurde eine Kriegsphilosophie geschaffen, eine Kriegstheologie, wie sie sich kein satanisches Hirn hätte menschenfeindlicher ersinnen können. Wenn ein Tempelritter einen Moslem tötete, tat er ein gottgefälliges Werk! Ging er selbst vor die Hunde – auch kein Problem. Dann

37

ging er geradewegs ein ins Paradies. Sozusagen eine Win-win-Situation, wie man heute im modernen Managementslang sagen würde, wenn etwas Sarkasmus erlaubt ist. All diese Regeln wurden dem Templer Tag und Nacht eingetrichtert, bis er zu einer Kampfmaschine mutierte.

Damit aber haben wir unversehens das erste Geheimnis der Tempelritter gelöst – den Grund für ihre militärische Überlegenheit. Ein Templer wurde pausenlos indoktriniert, zum bedingungslosen Gehorsam erzogen und in eine Tötungsmaschine verwandelt. Es war einem Templer gleichgültig, ob er Leib und Leben verlor. Was war das schon im Vergleich zur ewigen Seligkeit! Von morgens bis abends wurde er entsprechend gepolt. Und so wurde ein religiöses Kriegerideal geschaffen, von einer Brutalität und Effizienz, die ihresgleichen in der Geschichte sucht. Ein Tempelritter lebte schon auf Erden halb im Himmel, in einer jenseitigen Welt jedenfalls, die ihm ununterbrochen vorgegaukelt wurde und die er sich selbst ohne Unterlass vorstellte. Er lebte nicht in der Gegenwart. Er wurde mit einer religiösen Seifenblasen-Illusion gefüttert, die permanent neu beschworen und „geschaut" wurde, bis diese Illusion wirklicher war als die Wirklichkeit. Der einzelne Tempelritter wurde dabei benutzt wie ein Stück Dreck, man erlaubte ihm nicht einmal, sich zu waschen.

Allmählich verstehen wir das Phänomen des Tempelritters. Es fehlen nur noch einige wichtige Anmerkungen über den verruchten Abt, über den „heiligen" Bernhard von Clairvaux, den Schurken in diesem Stück, den Friedrich Schiller einen „geistigen Schuft" nannte. Dazu später mehr.

DIE KRIEGE DER TEMPLER

Es verwundert nicht, dass die Templer im Krieg besonders gefürchtet waren. Diese Kampfmaschinen, diese in Metall gekleideten menschlichen Tötungsroboter mähten alles nieder, was sich ihnen in den Weg stellte. Wenn andere Kämpfer versagten, kamen die Templer zum Einsatz. Heroische Legenden ranken sich um ihre Kriege, die wir hier nicht alle nachzuvollziehen brauchen. Sie alle dienten nur der weiteren Legendenbildung, damit neue Mönchskrieger rekrutiert werden konnten.

Überall entstanden Templerburgen, die teilweise von einer eigenen Bautruppe erstellt, teilweise gekauft wurden. Manchmal waren es auch Schenkungen. Sie dienten zunächst dem Schutz der Pilger, doch schon früh wurden die Templer von dem verführerischen Duft der Macht benebelt, der mit ihrer militärischen Überlegenheit einherging. Gleichzeitig gelangte der Templerorden zu einem ungeheuren Reichtum.

Und damit sind wir dem zweiten Geheimnis dieses mysteriösen Ordens auf der Spur.

SAGENHAFTE SCHÄTZE

Die Tempelritter verfügten über mindestens neun Einkommensquellen, eine lukrativer als die andere:

1. An erster Stelle sind die überreichen Schenkungen zu nennen. Grundbesitz, Gold, Geld und Sachwerte flossen ihnen aus allen Ecken zu. Denn jeder gute Christ wollte zur Ausbreitung des einzig wahren

Glaubens beitragen und sich selbst, nebenbei natürlich nur, ein Plätzchen im Himmelreich sichern. Kaufleute und Adelsherren, Bauern und Könige vermachten den Templern unvorstellbare Besitztümer. Priester, Prediger und Päpste unterstützten sie bei diesen Schenkungen und hielten anfeuernde, fromme Reden. Sie forderten die Menschen dazu auf, von ihrem irdischen Besitz zu lassen und sich mehr um ihr Seelenheil zu sorgen. Der älteste Priestertrick der Welt! Etwa 15 000 Ordensmitglieder verwalteten schließlich rund 9000 Besitzungen, die über ganz Europa verstreut waren!

2. Die zahlreichen Besitztümer verschafften den Templern weitere Einnahmen, da ihre Liegenschaften bewirtschaftet wurden. Sie verbesserten teilweise die Landwirtschaft mit innovativen Methoden, etwa durch künstliche Bewässerung. Oder erhoben den Zehnten und mutierten auf diese Art manchmal zu Steuereintreibern.

3. Höchst einträglich waren auch Überfälle und Raubzüge, die die Templer speziell im Heiligen Land, auf islamischem Gebiet, unternahmen. Und natürlich galt es als „gute Tat", die Ungläubigen, die „Hunde", die Sarazenen, die Allah-Anbeter zu bestehlen und zu berauben. Das schwächte Mohammed und stärkte Christus.

4. Darüber hinaus wurden Tribute und Lösegelder erpresst, wenn etwa ein arabischer muselmanischer Fürst in ihre Hände gefallen war. Nur mit Säcken von Gold und Silber konnte er ausgelöst werden.

5. Da die Templer eine Übersicht über Straßen und Wege hatten, lernten sie früh, Zölle zu erheben und Wegabgaben zu verlangen.

6. Prächtig entwickelten sich die Einnahmen durch Reliquien. Religiöse Märchen wurden über angeblich hochheilige Reliquien erfunden, die im Morgenland entdeckt worden waren. Die Templer saßen ja an der Quelle, ihr Hauptsitz befand sich in Jerusalem. Unglaubliche Summen kamen für ein paar Mäuse- oder Maulwurfsknochen zusammen, die als die Knochen eines Heiligen ausgegeben und meistbietend verkauft wurden.

Viele Fälschungen kursierten auf dem Markt – angefangen von Holzsplittern, die angeblich vom Kreuz stammten, an dem Jesus Christus gestorben war, bis hin zu Totenköpfen von Märtyrer-Heiligen. Einige Heilige hatte es wohl gleich mehrfach gegeben und sie mussten 16 Arme und fünf Köpfe besessen haben, nach der Anzahl der Reliquien zu urteilen, die von ihnen im Umlauf waren.

Eines der lukrativsten Geschäfte des Mittelalters war der Handel mit diesen Reliquien. Denn im Heimatland, im Abendland, lockten diese Reliquien die Gläubigen, in die Kirchen und die Kapellen zu pilgern. Die Reliquien, so glaubten sie, würden von diesem oder jenem Zipperlein heilen oder ihre Not lindern.

7. Das fantastischste Geschäft jedoch haben wir noch gar nicht erwähnt. Nach einiger Zeit verfügten die Templer wie gesagt über 9000 Niederlassungen in aller Welt. Diese waren „sicher" und boten Reisenden Schutz vor Räubern und Wegelagerern. Und so entstand die brandneue Idee, „Wertpapiere" und „Wechsel" auszustellen.

Da die Pilgerwege unsicher waren und räuberische Überfälle an der Tagesordnung, erfanden die Templer den Vorläufer unseres heutigen Schecks. Pilger, Kaufleute und Reisende konnten in einem Templerhaus in der Heimat einen Betrag einzahlen – und verfügten so überall, wo sich Templerniederlassungen befanden, über dieses Guthaben. Selbstverständlich verlangten die Templer für diesen Service eine Gebühr.

Komtureien verwandelten sich in Bankfilialen. Historikern zufolge wurden die Templer damit sogar noch wichtiger als jüdische Geldverleiher oder italienische Handelshäuser. Die Zeiten, da ein Kaufmann mit Säcken voller Münzen und Goldstücken durch die Lande reisen musste, waren auf einmal vorbei. Kaufleute besaßen jetzt „Wechselbriefe" oder „Geldpapiere", die sie an dem Zielort ihrer Reise (oder auch unterwegs schon) einlösen konnten. Damit die Wechselbriefe nicht gefälscht werden konnten, versahen die Templer sie mit Geheimzeichen. Dieses „Papiergeld" revolutionierte das gesamte Geldwesen.

8. Und so häuften sich Geld, Gold und Silber in den Templerburgen an. Zusammen mit den Krediten, die die Templer reichen Kaufherren, Fürsten und sogar Königen gewährten, sowie den Wucherzinsen, die sie dafür verlangten, gerieten sie zum wohlhabendsten Orden ihrer Zeit. Die ersten Verleihgeschäfte der Templer sind ab dem Jahr 1135 bezeugt.

9. Die Templer wurden immer reicher, schließlich verfügten sie sogar über eine ganze Flotte. Die Templerschiffe waren an ihrem roten Tatzenkreuz auf einem weißen Segel zu erkennen und gefürchtet. Sie dienten zum Truppentransport sowie zu der Beförderung von Rohstoffen, Pferden und Pilgern. Sie wurden aber auch von Kaufleuten gechartert. Auf diese Weise verdienten die Templer am gesamten Handel. Ganze Schiffsbäuche, mit kostbaren Waren, mit Gold und Silber beladen, gehörten den Tempelherren.

DAS ZWEITE GEHEIMNIS

Auf diese Weise mutierten die Tempelritter zu Geldverleihern, Verwaltern, Händlern, Reliquienbeschaffern, Schiffseignern, Erbschleichern, Räubern, Dieben, Erpressern, Zöllnern und zu einer unvorstellbar reichen Kaste.

Ihre ursprüngliche Aufgabe, der Schutz der Pilger, geriet völlig in Vergessenheit oder trat in den Hintergrund. Der unermessliche Reichtum ließ die Templer stolz und hochfahrend werden, wodurch sie den Neid und den Hass ihrer Zeitgenossen auf sich zogen. Das äußere Zeichen für den Verfall war die Kleiderdisziplin, die spätestens im 13. Jahrhundert nachließ. Tempelritter verließen das Ordenshaus nun auch in „weltlicher" Kleidung.

Und so haben wir auch das zweite Geheimnis der Templer enträtselt und die Gründe für ihren ungeheuren Reichtum ausgemacht.

Die mönchischen Gotteskrieger wandelten sich im Laufe der Zeit zu Händlern und Bankiers, zu Geldhaien und Raffzähnen. Das zog später furchtbare Konsequenzen nach sich, wir werden gleich darauf zu sprechen kommen.

Aber zunächst: Worin bestand das dritte Geheimnis der Templer? Das war ja überhaupt dafür verantwortlich, von einem regelrechten „Geheimorden" sprechen zu können. Packen wir endlich den Stier bei den Hörnern und entschlüsseln wir das Geheimnis aller Geheimnisse.

AUFNAHMERITEN UND ANDERE ZEREMONIEN

Die wildesten Spukgeschichten ranken sich um die geheimen Aufnahmeriten und Zeremonien der Tempelritter. Ein templerisches Aufnahmeritual bestand etwa darin, den Neuzugang in finsterster Nacht durch furchtbare Eide an den Orden zu binden. Der Adept musste außerdem geloben, bestimmte Geheimnisse zu wahren. Man unterschied zwischen dem normalen Aufnahmeritual und einer geheimen Einweihung in einen „inneren Kreis".

Bei der normalen, unspektakulären Aufnahme wurde die (gute) Herkunft des Jungritters sichergestellt und seine (konstruktive) Absicht gegenüber dem Orden. Der Kandidat musste unverheiratet sein und durfte keine Schulden haben. Am Schluss wurde der Adept folgendermaßen belehrt:

„Ihr habt hinfür keinen eigenen Willen mehr. Wenn Ihr im Gelobten Land sein wollt, wird man Euch jenseits des Meeres schicken. Wenn

Ihr schlafen wollt, wird man Euch befehlen zu wachen. Wenn ihr essen wollte, wird man Euch befehlen, etwas anderes zu tun."[8]

Der Kandidat musste feierlich geloben, ein Leben lang dem Meister des Tempels und seinem unmittelbaren Vorgesetzten zu gehorchen. Er hatte keusch zu leben, musste die Gebräuche der Templer achten und sich von Sünden fernhalten. Danach wurde ein Vaterunser gebetet, der Neuzugang umarmt und über die Ordensregeln aufgeklärt.

Aber es gab wie gesagt auch ein geheimes Aufnahmeritual, das dazu diente, den Adepten in den „inneren Kreis" der Templer aufzunehmen und noch enger an den Orden zu binden. Es bestand angeblich darin, Christus dreimal zu verleugnen, das Kreuz dreimal zu bespucken und ein „magisches Haupt" anzubeten, aus dem eine weißwollene Schnur entnommen wurde, die symbolisch den Gürtel Johannes des Täufers darstellte – der Schutzpatron der Templer. Diese Schnur habe man dem „Eingeweihten" um die Taille gelegt, um die brüderliche Verbundenheit mit dem Orden zu veranschaulichen. Während dieser Gürtungszeremonie sei es zu homosexuellen Handlungen gekommen.[9] Das mysteriöse Haupt habe magische Kräfte besessen, es sei geküsst und angebetet worden.

Die Quelle für diese Behauptungen sind allerdings Geständnisse, die einigen Tempelrittern in ihrer Niedergangsphase unter der Folter abgepresst wurden – was ihren Wahrheitsgehalt zweifelhaft macht. Unter der Folter gesteht man schließlich alles. Auch von einem Afterkuss und einem Kuss im Genitalbereich wird berichtet, der während des geheimen Aufnahmerituals eingefordert worden sei.

Darüber hinaus gibt es alle möglichen Gerüchte über diese speziellen Aufnahmezeremonien. Fest steht, dass der Adept mit furchtbaren Schwüren und Eiden an den Orden gebunden wurde. Aller Wahrscheinlichkeit nach wurde er außerdem emotional in einen Schockzustand versetzt oder zumindest gefühlsmäßig durcheinandergerüttelt.

Vielleicht handelte es sich auch um magische Praktiken, die den neuen Ordensbruder maßlos beeindrucken sollten.

Vielleicht arbeitete man auch mit ein paar Taschenspielertricks und angeblichen „Enthüllungen". Man inszenierte einen magischen Hokuspokus, der in erster Linie dem Adepten einen Schauer nach dem anderen über den Rücken jagen und ihn unverbrüchlich an den Orden binden sollte.

Unzweifelhaft ist, dass die Templer aufgrund ihrer internationalen Ausrichtung mit zahlreichen Geheimlehren und Geheimpraktiken in Berührung kamen, mit islamischem, jüdischem, gnostischem und zoroastrischem Gedankengut, bei dem sich überall „gut gehütete Geheimnisse" fanden. Diese nach Geheimbündelei hungernde Zeit war vernarrt in mysteriöse „Einweihungen". Es existierten altägyptische Geheimlehren, zahlreiche griechische Geheimkulte und sogar geheim gehaltene indische Praktiken. Es gab Geheimlehren im Islam, bei den Juden und im Christentum – in allen drei großen Religionen wurde nebenbei bemerkt die Wiedergeburt und die Vorstellung, dass man nicht nur einmal lebt, als das letzte und höchste Geheimnis verkauft.[10] Es existierte die Überzeugung, dass der Mensch eine unsterbliche Seele habe und gottgleich sei.[11] Stets jedoch wurde in allen Geheimzirkeln die „höhere Einweihung" mit Praktiken vollzogen, die emotional aufwühlten.

Und so können wir heute nur erraten, worin die Einweihung bei den Templern bestand, die sicherlich von all den Geheimkulten um sie herum inspiriert wurden – auch von den legendären Assassinen, einem islamischen Mörder-Orden, auf den wir im nächsten Kapitel zu sprechen kommen. Verlässliche Quellen fehlen jedoch.

Systematisch wurden später falsche Fährten gelegt, was diese Einweihung anging. Ganz wie das bis heute bei allen Geheimbünden der Fall ist. Angebliche Geheimnisse, die ein Geheimnis nur noch rätselhafter machen sollten, wurden aus dem Hut gezaubert. Die Gerüchteküche verselbständigte sich. Wie Unkraut sprossen alle möglichen

Vermutungen aus dem Boden. Doch das ließ den Geheimbund der Tempelritter nur noch attraktiver erscheinen. Denn nichts ist anziehender als ein Geheimnis, das nie vollständig gelüftet werden konnte. Gleichzeitig wurden Stimmen laut, die zu wissen behaupteten, was es mit den sagenhaften Schätzen der Templer auf sich hatte. Das Geheimnis überschlug sich gewissermaßen, es potenzierte sich in sich selbst und wurde auf andere Felder ausgedehnt.

Zudem vermutete man, es gebe spirituelle Geheimnisse, die mit dem Heiligen Gral in Verbindung stünden. Der Heilige Gral war ein Gefäß, eine Schale oder ein Becher, aus dem angeblich Jesus Christus beim Letzten Abendmahl getrunken hatte. Aber der Heilige Gral wurde auch als Smaragd beschrieben, der aus Luzifers Krone fiel, als er in die Hölle fuhr. Ferner wurde der Heilige Gral als Metapher und Inbegriff christlicher Vollkommenheit definiert, und es gibt auch noch viele andere Vorstellungen. Die Suche nach der Bundeslade ist hier ebenfalls einzuordnen: Ihr Besitz verlieh angeblich besondere Macht.

Geheimnis, Geheimnis, Geheimnis!

Und so erkennt man sehr rasch, dass ein Geheimnis ständig neue Geheimnisse nach sich zieht, sodass man sich in einem Labyrinth der Orientierungslosigkeit verirrt, sobald man es betritt – was beabsichtigt ist.

Die Wahrheit ist sehr einfach: Ein Geheimnis ist ein Geheimnis, aphoristisch ausgedrückt. Sobald es enthüllt ist, steht man vor dem Nichts. Es wirkt plötzlich sehr profan und manchmal sogar lächerlich.

Dabei gab es tatsächlich eine verborgene Wahrheit, was die Tempelritter angeht. Wir werden sofort darauf zu sprechen kommen. Doch gönnen wir uns zunächst den Luxus, das weitere Schicksal der Templer zu beschreiben, es ist zu interessant.

DER UNTERGANG

Die Tempelritter sind inzwischen in zahlreiche Kriege und Scharmützel verwickelt, vor allem im Heiligen Land. Aber wichtiger ist: Die Tempelherren werden reicher und reicher. Sie steigen auf zum wohlhabendsten Orden ihrer Zeit. Ihre Schatztruhen quellen über. Ganze Karawanen transportieren Säcke voller Gold von Land zu Land. Das ruft Neider auf den Plan. Speziell der französische König, Philipp IV., auch Philipp der Schöne genannt, schielt auf die Schätze der Templer. Denn er befindet sich ständig in Geldnöten. Der Orden ist übernational organisiert und hat seine Finger mittlerweile in allen lukrativen Geschäften. Auch in Frankreich verfügt er über riesigen Landbesitz, sogar eine eigene Gerichtsbarkeit ist ihm erlaubt. Er ist ein Staat im Staate. Die Demut ist den Tempelherren abhandengekommen. Aber auch ihre militärische Macht passt dem schönen Philipp nicht.

Philipp IV. – hochverschuldet, unter anderem bei den Templern – ersinnt einen infamen Plan. Die Frage aller Fragen lautet: Wie kann er sich die Schätze der Tempelherren unter den Nagel reißen? Er heuert die gewieftesten Rechtsgelehrten und Rechtsverdreher an. Dann schlägt er erbarmungslos zu. Die Templer werden der Ketzerei und der Homosexualität beschuldigt. Philipp spielt den Prozess gegen die Tempelritter zur Staatsaffäre hoch. Er setzt sogar den Papst geschickt unter Druck, der die Templer eigentlich verteidigen müsste. Doch der Papst, Clemens IV., ist Franzose und hat seinen Amtssitz in Avignon, also in Frankreich und nicht in Rom – womit er dem König auf Gedeih und Verderb ausgeliefert ist. Clemens lässt die Templer fallen wie eine heiße Kartoffel und wird vom französischen König überdies noch erpresst. Denn Philipp IV., dieses intrigante Geschöpf, droht dem Papst mit einem Prozess gegen dessen Vorgänger, der möglicherweise ein paar Kinder in die Welt gesetzt hat. Das würde das Image des Papsttums beschädigen. Philipp droht weiter, Clemens' Macht in Frankreich zu zerstören, falls der Papst nicht klein beigebe. Und Clemens kriecht zu Kreuze. Es geht um den Einfluss des Papsttums in ganz Frankreich. Er lässt sich erpressen.

Nun schlägt Philipp erst richtig zu. Versiegelte Briefe erreichen seine Administratoren in allen Teilen des Landes. Das Schurkenstück wird genau geplant, ein Haftbefehl für alle Templer ausgestellt. In der Nacht zum 13. Oktober 1307 treten die Häscher des Königs in Aktion. Ein Teil der Führungselite der Tempelherren wird verhaftet, aber auch untergeordnete Brüder. Die Überraschung ist perfekt. Überall im Land werden auf einen Schlag zahlreiche Templer gefangengesetzt. Der französische König lässt die Tempelherren in Gefängnisse werfen und foltern. Das Ziel: Er muss das Geständnis aus ihnen herauspressen, das die Anklagepunkte bestätigt: Homosexualität und Ketzerei. Gleichzeitig beschlagnahmt er in einer Blitzaktion einen Teil der templerischen Güter und Gelder. Kaum ein Templer entkommt. Allein in Paris werden 138 Personen festgenommen. Die Templer werden der furchtbaren Inquisition übergeben. Einige können der Homosexualität überführt werden. Unter der Folter wird selbst der Großmeister des Ordens, Jacques de Molay, weichgekocht. Er bestätigt die Anklagepunkte, widerruft aber später. Während zahlreiche Geständnisse von anderen Templern unter der Folter erpresst werden, setzt Philipp den Papst weiter unter Druck. Schließlich löst Papst Clemens IV. 1312 den Orden offiziell auf. De Molay, der Großmeister, muss weiteren Untersuchungen zustimmen, das Innere seines Ordens wird nach außen gekehrt. Die ersten Templer werden in Paris dem Feuer übergeben. Und auch de Molay entkommt den gierigen Klauen des Königs nicht. Er wird ebenfalls auf dem Scheiterhaufen verbrannt.

Nicht nur in Frankreich, sondern auch in vielen anderen Ländern geraten die Templer in Bedrängnis. Da der Papst sie im Stich gelassen und der König von Frankreich sie verraten hat, fehlt ihnen nun der politische Rückhalt. Überall werden sie verfolgt. Einige fallen in einem heldenhaften Kampf. Die Führungselite des Ordens wird vollständig zerschlagen. Viele Templer fliehen – Gerüchten zufolge bringen sie Gold und Gelder ihres Ordens auf ihre Schiffe und außer Landes. Zielort: Amerika – noch vor der Entdeckung Amerikas! – und/oder Schottland.

In Deutschland widersetzen sich die Templer mit Waffengewalt und treten schließlich anderen Ritterorden bei, weil der Papst den Orden ja aufgelöst hat. In England, wo die Templer auch über Schiffe, Häfen und zahlreiche Besitztümer verfügen, werden sie ebenfalls teilweise verhaftet und gefangen gehalten. Verhöre beweisen jedoch nicht ihre Schuld. Doch auch hier wird der Orden schließlich aufgelöst. In Irland gibt es mindestens sechs Ordenshäuser. Doch auch dort werden Tempelritter gefangen genommen und verhört. In Italien stellt man ihnen genauso nach. Hier werden die Templer teilweise gefoltert, sodass sie der Ketzereien „überführt" werden können. Manchmal werden sie aber auch freigesprochen. Auch in Österreich und Portugal geraten die Tempelherren ins Visier der Verfolger. In Portugal lässt man sie zwar wieder frei, doch ihre Güter dienen unter anderem dazu, die späteren portugiesischen Entdeckungsreisen zu finanzieren. In Schottland verbergen sich die Templer, ihre dortigen Zufluchtsstätten sind noch heute auffindbar. In Spanien werden die Ritter zwar in keinem Anklagepunkt für schuldig befunden, ihre Güter jedoch einem neuen Orden übergeben, in den man die Templer schnell integriert. In Ungarn beschlagnahmt die ungarische Krone die Besitzungen der Templer. Selbst auf Zypern inhaftiert man die Templer.

Kurz gesagt hören die Tempelritter auf zu existieren, ihr Orden wird aufgelöst, und ihre Besitztümer werden konfisziert.

Schnell sind die Bröckchenjäger und Speckschnapper zur Stelle. Viele Besitztümer und Gelder reißt sich Philipp IV. unter den Nagel, um seine ewig leere Kasse aufzufüllen. Verschiedentlich werden Güter auch den Johannitern oder anderen Orden überschrieben.

Die Gerüchteküche kocht. Wohin flohen die letzten Templer? Und was ist mit ihren Schätzen?

Neutrale Historiker stellten später fest, dass die Vorwürfe gegen die Templer an den Haaren herbeigezogen waren. Vereinzelte Fälle von Homosexualität gab es zwar sicherlich, wie in jedem Männerorden, wohl auch „Ketzerei" hie und da. Sie konnte kaum ausbleiben, bei all den internationalen Kontakten. Aber insgesamt handelte es sich bloß um einen erbärmlichen Raubzug des französischen Königs. Er missbrauchte seine Macht, um seinen leeren Geldbeutel zu füllen, und schreckte dabei nicht vor Erpressung, Verleumdung und Mord zurück.

Doch nun endlich: Wie sollen wir das Phänomen der Templer endgültig beurteilen? Welche Wahrheit wurde bis heute verschwiegen?

DIE SCHURKEN UND DRAHTZIEHER

Unseres Erachtens nach wurde nie umfassend auf die wahren Gründer des Ordens, die geistigen Überväter verwiesen – auf Urban II., den hasserfüllten Kreuzzugspapst, und besonders auf Bernhard von Clairvaux, den fanatisierten Abt mit der honigsüßen Stimme.

Papst Urban II. war innerhalb der Kirche die Karriereleiter hochgefallen. Zugegeben, er herrschte lange vor den Rittern, aber er machte die Kreuzzugsidee erst populär. *„Deus vult"* (Gott will es), schrie und keifte er und brachte das Blut in Wallung. Ursprünglich hob er als raffinierter Diplomat „geschickt" einen Städtebund gegen den deutschen Kaiser aus der Taufe, exkommunizierte gekrönte Häupter und arrangierte Vermählungen zwischen Fürstenhäusern – zum Vorteil des Heiligen Stuhls versteht sich, mit anderen Worten ein begabter Intrigant –, doch später als Papst peitschte er die Gemüter mit seinen hetzerischen Reden auf.

Er übertrieb maßlos, was die angeblichen Leiden der Christenheit im Osten anging. In Wahrheit ging es ihm nur um die Erweiterung des päpstlichen Machtbereichs. Sein Traum bestand darin, die byzantinisch geführte Ostkirche wieder mit Rom zu vereinigen.

Viele elende Kreuzzugspäpste folgten seinen blutigen Spuren, aber auch fanatisierte Prediger und Äbte wie der berüchtigte Bernhard von Clairvaux, der diesen „neuen Menschen" schuf, den Mönchsritter. Clairvaux hetzte buchstäblich Hunderttausende von Menschen in den Krieg und in den Tod.

Bernhard von Clairvaux, der Zisterzienserabt, stand im Ruf, „heilig-mäßig" zu sein, in Wahrheit war er aber nur ein priesterlicher Demagoge. Er traktierte zunächst seine eigenen Mönche aufs Schlimmste – und später die Tempelritter mit seinen furchtbaren Ordensregeln. Denn er stellte die denkbar härtesten Bestimmungen auf.

Dabei litten er selbst und auch seine Mönche beispielsweise unter dem Gebot der Keuschheit wie Hunde. Und so wälzte sich der Mönch, den lüsterne Gedanken heimsuchten, auch schon einmal nackt in einem Dornengestrüpp oder nahm ein Bad in Eiswasser, um die eigene „Brunst" zu vertreiben. Auch das ständige Fasten, das dieser Abt verordnete, war grausam. Dabei dramatisierte Clairvaux wahrscheinlich nur seine eigenen Probleme. Der Historiker weiß, dass der „heilige" Bernhard stets schwer krank war. Ihn quälte eine Verengung der Speiseröhre, und er konnte nur Flüssigkeiten, aufgeweichtes Brot und Brei zu sich nehmen. Er litt zudem unter einer Magen- und Darmerkrankung, die ihn sich ständig zu erbrechen zwang. Und so projizierte er möglicherweise nur seine eigene Krankheit auf andere, indem er ihnen Regeln aufzwang, die für ihn taugten, für andere aber eine Tortur waren. Verschiedene Äbte und Mönche griff er mitunter heftig an, wenn sie seiner Meinung nach zu gut speisten.

Hunger und Kälte wurden heraufbeschworen, um den Weg ins Himmelreich zu finden, Schmutz in Kauf genommen, harte Arbeit gefordert, Schweigegebote und vollkommene Armut. Für alles gab es entsprechende Bibelstellen, mit denen man solche „Regeln" absegnen konnte. Demut und Gehorsam waren weitere Gebote: „Lerne, Mensch, zu folgen; lerne, Erde, dich zu unterwerfen; Staub, gehorche!"

All das übertrug er auf die Tempelritter – die strengen Essensregeln, die harte Arbeit, den Schmutz, die Armut, die Demut und den Gehorsam. Auf diese Weise entstanden viele Ordensregeln der Tempelritter. Ein Hund lebte besser.

Clairvaux, wiewohl nicht der Gründer des Tempelritter-Ordens, erschuf ihn dennoch mit seinen Traktaten. Zudem mussten die Templer „motiviert" werden, wie man heute sagen würde. Und so wurden in der Kreuzzugsliteratur Moscheen als „Teufelshäuser" *(domus diabolicae)* bezeichnet und Muslime als Dämonen. Es wurde gehetzt und gelästert, gelogen und geschmäht. Denn nur so ließ es sich rechtfertigen, die „Söhne des Unglaubens", die Muslime, zu töten, abzuschlachten und auszurotten. Das Ideal des kämpfenden Märtyrers wurde geschaffen und nie, nicht in der gesamten Geschichte der Christenheit, wurde der Mensch so manipuliert und mit falschen Zielen überfrachtet, die jede Menschlichkeit verhöhnten.

Vom Staub beschmutzt, so Bernhards propagiertes Idealbild, war es dem Templer nur erlaubt, abgrundtief zu hassen. „Sollte ich die nicht hassen, Herr, die dich hassen, die nicht verabscheuen, die sich gegen dich erheben?", so predigte Clairvaux, den Psalm 139, 21f zitierend.

Bernhard von Clairvaux war der wahre Gründer der Templer – eine derart widerwärtige Figur, dass man sich heute mit Schaudern von ihr abwenden würde. Er goss den „Tau des Gotteswortes" über seine Schäfchen aus und pflanzte überall diese krankhafte Begeisterung für die Kreuzzüge und seine Tempelritter ein.

Mitten in einer Predigt konnte Clairveaux in Tränen ausbrechen. Dann fühlte er sich vom „Geist Gottes" ergriffen und heizte so die Stimmung an. Der abbât Pernhart, der Abt Bernhard, machte alle glauben, er sei vom „Finger des Heiligen Geistes" berührt worden. Er jauchzte über die *dulcis Virgo Maria,* die süße Jungfrauenschaft der Gottesmutter, und war doch bloß ein großer Verführer, der andere in den Tod trieb. Seine übertriebene Demut stellte er überall publikumswirksam zur Schau. Die Gläubigen ließen sich beeindrucken und täuschen. Und so konnte er seinen giftigen Samen überall ausstreuen und seinen Rittern weismachen, sie müssten die Ungläubigen gnadenlos „austilgen".

Als der Zweite Kreuzzug im Fiasko endete, hagelte es wechselseitige Schuldzuweisungen. Bernhard, immer krank, erkrankte noch schwerer. Die Magenentzündung wurde chronisch, Schmerzen und Schlaflosigkeit kamen hinzu. Der große Wundertäter, der angeblich Kranke heilte, konnte sich selbst nicht helfen. Bernhard von Clairvaux wurde völlig gedemütigt.

Rasch suchte er sich von dem Zweiten Kreuzzug zu distanzieren. Der König von Frankreich habe ihn dazu gedrängt, verkündete er nun. Außerdem habe er ja nur den Willen des Papstes erfüllt, und der Ausgang des Unternehmens sei überdies von Gottes unergründlichem Ratschluss bestimmt gewesen. Das Argument des Gehorsams gegenüber dem Papst war jedoch nichts als ein kläglicher Versuch, sich aus der Verantwortung zu stehlen. Doch der Rechtfertigungsversuch misslang kläglich. Sein erneuter Aufruf zu einem neuen Kreuzzug blieb ohne Echo. Ein paar Jährchen nach dem missglückten Kreuzzug starb der verbissene Predigerabt.

Und so müssen wir festhalten, dass am „Grund" und „Bodensatz" der Tempelritter eine destruktive, unterdrückerische Persönlichkeit ruht. Letztlich war Clairvaux für ihre künstliche Existenz verantwortlich. Er drückte ihnen seinen Stempel auf, der von seinen persönlichen körperlichen und geistigen Unzulänglichkeiten und seinem Hass bestimmt wurde.

Und als die Tempelritter später von einer namenlosen Geld- und Besitzgier ergriffen wurden, war es endgültig um sie geschehen. Ihre eigene

Raffgier brachte sie zu Fall, zudem schätzten sie den Neidfaktor ihrer Umgebung falsch ein. Und das ist auch schon die ganze Geschichte der Tempelritter, entkleidet allen romantischen Blätterwerks.

Ein paar widerliche Kreuzzugspäpste und ein körperlich und geistig kranker Abt, rhetorisch und propagandistisch freilich hochbegabt, waren die Überväter der Tempelritter. Und so haben wir mit einem Schlag einen der mächtigsten Geheimbünde der Geschichte verstanden und eines der größten Rätsel der mittelalterlichen Historie gelöst. Wir haben ihre drei Geheimnisse enthüllt und, wichtiger, wir sind ihren Gründern auf die Spur gekommen – ausnahmslos destruktiven Persönlichkeiten, die Mord und Massenmord guthießen und ihn religiös bemäntelten.

Wenden wir uns mit diesem Hintergrundwissen bewaffnet jetzt dem nächsten Geheimbund zu: den Assassinen. Von diesem islamischen Mörderverbund übernahmen die Tempelritter vielleicht sogar einige Geheimriten, und ihre Techniken und Manipulationsmethoden waren so unerhört, dass sie bis heute die Gemüter erregen.

2.
UNERHÖRTE MANIPULATIONS-
METHODEN: DER MÖRDER- UND
GEHEIMBUND DER ASSASSINEN

Niemand konnte sich einst mit den Manipulationsmethoden der Assassinen messen: Sie nutzten Sex, willige, hübsche Jungfrauen, Drogen, Gemälde, Musik und künstlich angelegte, paradiesische Gärten dazu, neue Mitglieder zu werben – und sie dann zu den abgefeimtesten Mördern zu machen.

Wer in die Abgründe der menschlichen Seele hinabsteigen will, muss sich mit den Assassinen beschäftigen. Ihr Gründer war ein Teufel in Menschengestalt, ein Schaitan, ein Satan.

Doch bevor wir auf die geheim gehaltenen Praktiken, Drogen und Sex eingeschlossen, zu sprechen kommen, bevor wir all die Geheimriten dieses Mörderbundes ausleuchten, sollten wir das Wort „Assassin" zunächst definieren. Bevor wir das Geheimwissen und die unglaublichen Attentate dieser Bruderschaft ans Tageslicht holen, müssen wir die Bedeutung dieses Begriffs erst darlegen.

EINE VERRÄTERISCHE DEFINITION ·

Das Wort „Assassin" geht aller Wahrscheinlichkeit nach auf den Ausdruck „Haschisch" zurück. „Haschisch" steckt im Wort „Assassin" – beide Wörter klingen ähnlich, die Assassinen wurden auch Haschisch-Esser genannt. Doch möglicherweise wollte man mit diesem Begriff auch auf eine bestimmte islamische Sekte hindeuten, die sich *Asasin* nannte, was wörtlich „die Fundamentalen" bedeutet. Wieder andere Gelehrte nehmen an, das arabische Wort „*Assas*" (= Wächter) habe Pate gestanden, die das Heilige Land zu schützen suchten.

Im Italienischen meinte Assassinen (it. *assassino*) schon sehr früh einfach Mörder, die Ableitung (it. *assassinare*) ermorden oder meucheln. Die Franzosen übernahmen das Wort von den Italienern und zauberten daraus *assassiner,* die Engländer wiederum stahlen den Ausdruck von den Franzosen und machten daraus *Assassin.* Die Spanier sprachen von *asesinar* und die Portugiesen von *assassinar* – was beides ebenfalls Mörder bedeutet.

Aber uns geht es um die Ursprungsbedeutung: Haschisch-Esser sowie eine islamische Mördersekte – all das verband man einst mit dem Wort „Assassinen".

Die Assassinen waren eine islamisch-religiöse Bewegung, die zwischen dem 11. und 13. Jahrhundert in Persien und Syrien ihr Unwesen trieb. Sie verübten politische Mordtaten, deren Unverfrorenheit und Gewalttätigkeit selbst abgebrühte Zeitgenossen erschaudern ließ. Durch ihre teuflischen Methoden versetzten sie ihre Gegner in Angst und Schrecken. Die Assassinen operierten vornehmlich von syrischen und persischen Bergfestungen aus, von denen sie Auftragskiller, Meuchelmörder oder Attentäter aussandten, um politische Widersacher aus dem Weg zu räumen. Diese Attentäter nannten sich *Fedajin* oder

Fidais, was wörtlich übersetzt „der sich Opfernde" heißt. Ohne mit der Wimper zu zucken ermordeten diese Fedajin ihre Gegner. Und ob sie selbst dabei ums Leben kamen, war ihnen dabei völlig gleichgültig; sie opferten ihr Leben gern. Ein Fedajin sehnte den Tod regelrecht herbei, glaubte er doch, danach direkt ins Paradies einzugehen. Hier erwartete er, viele schöne, begehrenswerte Jungfrauen zu finden, die ihm jeden Wunsch von den Augen ablasen und *Hûris* hießen. Dieser Glaube war den Fedajin zuvor auf eine so geschickte, infame und ungeheuerliche Art und Weise suggeriert worden, wie es das nie zuvor in der Geschichte gegeben hatte.

Bevor wir diese ebenso raffinierte wie furchtbare Manipulationspraktik jedoch genauer beschreiben, müssen wir uns zunächst fragen, auf welchem Fundament die Assassinen ruhten.

AUF DEN SPUREN MOHAMMEDS

Die Assassinen waren wie gesagt eine islamische Sekte, die nur Mohammed als einzig wahren Propheten gelten ließ. Mohammed (ca. 569–632) ist wohl jedem von uns ein Begriff. Der Erzengel Gabriel soll Mohammed Allahs Willen offenbart haben, der später im Koran festgehalten wurde. Hier war nicht nur der Aufruf zum Heiligen Krieg enthalten, sondern auch die „ewigen Wahrheiten" über die Hölle und das Paradies. Mohammed soll also von Gott die Erlaubnis zu Überfällen und Plünderungen bekommen haben. Er arrangierte Raubzüge und motivierte seine Mannen mit der geballten Macht seines rhetorischen Geschicks. „Im Schatten der Säbel liegt das Paradies!", tönte er. Wer in einem dieser Heiligen Kriege ums Leben kam, fuhr also angeblich sofort auf in den Himmel.

Die Zahl der Beutezüge und Plünderungen im Namen Allahs sind gut belegt: Mohammed plante über 65 Feldzüge und Raubüberfälle. 27 führte er selbst aus.[1] Triumph folgte auf Triumph. Mohammed besiegte sogar die Mekkaner, er schlug Stamm um Stamm. Schließlich erkannte ihn ganz Arabien als Religionsgründer und Führer an.

Dabei winkte dem „Mohammedaner" immer reicher Lohn: Das Paradies wartete auf ihn, wenn er unglücklicherweise auf einem der Raubzüge umkam. Hier gab es angeblich all die Leckerbissen und Kostbarkeiten, die im irdischen (arabischen) Leben Seltenheit hatten: vor allem Wasser im Überfluss, reichlich Wein (verboten auf Erden!), Milch und die edelsten, feinsten Früchte. Ein Mann wurde (und wird!) im arabischen Paradies von 72 Jungfrauen mit schwellenden Brüsten, wunderschönen Augen und einladenden, süßen Lippen wie frisch aufgebrochenen Feigen bedient. Diese Jungfrauen bleiben ewig jung, ihre Leiber entbehren jede Unvollkommenheit und sie stehen dem Manne jederzeit zur Verfügung. Ein Männertraum!

Diese Vorstellung vom Paradies – weitaus sinnlicher und erotischer als die christliche – übte eine unwiderstehliche Anziehungskraft auf die „Mohammedaner" aus. Und genau auf diesen Versprechungen fußte die islamische Sekte der Assassinen. Allerdings gab es bei ihnen noch einen Zusatz, der uns noch heute Schaudern macht.

TERROR UND MORD

Der Gründer der Assassinen war ein Perser namens Hasan ibn al-Sabbah (andere Schreibweisen lauten: Hassan-es-Sabbah und Hassan-i Sabbah). Er lebte etwa 1034 bis 1124; die Jahreszahlen variieren jedoch, je nachdem welche Quelle man befragt. Sabbah machte sich die

Paradies-Vorstellungen zunutze, die Mohammed gepredigt hatte. Als islamischer Missionar entwickelte er allerdings seine eigenen Glaubensvorstellungen (und seine eigene Sekte). Seine ersten Jünger fand er im hohen Norden Persiens, und da er unermüdlich die Botschaft seiner neuen Sekte verbreitete, wuchs seine Anhängerschaft schnell.

Auf einer seiner Missionsreisen entdeckte Sabbah die Burg Alamut im Nordosten Persiens. Sie lag auf einem 1800 Meter hohen Felsen und war praktisch nicht einzunehmen, da man sie nur über einen schmalen, steilen Pfad erreichen konnte. Durch eine List gelang es Sabbah im Jahre 1090, die Burg an sich zu reißen. In einer anderen Version zahlte er dem Besitzer der Burg 3000 Golddinare.

Alamut geriet zum Zufluchtsort und Hauptsitz seiner Unternehmungen. Hier gründete Hasan ibn al-Sabbah den Geheimbund der Assassinen. Sein erklärtes Ziel: seine „missionarischen" Feldzüge mittels Terror und Mord noch effektiver zu machen. Seine persisch-islamische Sekte wurde zu einer geheimen Mörder-Bruderschaft umfunktioniert. Sie besaß ihre eigenen Initiationsriten, einen Großmeister (ihn selbst) und verschiedene, geheime Einweihungsstufen, die man erklimmen konnte.

Sabbah selbst, wie gesagt der erste Großmeister des Geheimbundes, wurde jetzt nur noch „der Alte vom Berg" genannt oder auch „Schaich al Dschibal" – Scheich des Gebirges, (Manche Quellen weisen den Titel „der Alte vom Berge" auch einem späteren [syrischen] Assassinen-Führer zu.) Von Alamut aus „rekrutierte" und „missionierte" der Geheimbund neue Mitglieder – durch Raubzüge und Überfälle. Viele weitere Burgen gerieten in den Besitz der Bruderschaft. Wer sich Sabbahs „Missionierungsversuchen" widersetzte, „wurde durch Massaker, Krieg, Plünderung und Schändung" zur Kapitulation gezwungen, belehrt uns jedenfalls Autor Wolf.[2] Auf diese Weise gelang es dem Gründer des Mörder-Ordens, die Kontrolle über viele Städte und Landstriche zu erhalten.

Doch bevor wir von den ersten Meuchelmorden berichten, müssen wir zunächst enthüllen, wie Sabbah seine Mannen „erzog" und auf die Attentate vorbereitete.

DER MENTALE BETRUG

Wie gesagt führten verschiedene „Einweihungsstufen" innerhalb der Mörder-Sekte von ganz unten nach ganz oben. Schon auf der niedrigsten Stufe wurde ein Neuzugang dazu angehalten, sofort und ohne Widerrede jeden Befehl des Großmeisters auszuführen. Gehorsam war oberstes Gebot.

Hinter seiner Festung hatte der „Alte vom Berg" einen wunderschönen Garten anlegen lassen, der den islamischen Vorstellungen vom Paradies exakt entsprach – einen Garten mit glucksenden, sprudelnden Bächen, mit Bäumen und Büschen, die dem Auge schmeichelten, sowie seltenen Obstbäumen, die überall wuchsen. Innerhalb dieses künstlichen Garten Edens lustwandelten, sangen und musizierten schönäugige, wohlgestaltete Jungfrauen – offenbar die im Koran beschriebenen Hûris.

Wer der Bruderschaft beitreten wollte, erhielt zunächst ohne sein Wissen und Zutun Opium – außerhalb des künstlichen Paradieses. Der Neuankömmling verfiel daraufhin in einen Rausch. Rasch schafften ihn Sabbahs Helfershelfer dann in das von Menschenhand geschaffene Paradies. Als das neue künftige Mitglied erwachte, fand es sich nicht nur in diesem Garten wieder, sondern auch von den lieblichsten Frauen umgeben. Ihm wurde weisgemacht, dass er sich im Paradies befände! Im Schoße Allahs! Daraufhin wurde er rundum verwöhnt, mit den erlesensten Speisen und Getränken sowie von den schönsten Frauen. Er erhielt weitere Drogen, um die Illusion des Paradieses aufrechtzuerhalten. Die Hûris erfüllten ihm seine wildesten sexuellen Vorstellungen. Es handelte sich um ein einziges Fest für den Gaumen und für die Sinne.

Nach fünf Tagen wurde der Neuankömmling erneut mit Opium betäubt und von Sabbahs Helfershelfern rasch wieder in die „reale Welt" geschafft. Sobald er dort erwachte, wurde ihm erzählt, er sei tatsächlich im Paradies gewesen! Und er gehe dort jederzeit wieder ein, wenn er eine Person aus dem Weg räume, die dem Großmeister und dem Orden missliebig sei. Denn das sei Allahs Wunsch. Er brauche bei dem Attentat nicht um Leib und Leben zu bangen. Das Schlimmste, was ihm widerfahren könne, wäre zwar der Tod, aber mit ihm auch der unmittelbare Eingang ins Paradies. Dort warteten bereits all die schönen, glutäugigen Hûris auf ihn, die er ja bereits kennengelernt habe …

Der neu gewonnene Gläubige setzte daraufhin ohne zu zögern sein Leben aufs Spiel. Er mordete mit Lust, denn er „wusste" ja, dass er sofort ins Paradies eingehen würde, wenn er sein Leben ließe.

Und so gelang es diesem Mörder-Orden, zu dem gefürchtetsten Geheimbund seiner Zeit aufzusteigen. Seine Anhänger verübten die gefährlichsten Attentate. Denn der Assassine fürchtete nichts und niemanden. Im Gegenteil! Er tötete mit einer wilden, sexuellen Begeisterung. Selbst wenn er sein Leben verlor, tat er das freudig. Denn schon bald, so glaubte er, würden ihn erneut die Paradiesjungfrauen verwöhnen.

Worin bestanden die konkreten Geheimriten der Assassinen?

MARCO POLO ODER DIE QUELLENLAGE

Bevor wir diese Fragen beantworten, müssen wir die weitere Geschichte des Mörder-Ordens genauer unter die Lupe nehmen und uns fragen, woher wir überhaupt von der Existenz der Assassinen wissen.

Unser erster Gewährsmann für diese Mördersekte ist Marco Polo (1254–1324). Der Venezianer wurde berühmt durch seine gefahrvolle

Reise, die ihn bis nach China führte. Polo schrieb am Ende seines Lebens einen Bericht über seine Reise – beziehungsweise er diktierte ihn. Dieser Reisebericht avancierte in der Folge zum berühmtesten Reisebericht der Geschichte. Tatsächlich erregte er schon bei seiner Veröffentlichung ungeheures Aufsehen. Als Polo im Sterben lag, bedrängten ihn noch sein Priester, seine Freunde und seine Verwandten, den unseligen Lügen abzuschwören, die er in seinem Reisebericht als wahre Abenteuer ausgegeben habe; nur dann werde seine Seele geläutert in den Himmel fahren. Doch Marco Polo bäumte sich noch auf dem Sterbebett auf, verfluchte alle Anwesenden und erklärte: „Ich habe nicht die Hälfte von dem berichtet, was ich gesehen und getan habe."[3]

Und im Nachhinein erwiesen sich Marco Polos Angaben, die zu seiner Zeit auf Unglauben stießen, größtenteils als richtig. Zugegeben: Es gab Fehler in der Angabe von Distanzen und Entfernungen. Das muss man jedoch dem geringen Kenntnisstand seiner Zeit anlasten. Viele Details waren jedoch erstaunlich korrekt.

Marco Polo ließ keinen Zweifel an der Existenz bzw. ehemaligen Existenz des Geheimordens der Assassinen. Er beschrieb ihre Mitglieder als Haschisch-Raucher, die orgiastische Feste feierten und Dolch- und Giftmorde an hochgestellten, politisch wichtigen Persönlichkeiten begingen. Sabbah nannte er den „Großen Assassin". Und er verriet die genaue Vorgehensweise des Ordens: Neue Mitglieder wurden zuerst mit Opium betäubt. Daraufhin brachte man sie in eine Gartenanlage, die unmittelbar an die Burg Alamut angrenzte. Hier wurden die neuen Mitglieder auf das Beste bewirtet und von Frauen verwöhnt – genau so, wie wir es gerade beschrieben haben. Danach betäubte man sie erneut und schleppte sie vor den Burgherrn. Eine Ausbildung zum Fedajin oder Fidai folgte als nächster Schritt. Der Neuankömmling lernte, geschickt zu töten und zu meucheln – und sich zu opfern. Nur ein heldenhafter Tod, so wurde ihm suggeriert, könne die Rückkehr ins Paradies sicherstellen.

Auch andere zeitgenössische Quellen verweisen auf die Assassinen.

In moderner Zeit berichten über sie die Autoren W. B. Bartlett, Farhad Daftary, M.G.S. Hodgson und Bernard Lewis. Da es sich bei den Assassinen um einen Geheimbund handelte, dem man nicht in die Quere kommen wollte, sind die zeitgenössischen Zeugnisse allerdings spärlich. Die Manipulationsmethode an sich wurde jedoch selten oder nie in Zweifel gezogen, ebenso wenig wie die politischen Attentate.

Doch was wurde den Assassinen konkret angelastet?

DER GEHEIMBUND ERBLICKT
DAS LICHT DER WELT

Tauchen wir zunächst noch einmal kurz in die Geschichte zurück, bevor wir diese Frage beantworten.

Der Islam besteht heute aus vielen Glaubensrichtungen und „Sekten", nicht anders als das Christentum. In einigen begegnen wir aufregenden Geheimlehren. Die meisten Anhänger haben die Sunniten, die zweitgrößte Konfession bilden die Schiiten. Auf der folgenden Karte sind die sunnitischen Länder grün eingezeichnet, die schiitischen rot. Allein aufgrund der Karte versteht man, warum die Iraner heutzutage beispielsweise die Araber wie die Pest hassen. Die Araber hängen scheinbar dem „falschen" Glauben oder einer falschen Konfession an. Durch nichts wurde in der Geschichte mehr Hass und Zwietracht gesät als durch religiöse Intoleranz.

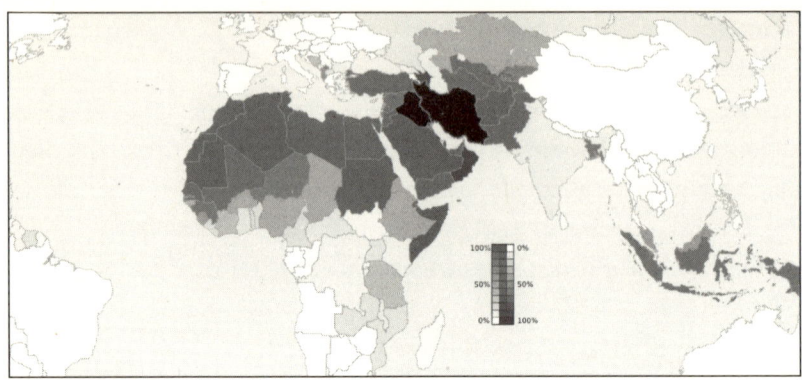

Sunitische (grau) und schiitische Länder (schwarz) (Quelle: Wikipedia).

Ahl-as-sunna bedeutet wörtlich etwa „Volk der Tradition" (*sunna* = Tradition). Die Sunniten nehmen also an, dass sie sich in der (rechtmäßigen) Tradition des Propheten Mohammed befinden.

Die Schiiten spalteten sich ehemals von den Sunniten ab, nicht etwa aus theologischen Gründen, sondern aus machtpolitischem Kalkül. Aber im Laufe der Zeit entwickelten sich auch theologische Differenzen. *Schia* bedeutet auf Arabisch „Anhängerschaft", „Partei" oder „Gruppe". Rund 15 Prozent aller Muslime sind Schiiten und fühlen sich demnach einer anderen Gruppe zugehörig als die Sunniten. Kurz gesagt betrachteten und betrachten sie Mohammeds Schwiegersohn und Vetter, Ali mit Namen, als den einzig wahren Nachfolger des Propheten. Nur Alis Nachfahren sind ihrer Meinung nach göttlich legitimiert. Die Unterscheidung ist also einfach: Sunniten stehen auf der einen Seite, Schiiten auf der anderen Seite – ganz wie die Katholiken und die Protestanten im Christentum.

Von den Schiiten spalteten sich weitere Sekten ab, beispielsweise die Ismailiten. Der Name? Er rührt von Ismail ibn Dschafar her, einem Ur-Ur-Urenkel von Ali. Erneut gab es neue Glaubensinhalte. Und die Ismailiten zeichneten sich durch eine strenge, hierarchisch straff gegliederte Organisation aus. Sie suchten im Koran nach einer tieferen, verborgenen Botschaft – der Hang zur Mystik und die Entwicklung einer Geheimlehre wurden sichtbar.

Die Ismaeliten ihrerseits spalteten sich ebenfalls. Innerhalb der Sekte rangen zwei Söhne eines ihrer geistlichen Führer um die Vorherrschaft. Der eine neigte einem radikalen Flügel zu, der andere hatte eine gemäßigte Anhängerschar. Der radikale Führer hieß Nizar, weshalb man schon bald von Nizar-Ismailiten sprach. Später wandelte sich der Name, und man sprach von Nizariten oder Assassinen. Womit wir unversehens wieder bei unserem Thema sind.

DIE SCHEUSSLICHEN ATTENTATE

Hasan ibn al-Sabbah, der Gründer der Assassinen, stand in der Tradition der Nizar-Ismailiten oder Nizariten, von denen er den Hang zur Mystik und eine Geheimlehre übernahm, die er nach seinen Vorstellungen ummodelte. Ferner übernahm er die streng hierarchische Ordnung.

Nachdem er Alamut, die uneinnehmbare Burg im Nordosten Persiens, sowie viele Städte und Landstriche in seinen Besitz gebracht hatte, sah er sich eines Tages einer türkischen Fürstendynastie gegenüber, den Seldschuken (auch seldschukische Türken genannt). Benannt nach einem ihrer Führer namens Seldschuk, hatten sie bereits Teile des heutigen Irans, Iraks, Syriens, der Türkei und der arabischen Halbinsel erobert. Die Seldschuken waren sunnitische Muslime und standen folglich in theologischem Gegensatz zu den Schiiten (und damit den Ismailiten und Assassinen). Der Gründer der Assassinen legte sich mit diesen Seldschuken an, die die Assassinen im Jahre 1092 niederzuringen suchten.

Spätestens jetzt fand der erste politisch motivierte Mord durch die Assassinen statt, der durch die Geschichte überliefert ist: Am 15. Oktober 1092 erdolchte ein Fidai einen seldschukischen Wesir namens

Nizam al-Mulk; er wurde in seiner Sänfte erstochen. Doch das war nur der Auftakt. Zahlreiche weitere Attentate folgten. Auf der Burg Alamut gab es angeblich nach einiger Zeit eine metallene Ehrentafel, auf der alle Opfer und ihre Attentäter verzeichnet waren.

Die Seldschuken schlugen hart zurück. Wieder und wieder wurde Alamut von ihnen belagert – stets ohne Erfolg.

Die Assassinen wiederum machten weiter durch ihre abscheulichen Morde von sich reden und schreckten vor nichts zurück. Nach einer Weile besangen Gedichte den Mut und die Hingabe der Fidai, die selbst die unmöglichsten Attentate erfolgreich verübten. Viele Mitglieder des Mörder-Ordens meldeten sich nach einiger Zeit freiwillig für die Attentate.

Die Methode, politische Gegner durch Fidai zu beseitigen, geriet zum festen Handlungsrepertoire der Assassinen. Systematisch breiteten sie sich im Jahre 1100 weiter aus – bis nach Syrien. Schließlich verfügten die Assassinen über ein eigenes syrisches Herrschaftsgebiet, das zwischen dem Fürstentum Antiochia und der Grafschaft Tripolis lag (siehe die historische Landkarte auf Seite 67)

Ein weiterer erfolgreicher Anschlag gelang – auf Raimund II., den Grafen von Tripolis (1115–1152), den ersten Herrscher eines Kreuzfahrerstaates (siehe ebenfalls die Landkarte und die Lokalisation „Grafschaft Tripolis" auf Seite 67) Der Mörder wurde nie gefasst. Heute steht fest, dass die Assassinen dafür verantwortlich waren.

Die Assassinen expandierten also unaufhörlich. Ständig kauften oder eroberten sie weitere Burgen – die Burg garantierte im Mittelalter die Herrschaft. Im Jahre 1140/1141 eroberten sie gar die Burg Masyaf, die sie stark befestigten und zu ihrem Hauptsitz in Syrien machten.

Sogar der legendäre Sultan Saladin geriet eines Tages ins Visier der Meuchelmörder. Erinnern wir uns: Saladin (1138–1193), ein sunnitischer Kurde, verzeichnete zunächst unglaubliche Erfolge als Feldherr, bevor er sich zum Sultan aufschwang. Aber entgegen der Legende war er

Syrisches Herrschaftsgebiet der Assassinen, zwischen dem Fürstentum Antiochia und dem Königreich Jerusalem gelegen, um 1135 (Quelle: Wikipedia).

klein, einäugig, nicht besonders ansehnlich und vor allem längst nicht so tolerant, wie ihn später einige Schreiberlinge zeichneten. In Wahrheit war er ein fanatischer Muslim, der gegen Christen und Schiiten gleichermaßen kämpfte mit dem Ziel, ein islamisches Weltreich zu errichten. Auch er stand in schroffem Gegensatz zu den Assassinen, die ja aus den Schiiten emporgewachsen waren. Und so setzte ihn der Mörder-Orden auf die Todesliste. Zwei Killerkommandos auf Saladin sind von der Geschichte überliefert. Beide scheiterten, weil die Assassinen nicht damit gerechnet hatten, dass Saladin stets einen Stahlhelm unter seinem Turban trug.

Saladin seinerseits schlug eines Tages unbarmherzig zurück. Er belagerte die syrische Assassinen-Festung Masyaf im Jahre 1171 – allerdings ohne Erfolg. Der Legende nach beendete er die Belagerung, als er eines Morgens aufwachte und einen scharf geschliffenen Dolch neben seinem Kopfkissen vorfand. Schließlich ließen sich beide Parteien dazu herab, ein Friedensabkommen zu unterzeichnen.

Auch ein Attentat auf Konrad von Montferrat geht auf den Mörder-Orden zurück, jedenfalls aller Wahrscheinlichkeit nach. Montferrat (1146–1192) war zeitweilig der König von Jerusalem (siehe erneut die vorangehende Landkarte auf Seite 67) Verschiedenen Quellen zufolge geschah dies auf Veranlassung des syrischen Assassinen-Großmeisters. Doch Skeptiker halten auch andere Hintermänner dieses Anschlags für möglich.

Um 1230 erreichten die Assassinen eine so hohe gesellschaftliche und politische Stellung, dass sie mit den verschiedensten Mächten zu paktieren und sie gegeneinander auszuspielen begannen. Sie betrieben eine geschickte Schaukelpolitik zwischen dem Johanniterorden, den Templern und den Christen im Allgemeinen, schlossen aber auch Verträge mit verschiedenen islamischen Herrschern. Während ihrer größten Verbreitung verfügten die (schiitischen) Assassinen – man höre und staune! – über rund 360 Burgen und etwa 60 000 Anhänger.

Die sunnitischen Seldschuken gaben jedoch keine Ruhe. Sie waren den Assassinen in militärischer Hinsicht haushoch überlegen und nahmen schließlich einige Assassinen-Burgen im Handstreich ein – die Waage neigte sich gefährlich zuungunsten der Assassinen. Doch noch immer behaupteten sie ihre Stellung.

Ihr Niedergang war allerdings nicht aufzuhalten. Letztendlich wurde der Geheimbund im Jahre 1256 durch einen Mongolenfürst besiegt, einen Enkel Dschingis Khans, und zwar auf folgende Weise: Der letzte Großmeister (in Persien) wurde bestochen. Heimlich paktierte er mit den Mongolen und entschied, seine eigenen Leute zu verraten. Diese rabenschwarze Seele soll sogar bei der Ermordung des eigenen Vaters ihre Hand im Spiel gehabt haben. Der Großmeister schlug sich also auf die Seite seiner Feinde, als er die Überlegenheit der Mongolen realisierte. Der letzte persische „Alte vom Berge" lieferte seine eigenen Mannen ans Messer! Er war den Mongolen behilflich, eine Assassinen-Burg nach der anderen zu übernehmen. Aber nachdem sich die Mehrzahl der Assassinen-Burgen in der Hand der Mongolen befand, wurden nicht nur seine Familie und seine Dienerschaft ermordet, sondern er wurde ebenfalls erschlagen. Nun war er ja zu nichts mehr nutze. Der Verräter wurde zum Schluss selbst verraten.

Die letzten persischen Assassinen wurden gejagt wie wilde Hunde, sie wurden aufgespürt und getötet. Um dem Ganzen die Krone aufzusetzen, zerstörte Dschingis Khans Enkel auch noch die Hauptburg Alamut bis auf die Grundfesten. Gleichzeitig übergab er eine umfangreiche Bibliothek den Flammen. Nur die Biografie des Gründers Hassan ibn al-Sabbahs verbrannte seltsamerweise nicht. Sie blieb erhalten. Und so wurden die Assassinen in Persien ausradiert.

In Syrien erging es ihnen ebenso. Dort waren die schiitischen Assassinen einem sunnitischen Mamelukensultan inzwischen ein Dorn im Auge. Etwa um 1260 machte er gegen sie mobil. 1271 schlug er los. Ein Feldzug gegen die Assassinen regelte die Machtfrage endgültig.

Schließlich musste der syrische Großmeister seinem Feind alle Burgen übergeben. Damit endete die Assassinen-Herrschaft auch in Syrien.

DIE GEHEIMNISSE DER ASSASSINEN

Lösen wir auch das letzte Rätsel und fragen wir uns: Was hat es mit all dem angeblichen Geheimwissen der Assassinen auf sich, mit all den geheimen Riten?

Wie bei vielen Geheimbünden lassen sich die einzelnen Riten und Grade, über die die Assassinen von ganz unten nach ganz oben aufsteigen konnten, heute nicht mehr mit letzter Sicherheit eruieren. Angeblich gab es neun geheime Grade. Andere Quellen sprechen von einer Dreiteilung. Man unterschied zwischen den „Alten" oder „Vätern" (höchste Stufe), den „Eingeweihten" (zweite Stufe) und den „Jungen" oder „Gehilfen" (der niedrigsten Stufe). Der Geheimbund war streng hierarchisch organisiert.

Die Assassinen kleideten sich in weiße Mäntel, ein roter Gürtel und eine rote Mütze kennzeichneten sie. Ihnen angeschlossen war eine Baugilde, die sich um die verschiedenen Burgen kümmerte.

Es existierte ein pervertiertes religiöses Denken, das mit allerlei Geheimnissen umwoben war. Der Gründer Hassan ibn al-Sabbah zeichnete sich durch einen wilden religiösen Fanatismus aus. Einige Historienschreiber berichten, er habe sogar seinen eigenen Sohn umgebracht, weil dieser Wein getrunken hatte – was im Islam verboten ist. Angeblich exekutierte er ihn eigenhändig. Darüber hinaus gab es wie in allen Religionen „Symbolisten", die in einfache Texte alles Mögliche hineingeheimnisten und hineinlasen. Eifrig wurde nach verbotenen Botschaften im Koran gefahndet. Nachweislich besaßen die Assassinen einige apokryphe (= geheime) Schriften des Koran – nicht anders als es im Christentum zahlreiche apokryphe Schriften und Testamente gab und gibt. Einige Spuren weisen in Richtung Gnostizismus, in dem die Vorstellung der Wiedergeburt eine der Kernthesen ist. Doch grundsätzlich wollten die Assassinen nur einen „Gottesstaat" errichten, in dem der „richtige" Glaube herrschte – nämlich ihrer. Dafür wurde gemordet und getötet und mit allen Arten von Geheimnissen gearbeitet, in denen sich ein schlichtes Gemüt leicht verfangen konnte. Der Adept verirrte sich in diesem Labyrinth der Geheimnistuerei, während das wahre Ziel darin bestand, allerorten die Macht an sich zu reißen und sie danach mit Zähnen und Klauen zu verteidigen.

ENDGÜLTIGES FAZIT

Und so erkennen wir sehr rasch, dass die „Technik des Geheimnisses", wie man das nennen könnte, eine bloße Irreführung darstellte, mit der die Anhänger bei der Stange gehalten wurden. Letztlich gab es kein Geheimnis, das der Enthüllung wert gewesen wäre. Alle Assassinen-Großmeister wollten lediglich herrschen. In diesem Sinne wurde eine sektiererische Glaubensrichtung ausgenutzt und umformuliert. Für Religionen normalerweise übliche edle und menschenfreundliche Ziele wie etwa Frieden, Hilfsbereitschaft oder Nächstenliebe, wischte man beiseite und trat sie mit Füßen. Das Wort „Religion" wurde benutzt und beschmutzt, genau wie das Wort „Gott" oder „Allah".

Ein Teufel in Menschengestalt, Hassan ibn al-Sabbah, bemächtigte sich des Verstandes seiner Jünger und manipulierte sie schamlos – mithilfe eines falschen Paradieses, mit Sex und mit Drogen. Er war ein Großverbrecher, der sich als heiliger Mann tarnte. Dass es ihm nur um seine eigene Person und seine elenden Machtgelüste ging, verschwieg er. Stattdessen verwies er immer wieder auf „Allah" und den „Propheten Mohammed". Er nutzte die Religion nur als Deckmantel.

Die brandgefährlichen Attentate machten die Assassinen eine Weile zum gefürchtetsten Orden ihrer Zeit. Aber letztendlich verriet ein Großmeister seinen eigenen Orden. Das beweist, dass man innerhalb einer Gruppe, die Mord und Niedertracht zur Operationsweise und Richtlinie erhebt, niemandem trauen kann, nicht einmal dem eigenen Anführer. Dass die Assassinen am Schluss selbst hingemeuchelt wurden, beweist zudem, wie gerecht die Geschichte manchmal ist.

Am bedeutsamsten aber: Die Geschichte der Assassinen ist ein Lehrstück dafür, wie leicht Menschen manipuliert werden können – mit ein paar wolkigen, „geheimen" Riten und apokryphen Schriften, mit luftigen Versprechungen und mit der Hoffnung auf Sex. Nur ein teuflisches Hirn war fähig, die Idee eines falschen, künstlichen Paradieses zu ersinnen und damit in der Folge die unglaublichsten Attentate zu veranlassen.

Am „Grund" der Assassinen befand sich eine vollkommen destruktive, bösartige Persönlichkeit, der andere Killer nachfolgten. Sie alle nutzten eine Variante des islamischen Glaubens gewissenlos aus, um ihre eigenen verbrecherischen Ziele zu erreichen. Diese Ziele versuchten sie mithilfe einiger frömmelnder Gebete, mit falschen Geheimnissen und ein paar mentalen Tricks zu kaschieren.

Die einfache Wahrheit ist: Die Führer des Mörder-Ordens geiferten nach Besitz und Macht. Das und nichts anderes ist das wahre Geheimnis der Assassinen.

3.
GEHEIME BRUDERSCHAFTEN IM BANNE DES PAPSTTUMS – TEIL 1: DIE JESUITEN

Es wundert nicht, dass das Papsttum, die mächtigste religiöse Institution der Welt, auch „geheime Bruderschaften" in ihrem Umkreis zuließ. Schließlich galt es, den sagenhaften Einfluss auf Milliarden von Menschen aufrechtzuerhalten. Das Papsttum verkörperte schon immer Macht. Und wie konnte diese besser zementiert werden als durch Orden, die auch im Verborgenen einen unglaublichen Einfluss hatten?

Die erste Bruderschaft, der der Vorwurf geheimer religiös-politischer Tätigkeiten gemacht wurde, waren die Jesuiten. Und so viel ist wahr: Einst war ihr Einfluss weltweit so allumfassend, dass man noch heute darüber staunen muss. Früh schon wurden den Jesuiten die abenteuerlichsten Verschwörungen angelastet. In einer kleinen Schrift, *Monita Secreta* (lat. = geheime Ermahnungen), forderte der Verfasser die Jesuiten tatsächlich auf, den Reichtum des Ordens mit allen Mitteln zu mehren und zugleich die wahren Ziele der Bruderschaft zu verschleiern. Die Jesuiten sollten systematisch Einfluss auf Könige, Fürsten und die Mächtigen dieser Welt nehmen. Klug sei es, sich ihnen als Beichtvater anzudienen und auf diese Weise ihre Sünden in Erfahrung zu bringen.

Weiter sollten sie die Günstlinge und Diener der Mächtigen bestechen, um in den Besitz privater und politischer Geheimnisse zu kommen. Sie sollten andere Orden verleumden, um selbst alle einflussreichen, hohen kirchlichen Ämter zu besetzen. Reiche Witwen sollten sie dazu bewegen, nicht wieder zu heiraten, sondern stattdessen Testamente zugunsten der Jesuiten zu verfassen. Ihre wahren Vermögensverhältnisse müssten sie dagegen stets unter Verschluss halten und dürften sie nicht dem Papst melden. Sie müssten sich nach außen hin stets als arme Ordensmitglieder geben.[1]

Ungeheuerliche Vorwürfe!

Was ist von ihnen zu halten?

Hatten die Jesuiten nicht tatsächlich einen unglaublichen Einfluss, der bis zum chinesischen Kaiserhof reichte? Gerieten sie nicht in vielen Ländern zu den Beichtvätern der Mächtigen? Gründeten sie einst nicht sogar einen eigenen Staat in Südamerika? Worin bestanden ihre „Techniken", worin ihre „Geheimnisse"?

Fragen über Fragen.

DIE WAHRHEIT ÜBER DEN GRÜNDER ODER WAS ÜBER DIE JESUITEN GESAGT WERDEN DARF

Schon das Leben des Jesuiten-Gründers Ignatius von Loyola (1491–1556) ist spektakulär. Loyola entstammte dem höheren spanischen Adel und schlug zunächst erwartungsgemäß eine Soldatenlaufbahn ein. Wie jeder herumlungernde Soldat, der nichts zu tun hat und die Zeit totschlagen muss, verstrickte er sich in Händel und Amouren. Kurz

gesagt: Er liebte die Frauen. Als er endlich als Soldat gefordert wurde –
die Franzosen griffen die Spanier an –, erwischte ihn eine Kanonen-
kugel am rechten Bein. Notdürftig und dilettantisch wurde das Bein
mehrmals eingerenkt, wieder gebrochen und wieder geflickt, mit dem
Ergebnis, dass Loyola Zeit seines Lebens humpelte. Während der Gene-
sungsmonate fielen ihm zwei Bücher in die Hände, die schwärmerisch
vom Leben Christi und dem Leben einiger Heiliger berichteten. Nach
ihrer Lektüre hatte Loyola eine Vision, die ihn nach eigenen Aussagen
Maria und das Jesuskind schauen ließ – später sollten viele weitere Erscheinungen folgen. Diese Vision führte endgültig zu dem Entschluss,
seinem alten soldatischen Lotterleben ade zu sagen und sich Christus
zuzuwenden. Der Soldat verwandelte sich in einen Mönch.

Loyola verschenkte sein prächtiges Rittergewand, beichtete, tat Bu-
ße und warf sich eine Pilgerkutte über. Gleichzeitig gelobte er Armut
und Keuschheit. Dann machte er sich hinkend nach Jerusalem auf, um
dort Christus näher zu sein. Aber es ist leicht, Keuschheit zu geloben,
und schwer, sie einzuhalten. Also betete Loyola nun pausenlos, wandte
sich der Askese zu und geißelte und kasteite sich, um die Lust abzutö-
ten. Er hörte auf, sich zu reinigen, ließ die Nägel wachsen und lebte nur
noch von Lebensmitteln, die er erbettelt hatte. Jeder sündige Gedanke
musste ausgetrieben werden, mit Gewalt und notfalls sogar mit Blut.

Dazu entwarf er einige rigorose „geistliche Übungen" – anfangs nur
für sich, später gerieten sie zum festen Bestandteil des Ordens, den er
gründen sollte. Sie bestanden darin, sich die Hölle bildlich und mit allen furchtbaren Qualen vorzustellen. Selbst den Gestank des Schwefels
musste man dabei riechen, ja sogar das eigene versengte Fleisch. „Wir
müssen an unserem eigenen Leib die brennenden Flammenzungen spü-
ren."[2] Jede nur erdenkliche Höllenqual müsse man physisch fühlen und
sich anschließend fragen, wie man dieser Qual entrinnen könne. Die
Antwort? Man müsse sich den Leidensweg Christi vergegenwärtigen,
in allen Einzelheiten, jede Station. Die Erniedrigung, die Geißelung,

die Kreuzigung, alles müsse man nacherleben. Man müsse körperlich fühlen, wie Jesus bespuckt worden war, sowie alle Martern und Leiden, selbst seine Empfindungen, als er schließlich im Grabe lag. Daraufhin sollte man mit Jesus auferstehen und die Himmelfahrt erleben. Diese Exerzitien seien wochenlang durchzuführen. „Von dieser geheiligten Vision gestärkt werden wir imstande sein, als aufopfernde Streiter den Kampf gegen Satan aufzunehmen und Menschen für Christus zu gewinnen. In diesem heiligen Krieg werden wir beglückt jedes Martyrium ertragen und freudig unser Leben hingeben."[3] So fasste Loyola den Sinn dieser geistigen Exerzitien zusammen.

Ignatius von Loyola – klein (158 cm groß), kahlköpfig und hinkend, spitznasig und abgemagert, aber mit brennenden schwarzen Augen und einem fanatischen Willen – gründete nur mit diesen Exerzitien und einigen nahezu militanten Ordensregeln in der Folge die erfolgreichste Erziehungsorganisation, die es je in der Geschichte der Menschheit gegeben hatte.

DIE JESUITEN

Die Gesellschaft Jesu (**Societas Jesu**), Ordenskürzel SJ, kurz Jesuiten genannt, wurde am 15. August 1534 von einem Freundeskreis um Ignatius von Loyola ins Leben gerufen, Loyola galt als Gründer. Der Orden funktionierte wie eine militärische Organisation – schließlich war Loyola selbst geraume Zeit Soldat gewesen. Der Orden sollte Streiter im Krieg gegen den Unglauben hervorbringen. Er war straff hierarchisch organisiert: An oberster Stelle stand der Papst, darunter der Ordensgeneral (Generalobere, General), anfangs Loyola selbst. Unter dem General befanden sich die Provinzialen, die Leiter der Ordensprovinzen.

Unter ihnen kamen die Rektoren, Vorsteher der einzelnen Ordenshäuser.

Später wurde das System weiter ausgefeilt. Höchsten Status genossen die Professen – Jesuiten, die eine 17-jährige Ausbildung hinter sich hatten. Unter ihnen standen die Koadjutoren, mit zehn Jahren Studium, unter diesen wiederum die Scholastiker, die sich noch in der Ausbildung befanden, und an letzter Stelle die Novizen, die Neuzugänge. Die Hierarchie sah und sieht folgendermaßen aus:

- Papst
- Ordensgeneral
- Provinzial (Leiter einer ganzen „Provinz", eines ganzen Landes)
- Rektor (Leiter eines Ordenshauses)

- Profess (von lat. professio = Bekenntnis)
- Koadjutor (lat. = Beistand)
- Scholastiker
- Novize

Der Novize wurde zunächst über die Ziele der SJ (Societas Jesu) unterrichtet. Gleichzeitig wurde er zu geistlichen Übungen angehalten und hatte niedrige Arbeiten zu verrichten. Ihm wurde beigebracht, in allen Belangen blind zu gehorchen. Er musste lernen, seinen eigenen Willen auszuschalten und sich wie ein Soldat jedem Befehl zu fügen. Ja, er musste sogar lernen, sich „wie ein Toter" herumkommandieren zu lassen („Kadavergehorsam"). Der Gehorsam gegenüber dem Vorgesetzten war gleichzusetzen mit dem Gehorsam gegen Gott. In der ursprünglichen Satzung des Ordens heißt es:

„Wir sollen uns dessen bewusst sein, dass ein jeder von denen, die im Gehorsam leben, sich von der göttlichen Vorsehung mittels des Oberen führen und leiten lassen muss, als sei er ein toter Körper, der sich wohin auch immer bringen und auf welche Weise auch immer behandeln lässt, oder wie ein Stab eines alten Mannes, der dient, wo und wozu auch immer ihn der benutzen will."[4]

Der uneingeschränkte Gehorsam, die Willenlosigkeit, die Demut waren also von erstrangiger Bedeutung. Später avancierte dieser „Kadavergehorsam" zum Schlagwort gegen die Jesuiten, aber auch gegen den bedingungslosen Gehorsam beim Militär; der stupide Befehlsempfänger und Soldat wurde damit aufs Korn genommen. Der Novize musste dem Vorgesetzten zudem Fehler und Schwächen seiner Mitbrüder melden und eine rigorose Disziplin einhalten.

Auf das Noviziat folgten die Mönchsgelübde der Armut, der Keuschheit und des Gehorsams, man stieg auf zum Scholastiker. Hier schlug man sich mit Philosophie und Theologie herum und unterrichtete auch schon Schüler. Kletterte man die Leiter weiter nach oben, avancierte man zum Koadjutor. Frühestens mit 45 Jahren konnte ein Jesuit in die Klasse der Professen aufsteigen. Zu den drei Mönchsgelübden kam jetzt noch das Gelübde des unbedingten Gehorsams gegen den Papst hinzu. Die Professen bildeten den „harten Kern" des Ordens, die Speerspitze.

Die Jesuiten lebten in mönchischer Gemeinschaft und durften nur maßvoll essen und trinken.

Doch bleiben wir zunächst der Chronologie treu. Loyola wurde bei Papst Paul III. vorstellig, der den Orden bestätigte. Das vierte Gelübde, das später nur den Professen abgenommen wurde, hieß:

„Dem römischen Pontifex als Gottes Stellvertreter zu dienen ... und unverzüglich und ohne zu zögern und ohne Ausflüchte und Einwände alles auszuführen, was der regierend Papst oder seine Nachfolger ihnen zum Wohle der Seelen und für die Propagierung des Glaubens ... irgendwo in der Welt befiehlt."[5]

Damit war eine schlagkräftige Truppe für den Papst geschaffen, eine Sturmtruppe, die später die Welt bewegen sollte.

Loyolas ursprüngliche Idee, im Heiligen Land tätig zu werden, ließ sich nicht umsetzen, weil dort die „Bekehrung" der Ungläubigen untersagt war. Also wandten sich Loyola und seine Brüder zunächst Italien und Europa zu. Nach einer Weile sprossen allerorten Jesuitenhäuser aus dem Boden, später auch in vielen anderen Gegenden der Welt, und mit ihnen Wohltätigkeitinstitutionen, Hochschulen und Schulen.

Als Loyola 1556 starb, gab es bereits rund tausend Mitglieder! Etwa 35 davon waren Professen.

EINGRIFF IN DIE HISTORIE

Erinnern wir uns: Als Martin Luther auf den Plan trat, befand sich das Papsttum in moralischer Hinsicht auf dem Tiefststand. Im Vatikan wurde gefeiert, geschlemmt und gehurt wie in einem Bordell. Die Gelder der Gläubigen wurden veruntreut und mit beiden Händen zum Fenster hinausgeworfen.[6] Luther wurde möglich und mit ihm die Reformation. Das gesamte europäische Machtgefüge geriet ins Wanken. Nacheinander fielen viele europäische Könige und ganze Länder vom „wahren Glauben", vom Katholizismus, ab. Die einzige Überlebenschance des Papsttums bestand darin, eine „Gegenreformation" und „Reinigung" durchzuführen. Und genau das geschah.

Die Speerspitze der Gegenreformation waren die Jesuiten. Ihnen gelang es, die „protestantische Flut" zurückzudrängen. Die Jesuiten brachten einen großen Teil Deutschlands, Böhmens, Ungarns und Polens zurück in den Schoß der „allein selig machenden Kirche". Sie gründeten zunächst Ordenshäuser in den gefährdeten Ländern. Wo dies nicht möglich war (wie in Irland, England und in einer Anzahl deutscher Territorien), wurde das entsprechende Ordenshaus in Rom eröffnet, von wo aus die Jesuiten illegal in ein Land einreisten.

Von den Ordenshäusern aus sorgten sie für Predigten, für die Seelsorge, den Unterricht, die Beichte und die Bußen. Es scheint der Wahrheit zu entsprechen, dass sie bei den Sünden hoher Herren gelegentlich ein Auge zudrückten. Jedenfalls wuchs auch ihr politischer Einfluss.

Ihr größter Erfolg jedoch war die Rückgewinnung von Polen, das sich bereits halb in protestantischen Händen befand. Sie rekatholisierten zuerst die Oberschicht, dann das einfache Volk. Möglicherweise aufgepeitscht durch hochemotionale Predigten, wurden in der Folge evangelische Kirchen niedergebrannt und zerstört. Die Jesuiten wirkten darauf hin, dass der Neubau evangelischer Kirchen verboten wurde. Teilweise gelang es ihnen sogar, beim Abfall vom katholischen Glauben die Todesstrafe durchzusetzen. Polen jedenfalls ist bis heute erzkatholisch und eine feste Bastion des Papsttums.

Selten oder nie gelang es einer Mönchsorganisation, einer moralisch verkommenen Kirche einen so massiven Gegenpol entgegenzusetzen und sie wirksam zu reformieren – wozu später auch einige gute, moralische Päpste beitrugen. Die Autorität der angeschlagenen katholischen Kirche wurde wiederhergestellt. Das Erziehungswesen, die Gelehrsamkeit, die Klugheit, die Findigkeit und die Beredsamkeit der Jesuiten veränderten den Lauf der Geschichte.

DIE EROBERUNG DER WELT

Tatsächlich expandierte der Orden schließlich so stark, dass ihr General schon bald den Spitznamen „schwarzer Papst" erhielt – nach seinem schwarzen Priesterrock. Nicht wenige hielten ihn sogar für mächtiger als den Papst in Rom. Die Zahl der Mitglieder, ihr Besitz und die konkrete Macht der Jesuiten nahmen stetig zu. Adlige stifteten ihnen manchmal nahezu ein Vermögen. Die einstigen Bettler wurden Millionäre. 1565 zählte der Orden bereits 3500 Mitglieder und 130 Häuser in 18 Provinzen oder Ländern.

Jesuitenmissionare begaben sich nun bis in das ferne Indien und China, ja bis nach Japan und Süd- und Nordamerika. In Indien wurden Tausende, später Zehn- und Hunderttausende, noch später Millionen von Hindus und Muslims zum Christentum bekehrt, in China Taoisten, Konfuzianisten und Buddhisten. Hier fanden die Jesuiten sogar Zugang zum chinesischen Kaiserhof! Hier waren sie aufgrund ihrer Gelehrsamkeit auch als Astronomen tätig.

Jesuiten lernten alle möglichen Sprachen, um das WORT überall zu verbreiten.

In Paraguay gründeten sie einen eigenen Staat, einen Jesuitenstaat, der von 1610 bis 1767 bestand. Sie kümmerten sich um die Indianer, hoben die Agrarwissenschaft auf ein neues Niveau und sorgten dafür, dass die spanischen und portugiesischen Kolonialherren die Ureinwohner nicht so brutal ausbeuteten. Sie setzten zur Christianisierung Musik ein, komponierten Lieder, Gesänge und Messen und schufen ein eigenes Jesuitentheater – alles im Dienste der Missionierung. Den gierigen, beutelüsternen Spaniern und Portugiesen freilich waren die Jesuiten ein Dorn im Auge. Später wurde den Jesuiten vorgeworfen, riesige Haziendas zu besitzen, große Zuckerplantagen, Fabriken, Geschäfte und

Läden – was alles der Wahrheit entsprach. Es ist schwer, einflussreich zu sein und arm zu bleiben.

Doch genauso beuteten Jesuiten in Südamerika auch schwarze Sklaven aus. Historiker bestätigten später, dass sie im 18. Jahrhundert sogar zu den größten Sklavenhaltern auf diesem Erdteil zählten. Ein Schandfleck auf ihrer ansonsten weißen Weste.

Dennoch bleiben ihre Verdienste.

Jesuiten pflegten Kranke, bekämpften Seuchen und gründeten immer wieder Schulen. Da sie hochgebildet waren und ebenso bescheiden wie vornehm und selbstbewusst auftraten, wurden sie tatsächlich zunehmend vom Adel und schließlich sogar von Königen als Beichtväter akzeptiert – auch in Europa. Sie beteiligten sich an vielen weltlichen Geschäften und vermehrten den Besitzstand des Ordens beständig. Zumeist handelte es sich bei den Jesuiten um Männer von hoher Moral, versichern uns jedenfalls Historiker wie Will Durant. Sie billigten zwar die Inquisition, aber sie beteiligten sich nicht daran – die Inquisition lag vornehmlich in den Händen der Dominikaner. Die Jesuiten zogen es vor, durch Erziehung zu christianisieren. Sie gründeten unaufhörlich neue Lehrstätten. Die Jugend, die dort lernen durfte, war handverlesen und wurde sorgsam ausgewählt – um einflussreiche Persönlichkeiten heranzuziehen und so die Zukunft zu gewinnen. Auf diese Weise entwickelten sich die Jesuiten zu den erstaunlichsten Pädagogen ihrer Zeit. Manchmal übernahmen sie bestehende Universitäten und schulische Einrichtungen, aber meist gründeten sie neue Lehrstätten.

Der Unterricht wurde in lateinischer Sprache abgehalten. Auf dem Lehrplan standen nicht nur die Bibel, sondern auch griechische und römische Klassiker, Charakterbildung, Höflichkeit, Sittlichkeit und gute Umgangsformen. Natürlich wurde tagtäglich auch immer wieder der Glaube eingetrichtert – mit Gebet, Meditation, Beichte, Kommunion, Messe und Dogmenlehre. Die Naturwissenschaft im Allgemeinen wurde zwar vernachlässigt, dennoch fand Unterricht in Mathematik, Astronomie und Physik statt. Nur auf Geschichte verzichtete man, denn nur so ließ sich der Glaube an Jesus Christus aufrechterhalten. Doch auch Mathematik wurde nicht immer neutral gelehrt. Das führte dazu, dass der mathematische Fortschritt nicht innerhalb der Jesuitenschulen stattfand.

Alles in allem aber konnte man im 17. und 18. Jahrhundert wohl keine bessere Ausbildung bekommen, und das in vielen Gegenden der Welt. Niemand in dieser Zeit übertraf die Jesuiten an Gelehrsamkeit und pädagogischem Einfluss.

Das rief Neider, Feinde und Gegner auf den Plan. Sie schworen, den Jesuiten den Todesstoß zu versetzen. Am Horizont braute sich die denkbar gefährlichste gegnerische Koalition zusammen.

VERSCHWÖRUNGEN UND VERBOTE

Verschwörungstheorien über die Jesuiten machten vielerorts die Runde. Versuchten die Jesuiten etwa, alle Fürsten und Könige in ihre Tasche zu stecken? Wollten sie die ganze Welt beherrschen?

Eines Tages geschah es: Ein aufsehenerregendes Schriftstück wurde öffentlich, die bereits erwähnte *Monita Secreta* – „die geheimen Instruktionen der Jesuiten".

DIE MONITA SECRETA

„Die geheimen Instruktionen" enthielten die unglaublichsten „Gebrauchsanweisung" für die Eroberung der Welt und waren an die Jesuiten gerichtet. Sie enthielten Ratschläge, wie man

„… vermögende Menschen, zum Beispiel reiche Witwen, um ihr Geld bringt,

… an Erbschaften herankommt und sie für die Kirche sichert,

… Parteien und Organisationen gründet und gegeneinander aufhetzt,

… Regierungen finanzielle Unterstützung entlockt beziehungsweise entzieht,

… Staatsmänner, Politiker, Banker und so weiter gefügig macht und vor den eigenen Karren spannt,

… Kriege anzettelt,

… Kirchen und Glaubensgemeinschaften unterwandert und deren Leiter ködert,

… diejenigen gefügig macht, die zu viel über die Machenschaften der Jesuiten wissen."[7]

Die *Monita Secreta* gaben Anweisung, Königen und Fürsten zu schmeicheln. Sie verrieten, wie man es anstellte, zu den geheimsten Beratungen hinzugezogen zu werden. Sie rieten, Zwistigkeiten zwischen Fürsten auszunutzen, damit diese sich gegenseitig aufrieben und an die Gurgel gingen – und man dann selbst geschickt und berechnend den Frieden herbeiführen konnte und von allen Seiten gelobt wurde. Sie gaben Tipps, wie man sich an Bischöfe und Äbte „heranmacht", wie man Kirchenbistümer dem eigenen Orden zuspielt und auf welche Weise man im Geheimen operiert. Ferner enthielten sie Ratschläge dafür, die Söhne und Töchter reicher Witwen an den geistlichen Stand heranzuführen, um sich ihrer Besitztümer zu versichern; und Ratschläge, wie man die eigenen Einkünfte grenzenlos vermehrt, dabei nach außen hin aber den Anschein wahrt, Reichtum zu verachten.

Ein hochrangiger Jesuit wurde als Verfasser der geheimen Instruktionen „entlarvt". Es kursierten verschiedene Gerüchte, wo man die *Monita Secreta* angeblich aufgefunden hatte.

Was aber war die Wahrheit?

DIE HETZJAGD

Gedulden wir uns noch einen Augenblick.

Das Blatt begann sich zu wenden, der unaufhaltsame Siegeszug der Jesuiten wurde gestoppt. Schon im 17. und 18. Jahrhundert, aber vor allem im 19. und 20. Jahrhundert machte man überall Jagd auf die Jesuiten. Der Orden, der Geschichte geschrieben, der das Papsttum mit Zähnen und Klauen verteidigt und der die Reformation aufgehalten hatte, musste unter allen Umständen ausgebremst werden – nach Ansicht seiner Feinde.

Die Propaganda überschlug sich. Weitere Verschwörungstheorien schossen wie Pilze aus dem Boden. Das Bild des romhörigen, verschlagenen Jesuiten kam auf. Angeblich konnte er aufgrund seiner Gelehrsamkeit und seiner Rhetorikkünste aus Schwarz Weiß machen und umgekehrt. Der Orden bekam das Image eines schmierigen, hab- und machtgierigen, konspirativen Geheimdienstes, der völlig bedenkenlos seine Mittel wählt. Es hagelte Anklageschriften. In Portugal warf man den Jesuiten vor, Indios zum Aufstand angestachelt zu haben und einen Anschlag auf den König zu planen. In Frankreich wurden Jesuiten des Landes verwiesen, die sich weigerten, den Treueid auf den König zu leisten. Ihre Güter wurden teilweise eingezogen. In Spanien wurden sie 1767 außer Landes gewiesen, später mehrmals verboten. In Italien wurde auf Rom ein unglaublicher Druck ausgeübt, den verhassten Orden zu verbieten. Der geschickt erpresste Papst gab den Forderungen nach. Erst im Jahre 1814 wurde der Orden wieder zugelassen.

In Deutschland wurde der Jesuiten-Orden im Jahre 1872 aufgehoben und erst 1917 erneut geduldet. Als jedoch die Nazis ans Ruder kamen, brandmarkten sie die Jesuiten als Volksschädlinge und verpassten ihren Predigern einen Maulkorb. Die Hitler-Schergen verfolgten die Jesuiten, inhaftierten und isolierten sie, steckten sie teilweise in Konzentrationslager oder richteten sie hin.

Selbst aus der neutralen Schweiz wurden sie zeitweise ausgewiesen. In den verschiedensten Gegenden der Welt wurde der Einfluss der Jesuiten zurückgedrängt.

Selten oder nie wurde ein Orden in der Geschichte der Menschheit so heftig bekämpft. Aber noch einmal: Was war die Wahrheit?

HINTER DEN KULISSEN

Es ist vielleicht nie in aller Deutlichkeit gesagt worden: Vier feindliche Gruppierungen hassten die Jesuiten wie die Pest. Ihre Vertreter unternahmen wirklich alles, um ihren Vormarsch zu stoppen.

1) An erster Stelle standen die Protestanten. Ihren Führern missfiel es, dass der Katholizismus wieder an Boden gewann. Da hatte man es mit Luther und seinen Nachfolgern gerade erreicht, dass sich die Macht des verfluchten Papstes in Rom ständig verringerte, da drängten die Jesuiten die Evangelischen wieder in die zweite Reihe. Ja, sie gewannen für den *papa* sogar ganze Länder zurück.

2) Nationale und nationalistisch motivierte Könige und Fürsten standen an zweiter Stelle. Sie fürchteten den Einfluss des Jesuitenordens. Also beschnitten sie seine Macht an allen Ecken und Enden – unter anderem in Portugal, Spanien, Frankreich und Deutschland. Die Jesuiten gerieten in Konflikt mit den mächtigsten Herrschern ihrer Zeit.

3) Außerdem fasste die „Aufklärung" im 17. und 18. Jahrhundert überall Fuß. Sie entzog der Religion schier den Boden unter den Füßen. Alles „Religiöse" und „Übernatürliche" hielt man für den Feind der Vernunft. Voltaire in Frankreich, Locke in England und Lessing in Deutschland waren Vorreiter dieser Aufklärung, aber es gab Hunderte, ja Tausende von anderen intellektuellen Streitern, die die Feder wie ein Schwert schwingen konnten.

4) Darüber hinaus hatten sich insgeheim konkrete Gegenbewegungen gebildet. Die Freimaurer etwa verbreiteten zum Teil antichristliches Gedankengut, offen oder versteckt – wir werden auf diesen interessanten Geheimbund an späterer Stelle noch zu sprechen kommen.

Mit anderen Worten: Protestanten, monarchistische Nationalisten, Aufklärer und Freimaurer – die mächtigsten Gruppierungen ihrer Zeit – kämpften erbittert gegen die Jesuiten. Aus welchem Grund? Es ging um Macht. Die Jesuiten waren brandgefährlich, sie waren „schlaue Jungs", wie sie manchmal bezeichnet wurden, sie waren hochgelehrt, rhetorische Genies und mutige, hochmotivierte römische Propagandisten. Sie polarisierten und suchten die Bevölkerung zurück in den Schoß des Papsttums zu führen. Und deshalb wurden sie von diesen vier Strömungen systematisch ins Abseits gerückt. Es galt, unter allen Umständen den „Geheimdienst des Papstes" auszuschalten.

Die *Monita Secreta* erschienen relativ früh. Dabei waren sie natürlich ein elendes Schmierenstück, Schwarze Propaganda in Reinkultur, mit der die Jesuiten diskriminiert und verleumdet werden sollten. In Wahrheit aber waren sie eine raffinierte Fälschung. Zunächst wurde dem Schmutzpapier, das 1614 in Krakau erschien, eine falsche Autorenschaft angedichtet: Die Feinde des Ordens behaupteten, der fünfte Jesuiten-General, Aquaviva, sei der Verfasser – wie sich später herausstellte, alles erstunken und erlogen. Auch die Angaben zum Fundort waren höchst widersprüchlich. Es wurde sogar ein angeblich gekaperter Ostindiensegler bemüht, auf dem die „geheimen Instruktionen" angeblich aufgefunden worden waren. Alles ausnahmslos durchsichtige Lügen.

Doch ein letztes Mal: Was ist die Wahrheit?

Da die Jesuiten in Polen besonders schlimm gehaust hatten, mag es sein, dass die polnischen Protestanten vielleicht eines Tages zurückschlugen. Allerdings ist es auch denkbar, dass ein abtrünniger und ehemaliger Jesuit das Schriftstück fälschte. Ein Pole namens Hieronim

Zahoroswki wird manchmal als der wahre Verfasser genannt – eine dubiose Figur, ein aus dem Orden ausgeschlossener Renegat, ein Verräter, der den Jesuiten eins auswischen wollte. Nur: Wer hätte je einem Abtrünnigen geglaubt, wie es sie in allen Religionen gibt?

Und so muss man festhalten, dass die Jesuiten zu Unrecht verfolgt und diskriminiert wurden. Man überschüttete sie mit Schwarzer Propaganda, in vielen Ländern der Erde. Fest steht: Bei den *Monita Secreta* handelt es sich um ein übles Traktat, das uns lehrt, nicht allen Verschwörungstheorien blind nachzulaufen.

Doch wie haben wir über die Jesuiten insgesamt zu urteilen?

IM URTEIL: LOYOLA UND DIE JESUITEN

Betrachten wir zunächst noch einmal Ignatius von Loyola: Er ließ sich von ein paar Heiligenlegenden beeindrucken, von denen man heute mit Sicherheit weiß, dass die meisten gefälscht wurden. Zumindest schmückte man Einzelheiten ungebührlich aus und übertrieb maßlos.[8] Man dichtete verschiedenen Heiligen alle möglichen „Wunder" an. Zudem wissen wir heute, dass das wahre Leben Jesu nicht so verlief, wie es im Neuen Testament dargestellt wird. Es gab ähnliche Geschichten aus dem indischen, persischen, ägyptischen, römischen, griechischen und etruskischen Raum; es gab Gottessöhne zuhauf, in vielen Kulturen, von denen einige sogar gekreuzigt wurden und zum Himmel auffuhren.[9] Das Leben Jesu, von dem sich Loyola inspirieren ließ, ist unter historischen Gesichtspunkten eine äußerst fragwürdige Sache. Und so bleibt zunächst festzuhalten, dass Loyola auf einige fromme Legenden, auf religiöse Märchen hereinfiel, für die er womöglich aufgrund seiner Verletzung besonders empfänglich war. Zu seiner Verteidigung mag man anführen, dass man damals in puncto historischer Wahrheit längst nicht so weit war wie heute, da man religiösen „Wunderberichten" und „Leidenswegen" erheblich skeptischer gegenübersteht. Inzwischen entlarvten Wissenschaftler viele Bibel-Berichte und führten sie auf das zurück, was sie wirklich sind: Lügen zur höheren Ehre Gottes.

Auch Loyolas „Erscheinungen" beweisen – gar nichts. „Erscheinungen", „Gesichte" oder „Visionen" hatten buchstäblich Hunderte, ja Tausende von heiligen Männern in der Geschichte. Sie widersprachen und widersprechen sich teilweise vehement.

Dennoch muss man Loyola für seine herausragende Willenskraft, sein Organisations- und sein Redetalent bewundern. Er schuf aus dem Nichts eine Bewegung, die den Lauf der Geschichte veränderte, und hauchte ihr Leben ein.

Sein Umgang mit Sexualität ist allerdings eine zweischneidige Sache. Spätestens seit Freud weiß man, welche Schäden die Unterdrückung der Libido anrichten kann. Zugegeben, selbst Freud gestand ein Phänomen namens Sublimierung ein. Der Sextrieb wird in diesem Fall „veredelt", die sexuelle Energie in eine andere Richtung umgelenkt; sie führt zum Beispiel zu einer höheren geistigen Leistung. Und mehr als eine Gruppierung in der Geschichte schloss den Sexus aus – zum Vorteil eines „höheren" Ziels. Das Zölibat besitzt demnach zwei Seiten: Einerseits kann es zu einer entsetzlichen Unterdrückung der Person führen, andererseits kann es gewaltige Kräfte freisetzen. Aber diese Sublimierung schlägt manchmal furchtbar auf eine Person zurück. Und so verwundert es nicht, dass bis heute Priester und Jesuiten des sexuellen (Kinds-) Missbrauchs angeklagt werden. Kurz: Die Kraft des Sexus in Richtung Glaubenspropaganda umzulenken bringt zwar erstaunliche Resultate, kann aber auch zu massiven persönlichen Problemen und sogar zu kriminellen Handlungen führen.

Die rigorosen Exerzitien sind ebenfalls von zweifelhafter Natur. Unvoreingenommen betrachtet stellen sie eine Art Hypnose und

Autosuggestion dar. Denn wenn eine Person wochenlang über die Hölle meditiert sowie über die Qualen des Lebens Jesu, mit all seinen Ängsten und Schmerzen, so macht sie eine massive Wandlung durch. Diese Person wird unbeschreiblich manipuliert, genauer gesagt manipuliert sie sich selbst – was die effektivste Form der Hypnose ist. Zum Schluss verfügt sie dann über einen komplett anderen Verstand und ist mental völlig neu programmiert.

Fragwürdig ist ferner der sprichwörtliche „Kadavergehorsam". Den blinden Gehorsam gegenüber dem Ordensgeneral und vor allem gegenüber dem Papst sollte man ebenfalls mit Distanz betrachten. Aus welchem Grund? Nun, die Gestalten auf Petris Stuhl waren nicht immer Heilige. Es gab genug Schurken unter den Päpsten, wie selbst katholische Historiker heute unumwunden zugeben. Sie führten manchmal barbarische, ungerechte Kriege, mordeten, töteten und hurten schlimmer als die frechsten Dirnen. Und wenn dann das eigene Gewissen nicht mehr als letzte Instanz für das eigene Verhalten dient, wird die Gehorsamspflicht höchst fragwürdig. Sie kann eine Person degradieren und ihrer Integrität berauben.

DIE ANDERE SEITE DER MEDAILLE

Positiv sind dagegen die ungeheuren Anstrengungen der Jesuiten in Sachen Bildung zu bewerten. Für die Gründung der Schulen und Hochschulen in aller Herren Länder können wir die Jesuiten nur bewundern. Viele Brüder zeichnete höchste Brillanz aus, ein messerscharfer Verstand und ein ehrliches Interesse an zahlreichen Wissenschaften. Ihre intensive Erziehung bildet einen Meilenstein des Fortschritts in der Menschheitsgeschichte. In dieser Hinsicht kann man den Jesuiten nur applaudieren. Auch ihr Bemühen, Schüler und Studenten zu Höflichkeit und Anstand zu erziehen, verdient Bewunderung.

Dass sie sich zudem in der Krankenpflege engagierten, Seuchen bekämpften und die Agrarwissenschaft vorantrieben, verdient ebenfalls höchstes Lob. Auch ihre Geschicklichkeit in der Rede und Gegenrede muss bestaunt werden. Ihre rhetorische Brillanz, bis heute gefährlich, sollte man ihnen nicht vorwerfen. Denn wer kann schon ein vernünftiges Argument gegen die Klugheit vorbringen oder die Fähigkeit, überzeugend zu diskutieren?!

Jesuiten kümmerten sich auch um Arme, um Probleme der Migration und um den interreligiösen Dialog. Sie hoben die Wissenschaften auf ein neues Niveau und sind verantwortlich für den Schutz und die Erziehung vieler Indianerstämme. Sie erweiterten den Horizont durch ihre Reisen und sorgten so dafür, dass wir in Europa für andere Kulturen aufgeschlossener wurden.

Außerdem müssen wir die Jesuiten von den Vorwürfen der „geheimen Instruktionen" freisprechen. Die *Monita Secreta* sind ein übles Machwerk, geboren aus einem namenlosen Hass, mit der Absicht, die Jesuiten auf ewig zu diskriminieren. Dass Gestalten wie Bismarck oder Hitler die Jesuiten später verfolgten, gereicht diesen sogar zur Ehre.

Wie müssen wir nun endgültig über die Jesuiten urteilen?

ENDGÜLTIGES FAZIT: SCHWARZ UND WEISS

Zieht man Bilanz und wägt sorgfältig ab, kommt man zu einem positiven Ergebnis. Man kann die Jesuiten nicht dafür diskreditieren, dass sie das Christentum und das Papsttum bis aufs Messer verteidigten. Sie nahmen an, einer ehrenwerten Institution den Rücken zu stärken und eine edle Religion zu propagieren. Sie versuchten, *ihre* religiöse Wahrheit zu verbreiten, und dieses Unterfangen darf man ihnen nicht anlasten. Wer von uns ist nicht von seiner eigenen Weltanschauung überzeugt und hält sie für einzig richtig?

Gleichzeitig bemühten sich die Jesuiten unter ungeheuren Anstrengungen und Opfern, die Welt ein Stückchen besser zu machen. Und das gelang ihnen zumindest teilweise auch. Und selbst wenn wir heute der religiösen Indoktrination skeptisch gegenüberstehen, so müssen wir doch zugeben, dass aus einem Glauben eine ungeheure Kraft erwachsen kann.

Darüber hinaus gebietet es die Fairness weiter, die Jesuiten im Umfeld des 16. und 17. Jahrhunderts zu betrachten. Dieses Zeitalter hieß ihre Ziele und ihre Taten weitgehend gut. Die meisten Jesuiten waren zweifellos noble Seelen, die oft ihr Leben riskierten, um Zustände zu verbessern. Die wenigen schwarzen Schafe, die es in jeder Gruppierung gibt, darf man nicht ausschließlich ins Scheinwerferlicht rücken. Das verletzt das Gebot der Unparteilichkeit.

Noch einmal: Unterm Strich betrachtet handelte es sich um einen Eliteorden, dessen Leistungen man wertschätzen muss. Noch heute zeichnen sich viele jesuitische Lehrstätten durch höchstes Niveau aus, und wenn man bedenkt, dass rund zehn Prozent aller gegenwärtigen US-amerikanischen Spitzenpolitiker Jesuiten-Schulen besucht haben, erahnt man ihren gegenwärtigen Einfluss.

SCHWARZE PROPAGANDA

Die wichtigste Lehre der Geschichte besteht jedoch darin, nie zu vergessen, wozu eine Hetzschrift oder ein Schwarzes-Propaganda-Traktat fähig ist: Es vermag eine ganze Bewegung ins Abseits zu rücken. Wenn wir diese Lehre wirklich verinnerlichen, verstehen wir nicht nur die

Geschichte, sondern auch die Gegenwart besser. Kurz gesagt gilt: Nicht alle Verschwörungstheorien von heute taugen etwas, ja die Mehrzahl der wirren, irren Verschwörungstheorien sind nur wild zusammengesponnenes Garn. Heutzutage werden wir überschwemmt von Berichten über alle möglichen „heimlichen Einflüsse", denen wir angeblich ausgesetzt sind. Aber nur sorgfältige eigene Recherchen und eigene Urteilskraft helfen uns, die Spreu vom Weizen zu trennen und die Wahrheit von der Lüge zu unterscheiden.

Vielleicht gibt es kein besseres Lehrstück für Schwarze Propaganda als die „geheimen Instruktionen", die *Monita Secreta*. Denn sie geben uns auch einen Einblick, auf welche Weise gefälscht und gelogen wird.[10] Und nur deshalb haben wir die Jesuiten überhaupt in dieses Buch aufgenommen, denen man unseres Erachtens eines nicht nachsagen kann: ein Geheimbund zu sein im klassischen Sinne. Ihr Motto lautete und lautet bis heute: *Omnia ad maiorem Dei gloriam:* „Alles zur größeren Ehre Gottes" – eine Absicht, die völlig offen zutage liegt.

4.
GEHEIME BRUDERSCHAFTEN IM BANNE DES PAPSTTUMS – TEIL 2: OPUS DEI

Die Mitglieder der vielleicht mächtigsten römisch-katholischen Organisation (vom Vatikan immer abgesehen), die Priester und Laien von *Opus Dei,* was auf Deutsch so viel wie „Werk Gottes" bedeutet, standen Kopf, als eines Tages Dan Browns Super-Bestseller erschien, der *Da Vinci Code,* unglücklicherweise übersetzt mit *Sakrileg.* Das Buch enthüllte nämlich einige brisante Interna über die Organisation. Da war von Kasteiungen die Rede, von einem schmerzhaften Bußgürtel *(Cilicium)* und regelmäßigen Peitschenhieben mit einer fünfschwänzigen Handgeißel aus verknoteten Seilen, mit denen die Opus-Dei-Mitglieder ihren eigenen Körper züchtigten. In Browns Roman handelte es sich bei der Bruderschaft um eine verkappte Mörderorganisation. Ein Opus -Dei-Mitglied, ein Albino mit riesigen Körpermaßen, versuchte dem Protagonisten Professor Langdon ständig das Leben zu nehmen.

Auf einmal kochten alle möglichen Gerüchte über diese machtvolle römisch-katholische Organisation wieder hoch, und es wurden Fragen über Fragen gestellt: Suchte diese Institution nicht, einer vielarmigen, im Geheimen operierenden Krake gleich, die ganze Kirche, ja die ganze

Welt zu umschlingen und zu beherrschen? Und entsprach es nicht der Wahrheit, dass Opus Dei einst dem furchtbaren Diktator Franco, dem Erzfaschisten, zur Seite gestanden hatte und unter ihm Opus-Dei-Mitglieder zu Ministern aufgestiegen waren? Umfassten die Octopus-Arme der Organisation nicht das gesamte spanische Bankwesen? Kurz und gut: Sah man sich hier nicht einem im Geheimen operierenden Eliteorden gegenüber, dessen Mitglieder danach gierten, führende Positionen zu besetzen, in öffentliche Ämter aufzusteigen und überall die Macht an sich zu reißen? Kritiker sprachen von einer „heiligen Mafia", die sich in Hochschulen und Ministerien, in Zeitungen und Druckereien, in Werbeagenturen und Radiostationen eingenistet hatte, ja sogar im Versicherungswesen, in Investmentgesellschaften und in Filmgesellschaften. Doch handelte es sich bei diesen Behauptungen tatsächlich um die Wahrheit?

Inzwischen erreichten die Verkaufszahlen des *Da Vinci Codes* himmelstürzende Höhen. Im Hauptquartier der Bruderschaft brach Panik aus. Bereits im Mai 2006 waren weltweit rund fünfzig Millionen Exemplare des *Da Vinci Codes* verkauft. Im Jahr 2009 wurde die Hundert-Millionen-Grenze überschritten. Einen so phänomenalen Verkaufserfolg hatte man noch nie erlebt – von Harry Potter und der Bibel einmal abgesehen.

Die Presse überschlug sich: Die *New York Times* berichtete ebenso enthusiasmiert wie das People Magazine, die *Denver Post,* das *Library Journal,* die *Washington Post,* der San *Francisco Chronicle,* die *Chicago Tribune,* die *Daily News,* der *Boston Globe,* die *Rocky Mountain News, Amazon.com,* der *New Mystery Reader, The Seattle Times,* das *Nashville City Paper* und so weiter und sofort.[1] Auch alle großen Fernsehanstalten berichteten über das Phänomen, Dan Brown war eine Zeit lang der wohl begehrteste Interviewpartner. Auch in Deutschland, Frankreich oder Italien kam man aus dem Staunen nicht heraus: Insgesamt wurde der Weltbestseller bislang in siebzig Sprachen übersetzt. Natürlich wurde er verfilmt, mit einem der Größten der US-Filmszene in der Hauptrolle – Tom Hanks.

Die Opus-Dei-Regenten schlugen die Hände über dem Kopf zusammen, Satan selbst hatte offenbar zugeschlagen.

Der Coup für den *Da Vinci Code* war generalstabsmäßig geplant worden. Während sich Dan Brown noch die Finger wund schrieb, bereitete sich der Verlag Doubleday bereits auf seinen Supererfolg vor. Als es so weit war, verschickte er 10 000 Fahnenabzüge an die wichtigsten Buchhändler im Lande, ausnahmslos Meinungsführer. Der Buchhandel bestellte daraufhin wie verrückt. Doubleday druckte eine Startauflage von 230 000 Exemplaren – normalerweise beginnen selbst Großverlage bescheidener mit einer Erstauflage von 10 000 Stück. Die Presse wurde eingebunden und die literarische Welt auf das Phänomen Dan Brown aufmerksam gemacht. Das Buch landete sofort bei Erscheinen auf der *New York Times*-Bestsellerliste.

Natürlich hatte Dan Brown allein mit dem Thema den Nagel auf den Kopf getroffen.

Was war passiert?

DIE VERSCHWÖRUNG

Beschönigend wird immer wieder von Verschwörungstheorien gesprochen, sobald man dem Phänomen Dan Brown auf der Spur ist. Doch das greift zu kurz. Die reine Wahrheit ist, dass es geheime Bruderschaften gibt, dass Geheimgesellschaften existieren und dass Geheimdienste ihr Unwesen treiben. Es gibt nun einmal die CIA, das FBI, Geheimdienste in fast allen Ländern sowie Opus Dei und die Freimaurer. Sie sind real. Sie existieren. Mit anderen Worten: Zu vieles wird heute unter den Teppich gekehrt, ja es wird geradezu hektisch daran gearbeitet, bestimmte Fakten und Tatsachen eben nicht öffentlich werden zu lassen. Gewisse Draht- und Strippenzieher ziehen es vor, im Dunkeln zu bleiben.

Nimmt sich nun ein Autor dieses Themas an, wird ihm natürlich eine ungeheure Aufmerksamkeit zuteil. Es wird ein Informationsvakuum gefüllt, und es ist im Grunde gleichgültig, ob die neuen Informationen richtig sind oder falsch. Es ist geradezu ein physikalisches Gesetz: Etwas ist unbekannt? Ein Vakuum existiert? Dann wird die Leere gefüllt.

Weiter ist Folgendes wahr: Jeder nur ein wenig wacher und aufgeweckter Zeitgenosse will die Welt etwas besser verstehen. Er ahnt, dass er ständig an der Nase herumgeführt wird, während hinter den Kulissen die unglaublichsten Deals und Absprachen stattfinden, von denen nicht einmal ein Hundertstel bekannt wird. Dieses Wahrheitsbedürfnis bediente Dan Brown. Er stach mit seinem Buch gewissermaßen wie mit einer Nadel in eine eiternde, schwärende Wunde.

Schon der Weltbestsellerautor Robert Ludlum, der zuletzt in Florida lebte und vor seinem Tod ein paar Ghostwriter beschäftigte, hatte dieses Wahrheitsbedürfnis bedient – allerdings beschränkte er sich auf die Geheimdienstszene. Ludlum, den Dan Brown nach eigenen Worten zum Vorbild nahm, hatte also den *Da Vinci Code* inspiriert, er hatte gewissermaßen Pate gestanden.

Aber erwies Dan Brown der Wahrheit den besten Dienst? Was hatte es mit all den Vorwürfen wider Opus Dei tatsächlich auf sich?

DIE ZWEI GESICHTER
JOSEMARÍA ESCRIVÁS

Josemaría Escrivá de Balaguer y Albás (1902–1975), von vielen nur als „heiliger Josefmaria" bezeichnet, entschloss sich schon mit 16 Jahren, Priester zu werden. Er studierte Theologie und Recht und zeichnete sich früh durch Lerneifer und ein besonderes Redetalent aus. Er fiel die kirchliche Karriereleiter schnell nach oben. Seine Stationen: Kaplan, Priester, Rektor, Rechtslehrer, Ordensgründer – auch wenn man das Opus Dei manchmal nicht als „Orden" bezeichnet. Es handelte und handelt sich weitgehend um eine Laienorganisation, die allerdings von Rom und Priestern kontrolliert wird. Im Jahre 1928 erblickte jedenfalls das Opus Dei das Licht der Welt. Nach eigenem Bekenntnis hatte Escrivá zuvor eine „göttliche Offenbarung" erhalten und den Befehl, diese Organisation ins Leben zu rufen. Nun kam er der göttlichen Anordnung nach. Zeitweilig musste er jedoch außer Landes fliehen, weil die politischen Umstände in Spanien seinen Absichten zuwiderliefen. Aber ab dem Jahre 1939 arbeitete Escrivá weiter wie besessen an der Etablierung des Ordens. Er wurde auch in Rom tätig, gründete dort verschiedene Kollegien und schrieb mehrere Bücher. Von dem bedeutendsten mit dem Titel *Der Weg* werden wir noch hören. In der Folge operierte Escrivá weltweit. Er sorgte dafür, dass sich das Opus Dei in alle Himmelsrichtungen ausbreitete. 1952 wurde die erste Niederlassung in Deutschland eröffnet.

Der Gründer organisierte zahlreiche Exerzitien und Besinnungstage und schuf eine Opus-Dei-Institution nach der anderen. Er sorgte zudem für die gesetzlichen Eckpfeiler seines Ordens, in kirchlicher und weltlicher Hinsicht, die sein Lebenswerk unangreifbar machten und ihm Dauer verliehen – vergessen wir nie, der Gründer war auch Jurist!

Escrivá traf sogar einige Vereinbarungen mit dem spanischen Diktator Franco, was ihm allerdings massive Kritik einbrachte. Auch seine Haltung zum Sturz des chilenischen Präsidenten Salvador Allende durch Augusto Pinochet besudelte seine weiße Weste, denn er bezeichnete Allendes Sturz als „nötiges Blutvergießen".

Erinnern wir uns in gebotener Kürze: Der spanische Militär und Diktator Francisco Franco (1892–1975) hielt von 1936 bis 1975 das Königreich Spanien in seinen Klauen – zu der Zeit also, in der Escrivá dort tätig war. Franco machte zunächst als monarchistischer Militär Karriere und stieg zum jüngsten General in der modernen Geschichte Europas auf. Einige spektakuläre Erfolge in Afrika in den 1920er-Jahren machten ihn so populär, dass er bereits 1935 zum Generalstabschef des gesamten spanischen Heeres ernannt wurde. Aber nur dank der Unterstützung des faschistischen Königreiches Italien und des nationalsozialistischen Deutschen Reiches gelangte er in Spanien an die Macht. In der Folge unterdrückte Franco brutal Autonomiebestrebungen, er ließ mehrere Hunderttausend Gegner exekutieren und rund 1,5 Millionen politische Häftlinge in 190 Konzentrationslager schaffen. Eine unterdrückerische, destruktive Persönlichkeit im politischen Raum also – ein ausgewiesener Massenmörder. Auf dessen Seite schlug sich Escrivá!

Und was war mit den beiden anderen Politikern?

Salvador Allende (1908–1973) regierte Chile von 1970 bis 1973. Er versuchte, auf demokratischem Weg eine sozialistische Gesellschaft in Chile zu etablieren, wurde aber 1973 durch einen Militärputsch gestürzt und beging Selbstmord.

Der Militärputsch wurde von Augusto Pinochet (1915–2006) inszeniert, den die USA hinter den Kulissen am Gängelband führten. Pinochet regierte Chile schließlich als Diktator bis 1990. Dabei machte er sich zahlreicher Menschenrechtsverletzungen schuldig. Pinochet ließ nachweislich Tausende ermorden, Zehntausende foltern und ungezählte Chilenen in Geheimgefängnissen verrotten. Pinochet war also ebenfalls eine durch und durch destruktive Persönlichkeit und ein Massenmörder.

Aber Escrivá focht das alles nicht an. Franco und Pinochet, beides Ungeheuer, wurden von ihm schöngezeichnet und verteidigt. Escrivá bewunderte Franco sogar öffentlich und distanzierte sich nie vom Faschismus.

Wie selbstverständlich mischte der Ordensgründer stets in den obersten Etagen mit, sowohl in den höchsten religiösen als auch den ersten politischen Zirkeln – allerdings stets im Sinne der Kirche. Als Escrivá 1975 starb, hinterließ er eine schlagkräftige Organisation, die bis heute in Spanien und auch in anderen Ländern höchst aktiv ist und tatsächlich über atemberaubende Verbindungen verfügt.

DIE HIERARCHIE

Wie alle Bruderschaften ist Opus Dei streng hierarchisch aufgebaut. An der Spitze steht der Prälat (*lat. praelatus* = der Vorsteher). Unter ihm ist der Generalrat angesiedelt, eine Art Beirat, (Weibliche Mitglieder verfügen über ein Assessorat. Es gibt zwei Abteilungen innerhalb des Ordens, eine ist für Frauen zuständig, die andere für Männer). Darunter kommen die Numerarier, was wörtlich „gezählte" Mitglieder bedeutet, aber im übertragenen Sinne besser mit „ordentliche" Mitglieder zu übersetzen ist. Die Numerarier bilden das Herzstück des Ordens. Sie wenden sich ganz der Arbeit innerhalb der Bruderschaft zu und geben nahezu ihre gesamten Einkünfte an die Leitung der Opus-Dei-Zentren ab; sie selbst begnügen sie sich mit einem Taschengeld.[2] Unter den Numerariern stehen die Supernumerarier, die „außerordentlichen" Mitglieder. Sie sind verheiratet oder heiratswillig. Siebzig Prozent aller Opus-Dei-Mitglieder sind Supernumerarier. Darüber hinaus gibt es einige weitere Unterscheidungen, die mit dem Priesterstand und der Ehelosigkeit zu tun haben. Mit anderen Worten: Die Hierarchie sieht folgendermaßen aus:

- Papst,
- Prälat,
- Generalrat (Assessorat),
- Numerarier,
- Supernumerarier.

Schließlich gibt es
- Assoziierte und
- Unterstützer.

Die Zulassung zur Bruderschaft erfolgt erst nach einer rund halbjährigen Wartezeit. Danach steht eine eineinhalbjährige Vorbereitungszeit auf dem Programm. Schließlich unterzeichnet das Mitglied einen formellen Vertrag, der seine Rechte und Pflichten innerhalb des Ordens festhält. Nach frühestens fünf Jahren kann eine Person ein formales Treueversprechen *(fidelitas)* ablegen, das ein Mitglied dauerhaft an die Personalprälatur bindet, wie die offizielle juristisch korrekte, kirchenrechtliche Bezeichnung für den Orden lautet.

MISSION, MOTIVATION, INDOKTRINATION

Ein Mitglied der Bruderschaft muss bestimmte „Normen" erfüllen, die die Person enger an den christlichen Glauben und an den Orden binden sollen. Morgens nach dem Aufstehen muss es als Erstes *„Serviam!"* sagen – Lateinisch für „Ich werde dienen". Über den Tag verteilt sind darüber hinaus zahlreiche Gebete zu sprechen, wie unter anderem das Vaterunser oder das Avemaria. Die Messe, die Kommunion, Lesungen aus dem Neuen Testament, die Beichte sowie eine tägliche sorgfältige Gewissenserforschung ergänzen die Erziehung. Einkehrtage und körperliche Bußübungen werden ebenfalls verlangt. Täglich zwei Stunden lang den Bußgürtel zu tragen ist keine Erfindung Dan Browns, genauso wenig wie die wöchentliche Selbstkasteiung mit einer Geißel. Beides gibt es wirklich und ist Teil der „Disziplin".

Darüber hinaus wird ein Mitglied systematisch theologisch indoktriniert, teilweise individuell, teilweise in Gruppen. Es gibt zahlreiche „Gespräche" und „Bildungsveranstaltungen".

DIE UNTERWANDERUNG

Darf man von einer systematischen Unterwanderung unserer Gesellschaft durch den Orden sprechen?

Nun, fest steht, Opus Dei verfügt heute über rund 80 000 Mitglieder in etwa sechzig bis achtzig Ländern, die Angaben variieren. Hochburgen findet man in Italien, in Spanien, in Großbritannien und in verschiedenen Ländern Südamerikas. Der Orden unterhält eigene Universitäten und sogar Managementschulen.

In Spanien gelangte er zu seiner solchen Macht, dass 1957, unter Francos Herrschaft, die gesamte Regierung umgebildet wurde: Zwölf von 18 Mitgliedern wurden geschasst, an ihrer Stelle Opus-Dei-Mitglieder auf Ministerposten gehievt. Sie hatten nun das Sagen in der Wirtschaft, bei den Finanzen und sie kontrollierten sogar das spanische Bankwesen. Es ist wahr und nicht übertrieben, dass der Orden im spanischen Mutterland darüber hinaus die verschiedensten Schaltstellen der Macht besetzte – in Verlagen, Zeitungen, Druckereien und Werbeagenturen, in Radiostationen, Versicherungs- und Investmentgesellschaften sowie im Filmbusiness.

Opus-Dei-Mitglieder gründeten und führen bis heute Privatschulen, Studentenheime, Universitäten und sind in der Erwachsenenbildung tätig. Sozialwerke, Berufsbildungszentren, Spitäler und Hilfswerke werden von ihnen geleitet. Konkret gibt es momentan 15 Universitäten, elf Managementschulen, Hunderte von Grundschulen, 97 technische Lehranstalten und 116 universitäre Heime.

Die Bruderschaft besitzt höchst reale Macht.

Jetzt wird es brenzlig und spannend.

DER AUFTRAG

Nach einem Opus-Dei-Statut sind die Mitglieder angehalten, überall führende Positionen anzustreben. Im Original liest sich die Anweisung so:

„Besondere Mittel des Apostolats der Institution sind die öffentlichen Ämter, insbesondere solche, die eine Führungstätigkeit verlangen. Um dies zu erreichen, ist es notwendig, dass sich die Unsrigen in ihren Berufen als Autorität hervortun und sich unermüdlich um den Erwerb einer wissenschaftlichen Ausbildung bemühen."[3]

Escrivá selbst empfahl in seinem Buch *(Der Weg)* Folgendes:

„Du – ein Dutzendmensch werden? Zum großen Haufen gehören? Du bist zum Führer geboren!"[4]

Ohne Scheuklappen und ohne Beschönigung heißt das mit anderen Worten: Mitglieder werden angehalten, öffentliche Ämter zu „erobern" und wichtige, führende Rollen in der Gesellschaft einzunehmen. Ihr Auftrag besteht darin, in den höchsten Rängen mitzumischen.

Und Informationen, die gelegentlich über den Orden durchsickern, beweisen, dass sie sich nach wie vor an die Anordnungen des Gründers halten. 1970 wurden mindestens elf von 18 Ministerien in Spanien von Opus-Dei-Mitgliedern oder von Sympathisanten des Ordens besetzt. Selbst vor Kurzem gestanden sowohl der spanische Umweltminister als auch der spanische Verteidigungsminister ein, dass sie zu der geheimnisumwitterten Bruderschaft gehören.[5]

Die enge Verflechtung von Religion und Politik, die schon der Gründer kultiviert hatte, existiert also, sie ist keine Verschwörungstheorie, die an den Haaren herbeigezogen ist.

Was bedeutet das im Klartext?

DIE POLITIK UND DIE BESITZ-
GEHEIMNISSE DES VATIKANS

Nun, es bedeutet, dass das Opus Dei in den verschiedensten Institutionen präsent ist. Der Orden fungiert lediglich als der verlängerte Arm des Vatikans und des Papstes.

Es ist vielleicht nie in völliger Offenheit gesagt worden: Die römisch-katholische Kirche und mit ihr das Papsttum in Rom streben selbstverständlich nach der Weltherrschaft, genauer gesagt nach der spirituellen Herrschaft über alle Seelen – nebenbei bemerkt schon seit rund 1500 Jahren. Aber hinter den Kulissen gibt es genügend geheim gehaltene Strategien, um die die Öffentlichkeit nicht weiß.

Als Spanien einst im 17. Jahrhundert die halbe Welt regierte, schielte die katholische Kirche natürlich dorthin. Unvorstellbar viele Klöster und Kirchen wurden aus dem Boden gestampft.[6] Auch im 18., 19. und 20. Jahrhundert blieb Spanien erzkatholisch. Das Opus Dei *konnte* nur in einem solchen Umfeld aufblühen. Heute stehen im Zielvisier des Vatikans vorrangig die neuen Weltmächte, allen voran die USA.

Der Orden ist also nur ein Ausdruck des Machstrebens des Vatikans. Es stimmt zwar, dass die Bruderschaft höchst (einfluss-)reich ist, aber ihr Vermögen verblasst im Verhältnis zu den Reichtümern des Vatikans. Der Vatikan besitzt riesige Aktienpakete, sowie zuhauf italienische Industriebetriebe. Er hat regelmäßige Einnahmen durch die Kirchensteuer. Der italienische Staat unterstützt dabei den Kirchenstaat mit Unsummen, wie Autor Curzio Maltese in seinem Buch *Scheinheilige Geschäfte, die Finanzen des Vatikans* darlegte und bewies.[7]

Der Vatikan gebietet kurz gesagt über ein kommerzielles Imperium aus Hotels, Restaurants, Kinos, Theatern, Buchhandlungen und zahlreichen Geschäften. Und der kirchliche Immobilienbesitz in Italien und Rom macht selbst Kritiker sprachlos: „In Rom gehört fast ein Viertel der Grundstücke der katholischen Kirche … in ganz Italien 20–22 Prozent allen Grundbesitzes."[8] Ein Milliardenvermögen! Bedeutende Wirtschaftsunternehmen sowie der Tourismus spülen unaufhörlich Unsummen in die Kassen der Kirche. Allein die Einnahmen durch den Pilgertourismus werden auf 4,5 Milliarden Euro jährlich geschätzt. Kolossale Gewinne werden auch durch das Gesundheitswesen eingefahren, ein eigener riesiger Geschäftszweig im Vatikan. Es gibt in Rom darüber hinaus fast zweitausend religiöse Einrichtungen, die alle Umsatz generieren – Pfarreien, Schulen, Pflegeheime, Kollegien, Altersheime, Krankenhäuser, Hospize …

Selbstverständlich engagieren sich der Papst und der Vatikan in allen möglichen weltlichen Institutionen. Der Vatikan ist geradezu ein Musterbeispiel für die Verquickung geistlicher und weltlicher Macht. Insofern ist der Vorwurf gegenüber Opus Dei, der dem Vatikan dient, natürlich gerechtfertigt.

Was aber ist der Vatikan eigentlich?

DIE MÄCHTIGSTE RELIGIÖSE ZENTRALE DER WELT

Von Kritikern gern vergessen wird, dass Opus Dei nur ein Zweiglein ist am Baum des Vatikans. Der Vatikan ist kurz gesagt die mächtigste religiöse Institution der Welt. Hier laufen die Fäden zusammen, hier wird Weltpolitik gemacht, hier kommt das Geld zusammen.

Die Politik des Vatikans ist insgesamt allein darauf ausgerichtet, den Katholizismus zu verbreiten und die Herrschaft des Papsttums aufrechtzuerhalten. Die geschultesten theologischen Köpfe kümmern sich Tag für Tag ausschließlich darum – heimlich oder offen –, die Machtbasis des Papstes zu erweitern. Dazu gehört es, Feinde ins Abseits zu rücken und gute Katholiken auf einflussreiche Posten zu heben.

Studiert man systematisch die Geschichte des Vatikans, erkennt man sehr rasch, dass die gesamte „Denke" der Oberpriester in Rom lediglich darauf ausgerichtet ist, alle Länder der Erde, ob Russland oder die USA, dem „wahren Glauben" zuzuführen.

Wie also haben wir über das Opus Dei zu urteilen?

DER ORDEN VOR GERICHT

Gibt es Kasteiungen, Bußgürtel und Geißeln?

Ja.

Die Bußgeißel ist eine etwa 30 Zentimeter lange, geflochtene Peitsche. Numerarier züchtigen sich damit einmal wöchentlich am Rücken oder am Gesäß. Der Bußgürtel ist eine kleine Kette, die auf der Innenseite Metalldornen hat. Von Numerariern wird sie täglich getragen und um den Oberschenkel geschnallt, außer an Sonntagen und Feiertagen. Wird das Mitglied kontinuierlich zum „Gehorsam" erzogen?

Ja.

Ist das Opus Dei eine verkappte Mörderorganisation, in der man den Genuss von Drogen gutheißt?

Nein.

Gibt es ein Bücherverbot für bestimme Werke?

Ja.

Wird systematisch ein Führungsnachwuchs herangebildet?

Ja.

Stand der Orden einst dem Diktator und Massenmörder Franco zu Diensten und wurde er von ihm gefördert?

Ja.

Wurde der Massenmörder Pinochet unterstützt, um die Ausbreitung des Ordens zu sichern?

Ja.

Umfassten die Octopus-Arme der Organisation einst das gesamte spanische Bankwesen?

Ja.

Sieht man sich hier einem teilweise im Geheimen operierenden Eliteorden gegenüber, dessen Mitglieder gehalten sind, führende Positionen in der Gesellschaft einzunehmen?

Ja.

Wurden und werden Opus-Dei-Mitglieder systematisch auf einflussreiche Posten gehievt?

Ja.

Gibt es innerhalb des Ordens auch hochanständige Figuren mit den besten Intentionen?

Natürlich.

Sind die meisten Mitglieder von guten Absichten beseelt?

Zweifellos.

Existieren Opus-Dei-Kliniken, in denen den Ärmsten der Armen geholfen wird?

Ja.

Gibt es Opus-Dei-Bildungsprogramme, in deren Rahmen man sich um Aufklärung bemüht hinsichtlich Hygiene, Kinderpflege und der Gesundheitsvorsorge?

Ja.

Was aber bedeutet das unterm Strich betrachtet?

DAS PAPSTTUM VOR GERICHT

Man kann keine Kritik an Opus Dei üben, ohne gleichzeitig das Papsttum ins Visier zu nehmen. Es gab im Laufe der Geschichte mindestens ebenso viele Schurken auf dem Papstthron wie edle Gestalten, wir haben bereits darauf aufmerksam gemacht. Es gab hervorragende Päpste, die sich sogar für religiöse Toleranz gegenüber Andersgläubigen und Sekten einsetzten und Juden schützten. Es gab feinsinnige, hochkultivierte Päpste, die die Wissenschaften und Künste förderten und allgemein die Moral auf ein höheres Niveau hoben. Aber es gab auch völlig verachtenswerte Figuren auf Petris Stuhl, wenn sie beispielsweise Kriege führten, den Vatikan in ein Bordell verwandelten und die Gläubigen wie Schafe schoren – und sich dabei nur selbst den Beutel füllten.

Das Papsttum gewann immer dann, wenn es echte Integrität und wahre Ethik förderte. Es verlor umgekehrt stets, wenn es den Faktor Ethik beiseiteschob. Das war unausweichlich der Fall, wenn sich der Papst mit politischen Großverbrechern verbündete oder sie auch nur tolerierte, anstatt mutig gegen sie Stellung zu beziehen.

Es gibt kein schamvolleres Kapitel des Papsttums als das Kapitel über seine Schaukelpolitik gegenüber den Nazis. Und nichts diskreditierte das Papsttum mehr als der Umstand, Massenmörder wie Franco oder Pinochet hofiert zu haben – via Opus Dei.

Im 15. und 16. Jahrhundert verlor das Papsttum rund die Hälfte seines weltweiten Einflusses, weil es „vergessen" hatte, was Ethik und Integrität wirklich bedeuten.

Fast immer, wenn sich das Papsttum mit Massenmördern verbündete und vor den Mächtigen zu Kreuze kroch, verlor es immens – zumindest mittel- und langfristig gesehen. Mit destruktiven Persönlichkeiten im Gleichschritt zu marschieren, nur, weil sie die Kirche nicht verfolgten oder sogar förderten, war nicht nur falsch, unmoralisch und dumm, die Päpste erwiesen damit dem Katholizismus überdies einen Bärendienst. Denn eines Tages schlug das Pendel um, und eben diese destruktiven Persönlichkeiten verschwanden von der Bildfläche. Was übrig blieb, war eine verkorkste Kirchengeschichte, die die Menschen davon abhielt, an die Lauterkeit des Papsttums zu glauben. Die katholische Kirche verlor immer dann an Reputation und Zulauf, wenn sie sich von kurzfristigen politischen Vorteilen blenden ließ.

Über aller Theologie, so lernen wir, steht wahre Ethik und Integrität, die sich nicht verbiegt, nur weil es die politischen Zeitläufe opportun erscheinen lassen.

„Hohe Politik" ist gewöhnlich ein schmutziges, mörderisches, verachtenswertes Geschäft, in dem der gewinnt, der mit genügend machiavellistischen Winkelzügen aufwartet. Wenn Religion in diese Niederungen hinabsteigt, stirbt sie jedes Mal ein wenig. Früher oder später kommen die Untaten ans Licht und verursachen, dass Gläubige zweifeln und sich von Religion und Katholizismus abwenden. Während Politik kurzzeitig auch mit unlauteren Mitteln Macht aufrechterhalten kann, verliert Religion auf Dauer immer mit dieser „Denkart".

Religion steht für Werte wie Frieden, Wahrheit, Anstand, Hilfsbereitschaft und Integrität – nicht für geschicktes Lavieren, um hohe und höchste Pöstchen zu ergattern. Jede Religion verliert und stirbt, wenn sie die „ewigen Werte" hintanstellt. Man studiere beispielsweise nur sorgfältig das Schicksal der Brahmanen im alten Indien, der Priesterkaste im alten Ägypten oder der „Seher" und Priester im alten Griechenland. Sie alle verschwanden von der Bildfläche, als sie in Kategorien von Macht und Besitz zu denken begannen, statt in den Kategorien der Ethik und echten Hilfeleistung.[9]

In geschichtlichen Dimensionen gedacht ist genau das der Fehler des Vatikans und des Ordens Opus Dei, dessen gute Taten man jedoch ebenfalls nie außer Acht lassen darf.[10]

5.
DIE HINTERMÄNNER
DER AMERIKANISCHEN
REVOLUTION

Als im 18. und 19. Jahrhundert eine ungeheure Machtverschiebung stattfand, änderte sich die Welt vollkommen. Was war geschehen? Nun, die bisherige Weltmacht Nummer eins – Großbritannien –, die die Meere beherrschte und von Südafrika bis Hongkong präsent war, wurde geradezu über Nacht von einer anderen Macht abgelöst. Die Engländer fanden sich eines Tages weit abgeschlagen hinter den Vereinigten Staaten von Amerika wieder. Sie rieben sich erstaunt die Augen und fragten sich ungläubig, was eigentlich passiert war. „Politik" wandelte sich von einem Tag auf den anderen grundlegend. Einfach alles geriet in Bewegung, auch militärische und ökonomische Gegebenheiten änderten sich mit einem Schlag.

Doch wie konnte es zu dieser plötzlichen, ungeheuren Machtverschiebung kommen? Nie hatte die Welt eine derart brutale, unvorhersehbare Ablösung einer alten Weltmacht gesehen, die doch scheinbar so sicher im Sattel saß!

Innerhalb von ein paar läppischen Monaten erklärten 13 *United States* ihre Unabhängigkeit vom Mutterland England. Was niemand wusste: Der Coup war hinter den Kulissen mit allergrößter Sorgfalt eingefädelt worden. Die Loslösung der 13 US-Staaten von England war keineswegs ein historisches Ereignis, das mit einer gewissen „geschichtlichen Notwendigkeit" stattfand, ausgehend von den „Massen", sondern im Gegenteil eine abgekartete, raffiniert ausgeklügelte, von langer Hand vorbereitete Unternehmung. Die Loslösung der USA von Großbritannien wurde von einigen mutigen, draufgängerischen Persönlichkeiten inszeniert, die nahezu ausnahmslos Mitglieder eines bestimmten Geheimbundes waren ...

WELTMÄCHTE

Versucht man, im unzulässigen Schnelldurchgang die Weltgeschichte in puncto Macht zu begreifen, erkennt man sehr rasch, dass zunächst die alten Ägypter das Heft des Handelns in der Hand hielten – zumindest in unseren Breiten. Niemand war ihnen in Bautechnik, Schriftsprache, medizinischem Know-how, Mathematik oder Astronomie ebenbürtig.

Nach ihnen traten die Perser auf den Plan, die fast die halbe bekannte Welt beherrschten. Damals kam niemand den Persern gleich. Sie galten als unbesiegbar und herrschten (mit Unterbrechungen) fast ein Jahrtausend (!) über ein gewaltiges Reich, in dem die politische Organisation so hoch entwickelt war wie in keinem anderen Land der Welt. Auf der Höhe ihrer Macht geboten die Perser über Ägypten, Syrien, die Länder des (heutigen) Israel und Libanon, über Teile Nordostafrikas, Teile Griechenlands, die Landmassen der (heutigen) Türkei, Afghanistan, Teile Westasiens, Nordwestindien und das eigentliche Persien, das wir heute als Iran kennen. Das Persien der Geschichte umfasste eine hundertmal größere Landmasse als der Iran!

Die Perser übernahmen das umständliche Alphabet der Babylonier und verbesserten es, indem sie dreihundert Zeichen auf 36 reduzierten. Die Zeichen wandelten sich allmählich zu Buchstaben, und das brachte den letzten großen Durchbruch in Sachen Schrift. Im Verkehrs- und Transportwesen waren die Perser Genies. Ihre Ingenieure bauten Straßen und Wege, die uns noch heute staunen lassen. Eine ihrer Straßen war 2400 Kilometer lang – im Altertum!

Mehr als einem Historiker zufolge war das Persische Weltreich bis zu diesem Zeitpunkt das erfolgreichste Regierungsexperiment der Geschichte. Es überdauerte mit Unterbrechungen wie gesagt rund tausend Jahre, aber wir sind geneigt, die Herrschaft der Perser weit länger anzusetzen.

Nach den Persern (teilweise zeitgleich) machten die alten Griechen von sich reden. Niemand erklomm damals solche Höhen in der Philosophie, Literatur, Kunst und in verschiedenen Wissenschaften wie die Griechen.

Danach war das Römische Weltreich an der Reihe, das ebenfalls rund tausend Jahre bestand. Die Römer beeindruckten unter anderem durch ihre enorme Baukunst und ihre Agrartechniken. Als Rom starb, beherrschte im 16./17. Jahrhundert kurzzeitig erst Spanien die „Welt", dann Frankreich und schließlich England – etwa ab dem 18./19. Jahrhundert.

Die Fackel der Macht wurde also ständig weitergereicht – von den alten Ägyptern an die Perser und Griechen, von diesen an die Römer, und von jenen (mit der kurzzeitigen Unterbrechung durch die Spanier und die Franzosen) an die Engländer.

Die Engländer besaßen einen uneinholbaren Vorsprung in der Schifffahrt. Die meisten heute zivilisierten Teile Afrikas waren einst britisch. Die Briten beherrschten Indien und halb Fernost sowie Australien. Sie traten in gewissem Sinne das Erbe des Römischen Weltreiches an, also die Herrschaft über die „Welt". Das Geldwesen nahm zuerst in

Großbritannien einen enormen Aufschwung (wenn wir von den Niederlanden absehen), und damit auch die Wirtschaft. Der Wohlstand hielt auf der Insel Einzug, weil englische Kaufleute die Meere beherrschten. Kein anderer als die Engländer half einst einigen amerikanischen Kolonien, sich gegen die Franzosen und die Indianer zur Wehr zu setzen. Die Engländer waren die Bahnbrecher des Freihandels, die Erfinder des Kapitals, die Schrittmacher der Freiheit und die Pioniere der Gerechtigkeit – sie waren das fortschrittlichste Volk der Welt. Glaubten sie.

Und doch wurden sie eines Tages eiskalt abserviert.

Was war passiert? Wie konnte es geschehen, dass die verdammten Amerikaner, denen man jenseits des Großen Teichs doch gerade erst aufs Pferd geholfen hatte, den übermächtigen Engländern eine lange Nase zeigten?

DER BRUDERKRIEG

Die Ereignisse überstürzen sich in atemberaubender Geschwindigkeit. Die Führer von 13 britischen, allesamt an der Ostküste der heutigen USA gelegenen Kolonien mucken auf.

Sie wollen sich vom Mutterland lossagen. Andere britische Besitzungen dagegen zeigen sich der britischen Krone gegenüber loyal – später werden sie in Kanada aufgehen. Auch Ost- und Westflorida bleiben loyal, hier fürchtet man die britischen Soldaten. Aber 13 Staaten versuchen, ihr eigenes Süppchen zu kochen. Eine erste Flagge der „Vereinigten Staaten" entsteht, mit 13 Sternen und 13 Streifen, die die 13 Kolonien repräsentieren.

Der englische König Georg III. (1738–1820) versucht, durch eine Erhöhung der Abgaben und Steuern das Geld wieder hereinzuholen, das

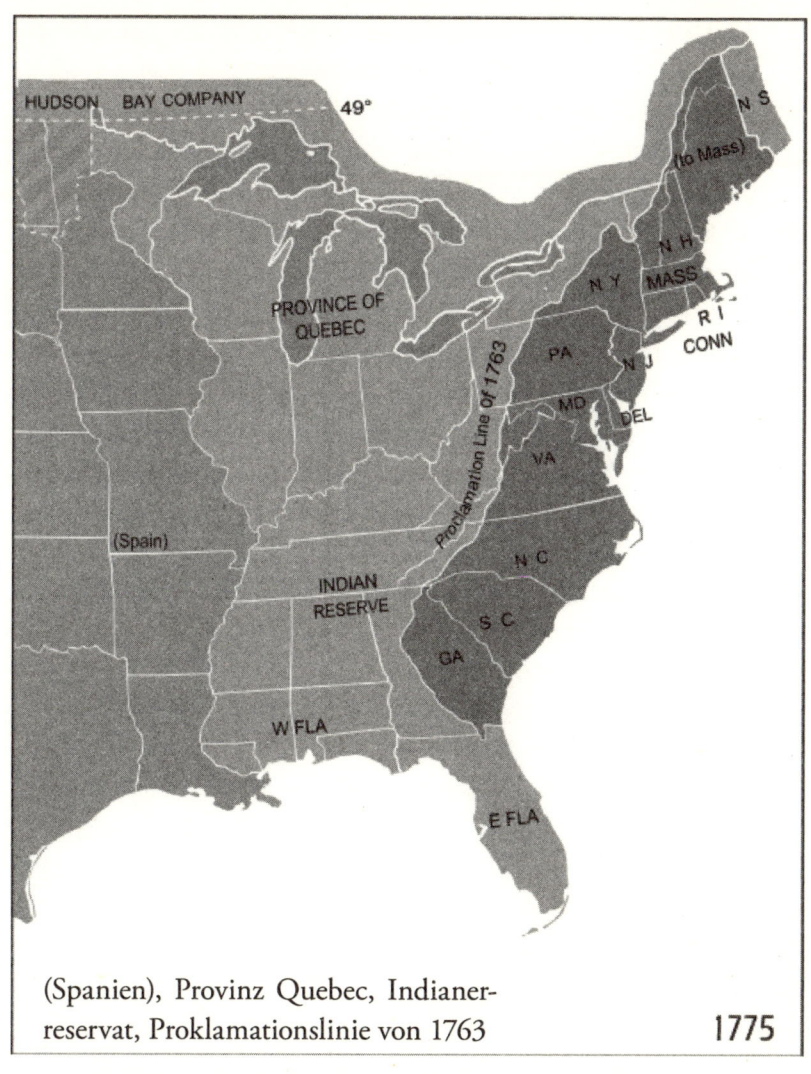

(Spanien), Provinz Quebec, Indianer-
reservat, Proklamationslinie von 1763   **1775**

Die 13 dunkelgrauen Kolonien rebellierten 1775 gegen England. Sie entsprechen heute
ungefähr den US-Bundesstaaten New Hampshire, Massachusetts, Maine, Rhode Island,
Connecticut, New York, Vermont, New Jersey, Pennsylvania, Delaware, Maryland, Virgi-
nia, North und South Carolina sowie Georgia. (Quelle: Wikipedia)

er in den Schutz der Kolonisten investiert hat. Der Führer des „Vereinigten Königreiches" will also die 13 Kolonien zur Kasse bitten. Schließlich hat man in vielen Indianerkriegen die Kolonisten beschützt. Die verhassten Rotröcke, seine Soldaten, sind auf einmal überall präsent.

Auf der anderen Seite aber stehen die Kolonisten, inzwischen furchtlose „Amerikaner", gestählt durch zahlreiche Kriege. Sie sagen „No!". Zu ihnen zählt der hochgewachsene Thomas Jefferson, ein Geistesriese, ein unbeschreibliches Organisationstalent und schon jetzt ein weitblickender Staatsmann. Ferner zählen zu den Aufrührern Benjamin Franklin, ein *homo politicus,* Erfinder und unvergleichliches Genie, sowie zahlreiche Männer, die vor der englischen Krone nicht mehr das Knie beugen wollen. Zum Teufel mit den eingebildeten, hochmütigen, blutsaugerischen Engländern!

Seine Majestät in London versteht die Welt nicht mehr. Ist er, Georg III., nicht der rechtmäßige König des mächtigsten Staates auf Erden?

Um wen handelt es sich bei diesem englischen König, bei Georg III.? Nun, Georg ist ständig krank, er führt pausenlos Kriege. Dabei ist er im Grunde seines Herzens ein einfacher Farmer. Sein Spitzname lautet „Farmer Georg" – „Bauer Georg", weil er das Landleben liebt. Er unternimmt kaum Reisen. Das beschränkt seinen Horizont. Historiker beschreiben ihn als selbstherrlichen Autokraten, der wortwörtlich an seine monarchische Mission glaubt und das Königtum über alles stellt. Georg III. ist tiefgläubig und betet manchmal stundenlang. Wurde die Monarchie etwa nicht von Gott selbst eingesetzt? Kritiker tadeln ihn für seine Verschwendungssucht und seine Schaukelpolitik, zu oft ändert er wetterwendisch seine Meinung. Aber er glaubt unverbrüchlich an seine monarchische Mission. Ein paar neue Steuern in den 13 Kolonien sind nur recht und billig, so argumentiert er. Schließlich müssen seine Soldaten bezahlt werden.

1765 lässt König Georg deshalb das „Stempelgesetz" einführen. Auf sämtliche Druckerzeugnisse in den nordamerikanischen Kolonien soll nun eine Gebühr erhoben werden. Die „Amerikaner" heulen auf. Besonders Thomas Jefferson ist mit nichts einverstanden. Dieser rührige, hochintelligente Freigeist hat intensivste Recherchen über die „richtige" Regierungskunst angestellt. Er ist der gebildete, gelehrte und mutige Vertreter der Demokratie. Zwei Seiten stehen sich unversöhnlich gegenüber: Die Demokratie tritt an gegen die Monarchie. Doch es prallen nicht nur zwei Mächte aufeinander, sondern auch verschiedene politische Glaubensbekenntnisse, ja sogar unterschiedliche Vorstellungen über die „richtige" Religion …

Ferner stehen Großgrundbesitzer, reiche Kaufherren und Händler auf der (US-)Seite, die mit allen Wassern gewaschen sind, also erfolgreiche Amerikaner, ein neuer Menschenschlag, der es bereits zu beträchtlichem Wohlstand und Einfluss gebracht hat. Die Rebellen sehen nicht ein, warum sie sich ständig vom englischen König melken lassen sollen. Diese Amerikaner beseelt ein unbändiges Freiheitsgefühl, das ja viele Kolonisten ursprünglich überhaupt erst dazu veranlasst hatte, aus Europa auszuwandern. Die Luft der politischen Freiheit wird tief eingeatmet. Längst hat man sich in Amerika an eine freiheitliche Selbstverwaltung gewöhnt. Man ist nicht gewillt, sich in Fragen der Handelsgesetzgebung länger von London bevormunden zu lassen. Speziell die englische Steuer und die Zollgesetzgebung werden als unterdrückerisch empfunden. Warum soll man den Engländern immer alles in den Rachen stopfen?

Georg III. jedoch beharrt uneinsichtig darauf, dass für alle Urkunden, Anzeigen, Zeitungen, Bücher und Spielkarten sogenannte Stempelmarken gekauft werden müssen – verkürzt gesprochen besteht er auf der Stempelsteuer. Ein stürmischer Protest ist die Folge. Die Rebellen wittern Morgenluft. Was kann dieser frömmelnde König in England schon ausrichten, wenn ihm ein selbstbewusster Amerikaner zeigt, was eine Harke ist? König Georg reagiert panisch. Schnell wird die neue Steuer wieder aufgehoben. Aber die königliche Kasse ist einfach leer. Was soll man machen?

1767 versucht England deshalb erneut, weitere Zölle einzuführen. Der amerikanische Truthahn muss gerupft werden, auf irgendeine Art. Darauf antwortet die Kolonialbevölkerung in den 13 Staaten mit einem Boykott englischer Waren. Soll dieser europäische Super-Monarch sich doch die Nägel abbeißen vor Zorn. England hebt auch diese Regelung auf. Der König lässt nur den Teezoll bestehen. Doch auch der, an sich bedeutungslos, wird als Kampfansage empfunden. Jetzt geht es ums Prinzip.

Die Amerikaner beratschlagen. Unter der Decke brodelt es. Und dann schlagen die Rebellen völlig überraschend zu. Die Aktion ist äußerst sorgfältig geplant, es handelt sich keineswegs um eine Spontanreaktion. Am 16. Dezember 1773 verkleiden sich im Hafen der Stadt Boston (Massachusetts) mehrere Bostoner Bürger zu nächtlicher Stunde als Indianer. Sie stecken sich eine Feder an den Hut, bemalen ihr Gesicht schwarz, werfen sich einen indianischen Überwurf, einen Poncho, über und erklären ein Beil, das sie in die Faust nehmen, zum Tomahawk. Dann begeben sie sich schnellen Schrittes zum Hafen. Dort liegen verschiedene, mit Tee beladene britische Schiffe vor Anker. Die Rebellen stürmen drei britische Schiffe und überraschen die Kapitäne und die Mannschaften. Sie werfen 342 Kisten Tee ins Hafenbecken, immerhin 45 Tonnen. Der Streich geht als *Boston Tea Party* in die Geschichte ein. Gleichzeitig stoßen sie wilde Drohungen gegen den Kapitän und die Matrosen aus. Tausende von Gaffern schauen dem nächtlichen Treiben zu, greifen aber nicht ein. Einige wenige feuern die Rebellen an. Ja, sollen sie den verdammten Engländern doch zeigen, dass sie, die Amerikaner, *balls* haben, Mut, Eier in der Hose, spektakeln einige, in die Niederungen der Sprache hinabsteigend.

Wer waren die Rebellen? Alles ist hochgeheim. Sie nennen sich *Sons of Liberty*, „Söhne der Freiheit". Hinter ihnen steht eine Geheimgesellschaft, auf die wir noch zu sprechen kommen werden. Die Söhne der Freiheit sind jedoch eine Geheimgesellschaft in sich selbst, ein Zweig einer anderen, größeren mysteriösen Bruderschaft. Andere lokale amerikanisch-patriotische Gruppierungen nennen sich später ebenso; es ist nicht nur eine bloße Bezeichnung. Diese Untergrund-Organisation hat sich bislang anonym in Boston unter dem *Liberty Tree* versammelt, wenn sie ihre verschwörerischen Meetings abhielt – unter einem riesigen, berühmten Baum, der für sie die Freiheit symbolisiert. Aber jetzt greifen die Söhne der Freiheit aktiv in die Geschichte ein. Der Tee versinkt in den Tiefen der See.

In den anderen Kolonien entstehen ähnliche Geheimorganisationen. Der Ausdruck *Sons of Liberty* mutiert zum Schlachtruf. Aber die Aufständler in Boston sind die ersten, die mutigsten. Neben John Hancock und Samuel Adams sind Benedict Arnold, Patrick Henry oder James Otis die großen Namen. Als Gründer gilt jedoch Samuel Adams (1722–1803). Von Haus aus Jurist und Kaufmann, wird er später einer der Gründungsväter der Vereinigten Staaten sein und noch später Gouverneur von Massachusetts. Er ist einer der neuen Helden, er organisiert die Bewegung. Aber noch ist er nur ein Rebell, ein Revoluzzer, der offenbar einen Staatsstreich plant. In den Augen der Briten ist er lediglich ein Verräter. Der steinreiche Kaufmann John Hancock (1737–1793), später ebenfalls zur Legende hochstilisiert, zählt ebenfalls zu den Drahtziehern und Hintermännern des Aufstandes. Zu den *Sons of Liberty* gehören Schmiede, Kaufleute, Schmuggler, Rechtsanwälte, Händler, Federfuchser und Finanzleute. Da sie die Rebellion gegen England anfänglich nicht offen zeigen dürfen, gehören sie praktisch alle geheimen Bruderschaften an. Wir werden sie sogleich beim Namen nennen.

In der Folge kommt es auch in anderen Kolonien zu Aktionen gegen britischen Tee. Der Tee an sich ist eigentlich völlig unwichtig, er symbolisiert nur die Unterdrückung durch die Briten. So werden englische Wanderhändler gezwungen, ihre Waren zu verbrennen, speziell den Tee. Ein anderer amerikanischer Rebellentrupp – die Mitglieder sind wieder als Indianer verkleidet, denn das unterstreicht die eigenständige amerikanische Identität – demoliert ein Wirtshaus; einem Gerücht zufolge soll der Besitzer britischen Tee verkaufen. In einigen Städten verbrennen Bürger ihre privaten britischen Teevorräte öffentlich auf einem Scheiterhaufen. Schwüre gegen den Konsum von englischem Tee werden abgelegt. Zeitungsjournalisten schreiben, der britische Tee sei schädlich für die Gesundheit, und lügen wie gedruckt. Der britische Teeimport bricht um neunzig Prozent ein.

In England schäumt die politische Klasse, die wir hier – unzulässig verkürzt – mit Georg III. gleichsetzen. Der König tobt, er versteht die Welt nicht mehr. Das ist Hochverrat! Vertreten durch seinen Premierminister fordert er Strafaktionen gegen die Bostoner Bürger. Die vollständige Zerstörung der Stadt Boston wird erwogen. Dann entscheidet man, einfach den Hafen von Boston zu schließen. Man wird den Revolutionären die Suppe gehörig versalzen! Die Emotionen kochen hoch wie nie. Georg schleudert schließlich eine Reihe von Gesetzen in Richtung der Revolutionäre. Bostons Hafen wird abgeriegelt, und wichtige Freiheiten werden eingeschränkt – allen voran die Freiheiten im Staate Massachusetts, der Brutstätte des Aufstandes.

Die Reaktion der Rebellen lässt sich nicht lange auf sich warten. In Philadelphia (Pennsylvania) trifft man sich zu einem ersten Kontinentalen Kongress, der über die künftigen Aktionen der amerikanischen Rebellen entscheiden soll. Man beschließt, eine eigene (amerikanische) Kontinentalarmee aufzustellen. Außerdem erwägt man wirtschaftliche Sanktionen gegen England, das einstige Mutterland, das jetzt seine Kinder nicht mehr säugen will, weil sie ungehorsam geworden sind. (Nebenbei bemerkt bezeichnen sich politische Rebellen in den USA, die für niedrige Steuern eintreten, noch heute als *Tea Party*.) Der sogenannte Amerikanische Unabhängigkeitskrieg bricht aus, im April 1775. Es entsteht erstmalig eine Art eigene amerikanische Identität, ein amerikanisches Selbstbewusstsein. Man ist nicht nur das Schoßhündchen der britischen Fatzke, dieses komischen Königs.

Die Engländer mobilisieren nun alle Kräfte einer Weltmacht: Schiffe und Soldaten, Juristen und Politiker. Dann schlagen sie zu. Die Beute ist zu fett. Man kann sich „Amerika" nicht durch die Lappen gehen lassen. Straf- und Zwangsmaßnahmen seitens der englischen Regierung werden durchgesetzt. Man wird die Rebellen schon Mores lehren! Die Rotröcke der Engländer marschieren jetzt gegen eine eilig zusammengestoppelte amerikanische Armee. Die britische Regierung erklärt Massachusetts zur abtrünnigen Provinz.

Die Rebellen dagegen bemühen sich verzweifelt um Verbündete. Waffen werden organisiert. Die Franzosen, gestern noch Feinde, wandeln sich zu Freunden. Der französische König unterstützt die Aufständischen mit Geld und Waffen. Er hat nie vergessen, dass die verdammten Engländer, die die Welt beherrschen wollen, Frankreich überall zurückgedrängt haben. Der Krieg tobt rund acht Jahre lang. 13 Kolonien kämpfen gegen die Weltmacht Nummer eins.

Hinter den Kulissen wird fieberhaft an der Unabhängigkeitserklärung gearbeitet – dem wichtigsten Dokument der amerikanischen Geschichte. Thomas Jefferson entfaltet eine unvorstellbare Aktivität. Er ist federführend bei diesem Dokument und strengt hierfür eine in der Geschichte nie gekannte Recherchearbeit an. Die Frage aller Fragen lautet: Wie muss die bestmögliche Regierungsform aussehen? Nie ist eine wichtigere Frage aufgeworfen worden!

Gleichzeitig nimmt der Krieg immer größere Ausmaße an. 1775 finden die ersten Scharmützel statt, zwischen einer amerikanischen Miliz und britischen Truppen. 2,5 Millionen amerikanische Siedler verfügen jedoch weder über gut ausgebildete Truppen noch über die notwendigen finanziellen Mittel, um die Engländer in die Knie zu zwingen. George Washington wird schnell zum Oberbefehlshaber der „amerikanischen Kontinentalarmee" gekürt. Truppen werden angeworben. Der Widerstand wird organisiert.

Auf der anderen Seite stehen hervorragend ausgebildete britische

Truppen. Ihnen helfen rund 30 000 Söldner aus deutschen Ländern, die von ihren Fürsten an die Engländer verhökert worden sind. Der Fürst von Hessen-Kassel, ein elender Geizkragen und Geldfuchs, macht sich hierbei einen besonders schlechten Namen. Aber aufseiten der Engländer stehen auch einige „Loyalisten", wie sie genannt werden, also englandtreue Siedler, ja sogar einige englandtreue Indianerstämme. Die Aktien stehen also gut für die Königstreuen, für die Loyalisten.

Und so wundert es nicht, dass die frechen Amerikaner zunächst eine ganze Reihe von bitteren Niederlagen einstecken müssen. Aber das mächtige Frankreich versorgt die Rebellen mit Waffen, Geld und Schiffen. Der König von Frankreich hasst England inbrünstig. Und so wechseln Siege mit Niederlagen ab, auf beiden Seiten.

Längst ist das Heer der Rebellen noch nicht diszipliniert, die Ausbildung lässt zu wünschen übrig. Ein gewisser Friedrich Wilhelm von Steuben wird hinzugezogen, ein preußischer Offizier, der den Drill kennt. Später avanciert er zum amerikanischen General. Er bringt dem ungeordneten amerikanischen Haufen die Flötentöne bei. Mit eisernem Willen baut er eine schlagkräftige, disziplinierte Armee auf, die der Feind fürchten muss. Mit Hinterwäldlern kann man keinen Staat machen, mit Heugabeln keinen Krieg gewinnen.

Die Briten dagegen sind gezwungen, ihre Kräfte zu zersplittern. Denn schon bald toben die Kämpfe an verschiedenen Fronten. Außerdem machen sich Nachschubprobleme bemerkbar, schließlich liegt ein Ozean zwischen den beiden Kontinenten. Und der Konflikt wird sogar auf hoher See ausgetragen.

Frankreich engagiert sich immer stärker aufseiten der Rebellen. Und so erleiden die Briten zunehmend Verluste. Washington, der alte Haudegen, läuft zur Hochform auf. Der Krieg tobt nun an verschiedensten Schauplätzen. Die Amerikaner sind im Vorteil: Sie kennen das Gelände wie ihre eigene Westentasche, und die Mehrzahl der Bevölkerung steht auf ihrer Seite. Nur rund 15 – 20 Prozent der Bevölkerung, so schätzen Historiker, sind Königstreue, der Rest jubelt den Revolutionären zu.

Auch die amerikanischen Schreiberlinge spitzen ihre Federkiele wie Dolche. Die Unabhängigkeitserklärung der Vereinigten Staaten von Amerika *(Declaration of Independence)* erblickt das Licht der Welt. 13 britische Kolonien erklären am 4. Juli 1776 offiziell, dass sie das Recht besitzen, einen eigenen Staatenbund zu bilden. Es handelt sich um die Gründungsurkunde der USA, nichts ist emotionaler, nichts wertvoller. Jefferson hat ganze Arbeit geleistet, wir werden auf seine ungeheuerlichen Leistungen gleich zu sprechen kommen.

Die *Declaration* heizt den Krieg nur noch stärker an. Trotzdem verlieren die Engländer überall an Boden. 1776 finden deshalb bereits die ersten Friedensgespräche zwischen den Briten und einer amerikanischen Delegation statt, angeführt von dem legendären Benjamin Franklin und John Adams. Ergebnislos. Die Amerikaner wollen unter keinen Umständen auf ihre Unabhängigkeit verzichten. So gehen die Gefechte weiter, zahlreiche Schlachten werden geschlagen. Jede einzelne von den Amerikanern gewonnene Schlacht wird von ihnen als Etappensieg gefeiert, der zur Freiheit führt.

1777 werden hoch offiziell die Vereinigten Staaten von Amerika gegründet, die *United States of America,* die USA.

1781 müssen die britischen Offiziere zugeben, dass sie den Krieg verloren haben, die Amerikaner mit den Franzosen im Verbund sind einfach zu stark. In Virginia kapituliert die britische Armee. Im „Frieden von Paris" erkennt Großbritannien die Unabhängigkeit der ehemals britischen Kolonien an. Die Weltmacht Nummer eins ist besiegt.

DIE UNABHÄNGIGKEITSERKLÄRUNG

Aber jetzt endlich: Warum hatte die Unabhängigkeitserklärung eigentlich eine so unglaubliche Bedeutung? Inwiefern veränderte sie vollständig das politische Denken? Und welche Rolle spielte der legendäre Thomas Jefferson?

Nun, als Jefferson die Ärmel hochkrempelte, um die bestmögliche Regierungsform aus der Taufe zu heben, studierte er die Regierungskunst von Rom bis Griechenland, von England bis Frankreich, ja er analysierte zahlreiche weitere Länder und Zivilisationen. Er trug systematisch Detail um Detail zu einer vernünftigen „Regierungstechnologie" zusammen, wie man das nennen könnte. Jefferson las, übersetzte, recherchierte und forschte, bis seine Gehirnzellen wund waren, um herauszutüfteln, was das Beste für das Volk sei. Brennend interessiert war er besonders an den

PHYSIOKRATEN

Schon die französischen Physiokraten hatten über das gleiche Problem philosophiert, Denker wie Turgot, Dupont, de Nemours, Mirabeau der Ältere, Gournay und Quesnay. Physiokraten? Sie suchten der *physis,* also der „Natur", und damit natürlichen Gesetzen auf die Spur zu kommen. Naturgesetze sollten herrschen, denn *kratein* bedeutet „herrschen" im Griechischen[1].

Die von den Physiokraten angestellte Überlegung lautete: Niemand weiß besser, was für ihn gut ist und was nicht, als die Menschen, die die eigentliche Arbeit ausführen, also Bauern, Kaufleute und Händler. Versucht man nun, das Zusammenspiel innerhalb eines Staates zu stark zu reglementieren und in ein Korsett zu pressen, funktioniert das selten oder nie. Ein Außenstehender kann niemals einen so intensiven Einblick in die inneren Zusammenhänge haben wie die Betroffenen selbst. *„Laisser faire, laisser aller!"*, lautete daher der erste Grundsatz der Physiokraten, „Lasst [die Regierten, das Volk] doch frei schalten und walten!" – und schon werden sie die vernünftigsten Regelungen selbst entdecken. Ein Schrei nach Freiheit!

Die Physiokraten propagierten allerdings nicht nur das Prinzip der Freiheit, sondern auch die Maximen der Eigenständigkeit, der Selbstverantwortung und der Selbstbestimmung. Erstmalig formulierten sie zudem das Prinzip von Angebot und Nachfrage. Angebot und Nachfrage, so die Theorie der Physiokraten, balancieren sich mit der Zeit gegenseitig aus, wenn Freiheit gegeben ist. Preise entwickeln sich auf natürliche Weise, sie benötigen keine Reglementierung. Der Staat, so forderten die Physiokraten, solle und dürfe nur eingreifen, wenn die Freiheit, das Leben oder das Eigentum anderer in Gefahr seien. Im Übrigen solle er lediglich Quantität und Qualität der Produktion durch Auszeichnungen belohnen – mehr nicht![2]

Wir können heute nur staunend vor diesen Theorien stehen, die damals eine Revolution begründeten. Einst waren sie eine völlige Neuheit, heute sind sie (theoretisch) eine Selbstverständlichkeit.

Die Physiokraten veröffentlichten ihre Theorien nebenbei bemerkt zum Teil unter Pseudonymen, damit sie (im monarchisch regierten Frankreich) nicht angeklagt werden konnten. Sie forderten, Straßen, Kanäle und Flüsse zu verbessern, die Zölle abzuschaffen und die Handelsbeschränkungen aufzuheben. Umgekehrt brandmarkten sie jede Form von Verschwendung. Wirtschaft wurde erstmals als eigenständiges Fachgebiet angesehen, also als etwas, das durch bestimmte Erkenntnisse gefördert werden kann.

In Büchern und Zeitschriften wurde die physiokratische Theorie niedergeschrieben, die in ganz Europa verbreitet und auch in Amerika gelesen wurde. In Schweden hielten unter Gustav III. physiokratische Prinzipien Einzug, in der Toskana (Italien) unter Großherzog Leopold, in Spanien unter Karl III., in den Vereinigten Staaten unter Jefferson. Und der Einfluss auf die amerikanischen Köpfe war sicher am bedeutendsten. Mit anderen Worten: Niemand machte so intelligenten Gebrauch von der physiokratischen Theorie wie die Amerikaner und Jefferson.

Fragen wir uns deshalb: Wer war dieser interessante Mann?

DAS PHÄNOMEN JEFFERSON

Thomas Jefferson vereinte den Theoretiker und den Pragmatiker in sich, eine seltene Kombination. Er hatte glücklicherweise Griechisch und Latein gelernt, sodass er auch die alten Philosophen auf ihre Weisheiten hin untersuchen konnte. Zudem war er in den Fächern Philosophie und Geschichte zu Hause. Er kannte aber auch das Altenglische und war versiert in Theologie und Mathematik. Außerdem war er ein gelehriger Schüler von Gouverneur Francis Fauquier, der dem Staat Virginia vorstand. Jefferson studierte ferner Recht, lernte politische Geschichte, Französisch und Italienisch und beschäftigte sich mit den Naturwissenschaften, mit Landwirtschaft, Chemie, Zoologie, Botanik und Rhetorik. Und immer wieder vertiefte er sich in die alten Griechen und die Physiokraten.

Später avancierte Jefferson nicht nur zum dritten Präsidenten der Vereinigten Staaten, er reformierte auch das Bildungswesen, beeinflusste die Menschen bezüglich der Religion, forderte Toleranz ein und reformierte das Recht. „Nebenbei" war er Linguist, Botaniker, Geograf, Architekt, Paläontologe, Ethnologe, Sprachwissenschaftler, Landwirt, Ingenieur und Ökonom. Kurz gesagt er war ein amerikanischer Leonardo da Vinci.

Noch im hohen Alter gründete Jefferson eine Universität (in Virginia), in der er als Rektor persönlich vorgab, welche Literatur im Fach „Regierungskunst" zu studieren sei. Jefferson wollte in politischer Hinsicht etwas ewig Währendes schaffen, er wollte eine Regierungsmethode entwerfen, die letztlich der ganzen Welt von Nutzen sein sollte.

Wie verlief sein Leben konkret?[3] In einem Satz: Jefferson wurde 1743 geboren, lebte zumeist in Virginia, der ältesten der 13 britischen Kolonien, erbte dort eine große Plantage, baute sich ein herrliches Haus, liebte Musik und Tanz, spielte die Violine, hatte sieben Geschwister, heiratete, erlernte den Beruf des Rechtsanwaltes, war ein guter Reiter und Wandersmann, körperlich gesund, Ärzten gegenüber skeptisch, liebte seinen Garten, errichtete auf seinem Herrensitz eine Garnspinnerei und verschiedene Mühlen, vergötterte seine Frau und starb im Jahre 1826.

Auch sein politisches Leben war ungewöhnlich. Seine Karriere begann als Abgeordneter im Parlament der Kolonie Virginia – mit 26 Jahren. 1779 wurde er zum Gouverneur Virginias gewählt. 1784 ernannte ihn der Kongress zum Botschafter. Am Hofe Ludwigs XVI. kümmerte er sich um bessere Handelsbeziehungen. Daneben forschte er ständig weiter zu vernünftigen politischen Prinzipien. Das war seine Mission, hiervon war er im besten Sinne besessen. Im Schicksalsjahr 1789, dem Beginn der Französischen Revolution, verließ Jefferson Paris. 1790 bis 1793 diente er als Minister im Kabinett George Washingtons, 1797 bis 1801 war er Vizepräsident der Vereinigten Staaten und 1801 bis 1809 deren Präsident.

In dieser Funktion brachte er vieles auf den Weg. Spektakulär bleibt bis heute der Kauf von Louisiana – für lumpige 15 Millionen Dollar –, wodurch er das Territorium der USA verdoppelte. Gleichzeitig sparte er im höchsten politischen Amt wie kein Präsident vor oder nach ihm. Er verringerte die Staatsschulden, senkte die Steuern, lehnte eine Armee in Friedenszeiten ab und setzte sich immer wieder vehement für Religions-

und Pressefreiheit ein. Er förderte die Landwirtschaft und den Handel, sicherte die Bürgerrechte und befürwortete Expeditionen zur Landerforschung – weshalb US-Amerika auf die Größe anwachsen konnte, die es heute besitzt.

In seinen letzten Jahren zog er sich auf seinen Landsitz in Virginia zurück, wo er der „Weise von Monticello" genannt wurde und wo er von 1809 bis 1826 wirkte.

Die auf ihn folgenden Präsidenten ließen sich inoffiziell von ihm beraten. Wie schon angedeutet, gründete er nach diesem erfüllten Leben sogar noch eine Universität. Er kümmerte sich persönlich um den Bauplatz, entwarf die Architektur, ließ sich zum Rektor wählen und legte persönlich den Lehrplan fest. Speziell für das Studium der „Regierungskunst" bestimmte er alle Bücher selbst. Damit schuf er einen Ort, an dem die Frage nach der bestmöglichen Regierungsform immer wieder neu gestellt wurde und wird – bis heute.

Was wir vergessen haben zu erwähnen: Jefferson stand einem bestimmten Geheimbund nahe …

DAS POLITISCHE GLAUBENSBEKENNTNIS DER USA ODER DIE ERFOLGREICHSTE VERFASSUNG DER WELT

Was macht bis heute das politische Glaubensbekenntnis der Vereinigten Staaten von Amerika aus, das die Welt beeindruckt?

Die Gründungsväter, allen voran Jefferson, schrieben eine völlig neue Verfassung. Ihrem Postulat zufolge musste es möglich sein, eine neue Zivilisation zu gründen, in der Freiheit, Gleichheit und Gerechtigkeit für alle keine Utopie sei. Die US-amerikanischen Gründungsväter hatten die Vision, einen Commonwealth der Freiheit mit zwei- oder dreihundert Millionen freien Menschen zu schaffen. Gleichzeitig sollten die Wirtschaft und der Handel auf ein völlig neues Niveau gehoben werden. Und tatsächlich brachten die ursprünglichen Postulate eine nie zuvor gekannte, unglaubliche Blüte auf dem US-amerikanischen Kontinent.

Doch wie wurden die verschiedenen Imperative gewichtet? An erster Stelle kam das Postulat der Freiheit – der politischen und individuellen Freiheit. Amerika wurde in der Folge sogar zum Synonym für Freiheit. Und möglicherweise ist Freiheit Ursache, Anlass und Plattform für alle anderen Postulate; vielleicht ist sie sogar die wichtigste politische Erfolgsformel aller Zeiten.

Ein zweites Prinzip hieß: *Prosperity,* Wohlstand also – als persönliches, nie als nationales Ziel definiert. Niemand bekannte sich je so rückhaltlos zu materiellem Wohlstand wie die Amerikaner. Das Bekenntnis der US-Bürger zum Geldverdienen war so offen, so direkt, so unmittelbar, wie es keine andere Nation auf dieser Welt wagte.

Frieden hieß das dritte Ziel.

Wie bemerkenswert, dass diese drei Ziele den Ausgangspunkt bildeten, wobei Freiheit an erster Stelle stand, Wohlstand an zweiter und Frieden an dritter. Wir finden demnach eine klare Gewichtung von Zielsetzungen oder Prinzipien.[4] Zwar hören sich diese drei Prinzipien vergleichsweise unprätentiös an, doch dahinter stehen Abertausende von Stunden ernsthaftester Forschungsarbeit! Dahinter steht das unerbittliche Postulat, die bestmöglichen Prinzipien für das Zusammenleben von Menschen zu etablieren. Dahinter steht eine Gedankenrevolution unbegreiflichen Ausmaßes, wenn man bedenkt, dass eine gute Regierungsform das Glück für Millionen von Menschen bedeuten kann. Dahinter steht eine der größten intellektuellen und moralischen zivilisatorischen Leistungen innerhalb der Politologie und der Regierungskunst. Versuchen wir deshalb, noch weiteren Erkenntnissen auf die Spur zu kommen:

Die Gleichheit im Recht und vor dem Recht, die Gleichheit vor Richtern und überhaupt Gerechtigkeit war ein weiteres Prinzip, das Jefferson und die Gründungsväter fanden und formulierten.

• *„Among the most important of the unalienable rights are the right to live, the right to liberty and the right to pursue whatever cause of live a person may desire in search of happyness.“* – Das Recht zu leben, das Recht auf Freiheit und das Recht, sich seinen eigenen Weg zu wählen, war ebenfalls von Bedeutung – mit einer einzigen Einschränkung: So lange dadurch nicht die Rechte anderer beschnitten wurden.

• *„And because this is so, it follows that no office of government has any right to exist, except with the consent of the people or their representatives.“* – Keine Regierung sollte ein Existenzrecht besitzen, wenn sie nicht die Zustimmung der Menschen oder ihrer Repräsentanten hatte.

• *„It also follows that, if a government … fails to protect those rights or even worse if the government itself begins to violate those rights – then it has the right and duty of the people to regain control over their affairs and set up a form of government which will serve the people better.“* – Eine Regierung konnte also zum Teufel gejagt werden, wenn sie die Rechte der Menschen verletzte.

• Jefferson plädierte außerdem für die Abschaffung der Sklaverei innerhalb einer Generation, auf friedvolle Art.

• Er wirkte darauf hin, dass die Todesstrafe aufgehoben wurde, außer bei Mord, Verrat und bestimmten militärischen Verbrechern in Kriegszeiten.

• Er initiierte, grausame, ungewöhnlich harte Bestrafungen durch milde Strafen zu ersetzen.

• Er forderte die prinzipielle Gleichheit aller Religionen: „Niemand soll dazu gezwungen werden, irgendeinen Gottesdienst zu besuchen oder Gotteshäuser und die Geistlichkeit zu unterstützen, noch soll jemand gezwungen werden, eingeschränkt, belästigt, noch leiblich oder an seinem Gut geschädigt werden oder sonst irgendwie wegen seines Glaubens oder seiner religiösen Anschauung leiden, sondern allen Menschen soll es freistehen, zu bekennen und durch Argumente zu unterstützen, was ihre religiöse Meinung ist, wodurch ihre bürgerlichen Rechte in keiner Weise verringert oder vergrößert werden sollen."[5]

• Jefferson favorisierte die Idee der Dezentralisation der Macht und damit die Idee der Bundesstaaten.

Das Ergebnis kennen wir: Die einzelnen US-amerikanischen Staaten wurden souverän. Diese Staaten schlossen sich zwar zusammen, aber jeder regierte sich weitgehend selbst. Es gab keinen allmächtigen, allgewaltigen Staat, sondern die einzelnen US-Länder, wie sie heute existieren, behielten wichtige Rechte selbst. Nur einige wenige Rechte sollten an die Gesamtregierung der Vereinigten Staaten abgegeben werden. Die Gründungsväter hielten starke, lokale, föderative Regierungssysteme für wichtig. Theoretisch (und praktisch) konnte sich dieses System dann nach unten fortschreiben. Unter dem föderativen Staat sollte es kleinere Gruppen von Selbstregierungen geben (die *Countries*), darunter kleinere Verbände (die *Communities*) und darunter schließlich die Familien, die die Gründer als die wichtigste Einheit der Gesellschaft ansahen.

Die Regierung in Washington sollte aus dem *House* und dem Senat bestehen. Im *House of Representatives* sollten die Menschen der einzelnen Staaten proportional repräsentiert sein. Wenn es um Geld ging, musste eben das *House* gefragt werden. Dadurch wurde das Prinzip betont, dass das Volk über Geld entscheidet.

Aber über all diesen Details stand immer die Sorge der Gründungsväter, die verschiedenen Freiheiten nicht zu kurz kommen zu lassen: die Freiheit der Sprache, die Freiheit der Presse, die Freiheit, sich zu versammeln, wo immer man wollte, und die ökonomische Freiheit.

DAS SPEKTAKULÄRE ERGEBNIS

Das Resultat war atemberaubend: Mit weniger als sechs Prozent der Weltbevölkerung produzierten die Amerikaner mehr als die Hälfte aller Waren auf der Welt. Freie Unternehmungen ermöglichten es, sagenhafte technologische Fortschritte zu erzielen. Freie Unternehmer konnten anderen Arbeit und Brot geben. Freie Handelshäuser verkauften ihre Waren rund um den Planeten. Diese Freiheit, alles zu versuchen, was man wollte, alles zu kaufen, alles zu verkaufen, begeisterte. Es taten sich ganz neue Perspektiven auf. Die Amerikaner waren eine der ersten Nationen, die das Wort „Profit" nicht verteufelten, sondern positiv verstanden. Wettbewerb wurde begrüßt. Die Amerikaner lehnten Preiskontrollen und private Monopolgesellschaften ab, die dieser Freiheit hinter den Kulissen einen Riegel vorschieben konnten. Der typische Selfmademan wurde das neue Ideal. Plakativ ausgedrückt: Millionäre waren sympathisch, Milliardäre unsympathisch.

Hochinteressant ist weiterhin, dass die Gründungsväter nichts vom Wohlfahrtsstaat hielten: Nach sorgfältigem Studium der Geschichte lehnten sie die Idee ab, für nichts etwas kassieren zu können und dass die Armen vom Staat umsonst Güter oder Geld erhalten müssten. Benjamin Franklin wies später noch einmal darauf hin, dass kostenlose Geschenke *counterproductive* seien, dass hieraus Abhängigkeit erwachse und Schwäche. Denn die Notwendigkeit zu arbeiten höre auf, der Instinkt zu überleben werde geschwächt. Er betonte, dass Mitleid auch eine negative Seite habe und politisch äußerst ungünstige Auswirkungen zeitigen könne. Das bedeutete nicht, dass die Gründungsväter Unterprivilegierten und Armen nicht halfen. Aber es hieß, dass sie es ablehnten, kontinuierlich Hilfe zu leisten, als permanente Einrichtung. Franklin bekräftigte später noch einmal, dass man weder Faulheit noch Nichtarbeit unterstützen dürfe. Konkret kultivierten die Gründungsväter folgende Einstellung: Man sollte den Armen nur helfen, sich selbst zu helfen. Man dürfe Armen auf Dauer nur etwas geben, wenn sie es verdient hätten. In einer Notsituation sollte man zwar Hilfe leisten, sie aber nicht automatisch so lange verlängern, bis sie selbstverständlich werde. Mit anderen Worten: Den Gründungsvätern zufolge sollte man keinen Wohlfahrtsstaat schaffen, wie wir ihn heute kennen.

Mit all diesen Prinzipien sind wir dem „Geheimnis" der USA, der erfolgreichsten Nation der Welt, ein wenig auf die Spur gekommen.

Damit wurde auch der Monarchie eine klare Absage erteilt.

Die Briten und Georg III. verloren den Krieg gegen die Amerikaner und Jefferson ganz einfach deshalb, weil die Demokratie der Monarchie weit überlegen war. Die Überlebensfähigkeit eines Staates wurde durch die Demokratie enorm verbessert. Und so verstehen wir schlagartig, warum die Weltmacht Nummer eins, England, den Kampf verlor: Das politische Glaubensbekenntnis der USA stand weit über dem politischen System Englands.

Doch jetzt endlich: Wer stand eigentlich hinter den Rebellen, hinter den Revolutionären und den *Sons of Liberty,* hinter Jefferson, Franklin und wie sie alle heißen? Welcher Geheimbund? Wir nähern uns des Pudels Kern.

HOCHGEHEIME MACHENSCHAFTEN

Hinter der amerikanischen Revolution standen – die Freimaurer. Historiker recherchierten später minutiös, welcher Rebell zu welcher Loge gehörte. Die Amerikanische Revolution konnte nur gelingen, weil die Freimaurer die Bevölkerung zuvor heimlich mit völlig neuen Ideen befruchtet hatten. Schließlich nahmen die Freimaurer sogar die Zügel in die Hand, als es darum ging, den Umsturz in der Praxis herbeizuführen.

Erinnern wir uns zunächst noch einmal an John Hancock und Samuel Adams, den Gründer der *Sons of Liberty* in Boston. Über Samuel Adams, den späteren Gouverneur von Massachusetts, gehen die Meinungen auseinander. Es ist nicht hundertprozentig erwiesen, dass er der Freimaurerei angehörte. Aber er stand den Freimaurern zumindest nahe. Viele seiner engsten Freunde waren Freimaurer.

Und: Als sich die Rebellen als Indianer tarnten, dienten die Räume der Freimaurer-Loge in Boston sogar als Umkleideraum.[6] Es handelte sich bei den Tea-Party-Rebellen und den *Sons of Liberty* mithin um einen Club innerhalb der Freimaurer-Loge.

Der steinreiche Kaufmann John Hancock, gleichfalls ein Drahtzieher und Hintermann der Tea Party, dagegen war mit Sicherheit ein Freimaurer. 1762 wurde er auf einer Geschäftsreise in Quebec als Freimaurer in der *Marchants Lodge No. 277* aufgenommen. Er gehörte außerdem zu den *Sons of Liberty*.[7] Später war er Mitglied der *St. Andrew's Lodge* in Boston.

Und auch Benedict Arnold (1741–1801), ebenfalls Tea-Party-Mitglied und später ein General der *Continental Army* der 13 rebellierenden Kolonien, war unzweifelhaft ein Freimaurer.[8] Kurz gesagt waren viele Boston-Tea-Party-Mitglieder Freimaurer, die den Bruch mit England herbeiführten.

Zwei weitere Namen: Paul Revere stieg später sogar zum Großmeister der Massachusetts-Loge auf. Er war mit höchster Wahrscheinlichkeit einer der verkleideten Indianer. John Otis war ein Bruder der St. John's Loge … und zählte zu den *Sons of Liberty*.

Und so könnte man ein Mitglied nach dem anderen der Söhne der Freiheit und der Tea Party unter die Lupe nehmen und käme doch immer wieder zu demselben Schluss: 80–90 Prozent dieser Rebellen lassen sich nachgewiesenermaßen der Freimaurerei zurechnen. Insgesamt, so urteilen neutrale Historiker heute, war die *Boston Tea Party* eine sorgfältig geplante Aktion freimaurerischer Elemente.

Und wie steht es um die anderen großen Namen – vor und nach der Amerikanischen Revolution?

Der große Benjamin Franklin (1706–1790), der erstmals Frieden mit den Engländern zu schließen versuchte, war ebenfalls ein Freimaurer. Franklin war Drucker, Verleger, Autor, Naturwissenschaftler, Erfinder und Staatsmann – alles in einer Person. Er wirkte am Entwurf der Unabhängigkeitserklärung mit und war einer der Unterzeichner. Er arbeitete mit an der Verfassung der USA, aus der wir einige Prinzipien auszugsweise zitiert haben. Franklin gehörte zu den führenden Köpfen und war sogar Großmeister der Freimaurer in Pennsylvania – konkret der *Tun Tavern Loge* in Philadelphia. Er war federführend beim Frieden von Paris.

Thomas Jefferson zählte möglicherweise zu den Freimaurern, mit Gewissheit stand er der Freimaurerei zumindest nahe. Da er Franklin später als Gesandten in Frankreich ersetzte und dort Kontakte zu einer bestimmten französischen Loge unterhielt, in der viele Fäden zusammenliefen, spricht vieles dafür, dass auch er Freimaurer war.

George Washington dagegen war mit Sicherheit ein Freimaurer, genau wie von Steuben, der die amerikanische Armee disziplinierte und reorganisierte. Washington wurde später sogar als der erste Präsident der Vereinigten Staaten von Amerika eingeschworen, von Robert Livingston, dem Großmeister der Loge in New York.[9]

Es gibt inzwischen höchst präzise Untersuchungen über die „zwanzig größten Namen der Amerikanischen Revolution". Das Ergebnis: Zehn davon waren sicher Freimaurer, drei aller Wahrscheinlichkeit nach und zwei zumindest Advokaten der Freimaurerei.[10]

Das Beweismaterial ist also erdrückend, dass es sich bei der Amerikanischen Revolution um einen Coup der Freimaurerei handelt.

Von den Unterzeichnern der *Declaration of Independence* wiederum waren acht Freimaurer, sieben standen der Freimaurerei nahe, das heißt, es gab und gibt gewisse Anzeichen für ihre Mitgliedschaft. Auch die Verbindung der Amerikaner zu den Franzosen geht auf einen Freimaurer zurück. Darüber hinaus waren die meisten Offiziere der *Continental Army* Freimaurer und Mitglieder der *Army Lodges*. Fast alle Generale Washingtons gehörten zu den Freimaurern.

Trotzdem leugnen manche Quellen vehement, dass die Freimaurer die Drahtzieher hinter den Kulissen der Amerikanischen Revolution waren. Immerhin gab es mit Sicherheit auch Freimaurer, die als Loyalisten und Königstreue galten.[11] Das ist richtig.

Aber die Gegenargumente sind doch überwältigend: Zu viele Freimaurer hatten bei dieser Revolution ihre Finger im Spiel, ihre Beteiligung lässt sich unmöglich abstreiten. Zudem muss man in Rechnung stellen, dass sich viele Drahtzieher nie öffentlich zur Freimaurerei bekannten und alles taten, um ihre Verbindung zu diesem Geheimbund nicht publik werden zu lassen.

Wahr ist außerdem, dass später zahlreiche Präsidenten der Vereinigten Staaten zu den Freimaurern zählten, so unter anderem James Monroe, Andrew Jackson, James Polk, James Buchanan, Andrew Johnson, James Garfield, William McKinley, Theodore Roosevelt, Howard Taft, Warren Harding, Franklin Roosevelt, Harry Truman und Gerald Ford. Abraham Lincoln war zwar kein Freimaurer, aber er versuchte, in die *Tyrian Loge,* Springfield II., aufgenommen zu werden, kurz nachdem er zum Präsidenten nominiert worden war. Später wurde er zum Ehrenmitglied gekürt. Auch Ronald Reagan gehörte nicht zu den Freimaurern, war aber ein *Honorary Member of the Imperial Council of the Shrine* – einer Freimaurer-Loge. Ihm wurde auch ein *Certificate of Honor* der Großloge von Washington D. C. verliehen. Die Mitgliedschaft von George Bush ist umstritten.

All das sind Indizien dafür, dass die Amerikanische Revolution ein

Werk der Freimaurer war. Historiker heutzutage sollten deshalb aufhören, diese Tatsache zu unterdrücken, wegzulassen oder ihre Bedeutung herunterzuspielen, indem sie nur ganz verschämt und am Rande auf diesen Geheimbund hinweisen. Denn auch die Auslassung einer Tatsache ist eine Geschichtsfälschung, jedenfalls wenn sie von solcher Bedeutung ist.

Dabei haben wir noch nicht einmal von den Vordenkern gesprochen, die die amerikanischen Freimaurer überhaupt dazu brachten, die Rebellion in Gang zu setzen. Auch in dieser Beziehung gibt es mehr als bloß ein Geheimnis.

DAS MYSTERIÖSE BEZIEHUNGSGEFLECHT DER AMERIKANISCHEN REVOLUTIONÄRE

Die Französische Revolution im Jahre 1789 – die auf die Amerikanische Revolution folgte – war ebenfalls ein Werk der Freimaurerei. Das haben wir bereits in dem Buch „Die größten Fälschungen der Geschichte"[12] dargelegt. Der bedeutendste aller (intellektuellen) Revolutionäre, Monsieur Voltaire, war zweifelsfrei ein Freimaurer genau wie viele seiner Mitstreiter. Vor und während der Französischen Revolution gab es in Frankreich 629 Logen, das muss man sich vor Augen halten! Überall wurde hinter vorgehaltener Hand über die neuen Ideale (*Liberté, Egalité, Fraternité* – Freiheit, Gleichheit, Brüderlichkeit) diskutiert, die alle freimaurerisch waren. Fast die gesamte französische Elite (zu denen d'Alembert gehörte, Diderot, Helvétius, d'Holbach, Condorcet und viele andere) bestand aus Freimaurern. Sie trafen sich in der Loge der *Neuf Soeurs* – der Neun Schwestern –, wo die Drähte zusammenliefen.

Die Loge befand sich in Paris. Ihr Name war den griechischen neun Musen nachempfunden und wurde auch die Loge der Philosophen genannt. Die neun Musen symbolisierten die Wissenschaft und die Kunst. Ihre Mitglieder unterstützten nachweislich die Aktivitäten, die später zur amerikanischen Unabhängigkeitserklärung führten, und hatten ebenfalls bei der Französischen Revolution ihre Hand im Spiel. Gegründet wurde die Philosophenloge 1776 von dem Gelehrten Jérôme de Lalande, dem ersten Logenmeister, der die gescheitesten Köpfe in dieser geheimen Bruderschaft zusammenzutrommeln vermochte. 1778 kürte er Benjamin Franklin und Voltaire zu Ehrenmitgliedern. Ein Jahr später wurde Franklin gar zum neuen Logenmeister gewählt. Als Benjamin Franklin nach Amerika zurückkehrte, wurde Thomas Jefferson in Frankreich Abgesandter der Vereinigten Staaten und gleichfalls in die Loge aufgenommen, behaupten zumindest einige Quellen.[13] Voltaire, der größte französische Denker, engagierte sich nach seiner Ehrenmitgliedschaft zweifelsfrei ebenfalls innerhalb der Freimaurerei.

Ein Mitglied der Loge der Neuf Soeurs war der Marquis de La Fayette (1757–1834), der die Verbindung zwischen den Franzosen und den Amerikanern aufrechterhielt. Er war vom ersten Präsidenten der Vereinigten Staaten – dem Freimaurer George Washington – zuvor in eine Loge der Vereinigten Staaten aufgenommen worden; in Frankreich gehörte er außerdem den Logen *Contrat Social* und *Suprême Conseil* an.

Weitgehend unbekannt ist dagegen, dass die Drahtzieher der Französischen Revolution (unter anderem der Herzog von Orléans, Desmoulins, Mirabeau, Sieyès, Bailly, Talleyrand, Condorcet, Guillotin, Brissot, Marat, Danton und wahrscheinlich auch Robespierre) ebenfalls zu den Freimaurern gehörten. Mit anderen Worten: Alle wichtigen Akteure der Französischen Revolution waren Mitglieder dieses Geheimbundes oder Persönlichkeiten, die Freimaurern nahestanden!

Dem Freimaurer Desmoulins, der zur „spontanen" Gewalt aufrief und mit dem Sturm auf die Bastille das Fanal zur Französischen Revolution gab, gingen zwei Brüder (Moreton und Chabrillan) zur Hand, die zur Loge der „Redlichkeit" gehörten.

Der katholische Geistliche Abbé Sieyès (1748–1836), immerhin zeitweilig Mitglied der französischen Nationalversammlung und anderer Regierungsorgane, war der Loge der „Neun Schwestern" verbunden – also Freimaurer.

Der berühmte Astronom Bailly (1736–1793), der auch der Revolution das Wort redete, der intrigante spätere Außenminister Talleyrand (1754–1838) und der einflussreiche Jakobinerführer Brissot (1754–1793) waren allesamt Strippenzieher der Revolution – und Freimaurer.

Condorcet, zeitweilig Präsident der französischen Nationalversammlung, war genauso ein Logenbruder wie der berüchtigte Dr. Guillotin, der Erfinder der „Abkürzungsmaschine"; er gehörte zur *Grand Orient de France* und zu zwei weiteren Logen, eine davon war die berühmte *Les Neuf Soeurs,* die wir bereits kennen und in der sich offenbar alles tummelte, was Rang und Namen hatte.

Die Freimaurerei spielte also vor und während der Französischen Revolution eine beträchtliche Rolle. Und sie beeinflusste die amerikanische Freimaurerei.

Selbst der Club der Jakobiner war aller Wahrscheinlichkeit nach eine Freimaurer-Vereinigung, die immerhin mehr als 50 Prozent des Verlaufes der Französischen Revolution bestimmte. Der Club war geradezu eine Brutstätte freimaurerischen, revolutionären Gedankengutes.

Zahlreiche Mitglieder der französischen Nationalversammlung waren Freimaurer. Der Herzog von Orléans – zumindest zu Beginn der Kopf der Französischen Revolution – fungierte sogar als Großmeister der französischen Freimaurerei, er dirigierte die *Grand Orient Lodge.* Angeblich kaufte er 1789 das gesamte Getreide auf, verhökerte es im Ausland oder versteckte es und trug damit zur Hungersnot in der Bevölkerung bei, die ohnehin schon von schlechten Ernten geplagt war – nur um den Hass auf den König weiter zu schüren.[14]

Als es endlich zum Sturm auf die Bastille kam, dem berühmten Pariser Gefängnis, marschierte aller Wahrscheinlichkeit nach nicht der Mob spontan los, wie das immer wieder in vielen Geschichtsbüchern kolportiert wird, sondern vielmehr Leute, die vorher bezahlt und angeheuert worden waren, von revolutionären Führern, von Freimaurern. Gleichzeitig hinterbrachten Kuriere der Freimaurer verschiedenen französischen Städten die Nachricht, es sei eine Verschwörung gegen die französische Nation im Gange. Man hetzte also gegen den König und gegen die Aristokraten, die sich auf ihren Burgen und Landsitzen versteckt hielten. Und so schlugen die revolutionären Flammen schließlich überall in Frankreich haushoch auf.

Was bedeutet das?

KLEINES BRISANTES ERSTES FAZIT

Nun, es bedeutet zunächst, dass die Amerikanische Revolution zweifelsfrei ein Werk der Freimaurerei war. Die amerikanischen Freimaurer *(Freemasons)* wurden von den französischen Freimaurern *(Franc-maçon)* inspiriert. Da die neuen, teilweise gegen die Monarchie und gegen das Christentum gerichteten Ideen nicht in aller Öffentlichkeit, sondern nur hinter verschlossener Tür diskutiert werden konnten, sprossen in den 13 Kolonien überall freimaurerische, verschwörerische Gruppierungen aus dem Boden. Nicht nur in Frankreich, auch in den USA gab es zahlreiche Zirkel, feine Salons und Debattierclubs, in denen über eine neue Politik nachgedacht wurde. Es existierten noch kein Fernsehen, kein Radio und nur einige wenige Zeitungen. Die ehemaligen „Kommunikationszentren" waren eben diese Zirkel.

Wir werden auf die explosive Geschichte insgesamt und die Beurteilung der Freimaurerei an späterer Stelle noch ausführlicher zu sprechen kommen. An dieser Stelle nur so viel: Damals bemühte sich eine Menge der aufgeklärtesten und intelligentesten Männer dieser Epoche darum, die alten Zöpfe abzuschneiden und dem mittelalterlich-allgewaltigen Königtum einen Riegel vorzuschieben. Sie machten gegen den Aberglauben mobil, den Priester dem Volk einbläuten, gegen eine falsche und tendenziöse Geschichtsschreibung und gegen die absolutistische Monarchie.

Innerhalb der Freimaurerei tummelten sich wie gesagt zwar auch königstreue Vertreter, Loyalisten, doch die Mehrzahl der Freimaurer debattierte aufgeregt über die neuen Ideen zum Beispiel eines Monsieur Voltaire, dessen Schriften in diesen geheimen Zirkeln und Salons fieberhaft gelesen wurden.

Doch wie haben wir über die Amerikanische Revolution zu urteilen? Geschichte beweist immer wieder, dass Evolutionen blutigen Revolutionen bei Weitem vorzuziehen sind. Nichtsdestotrotz brachte die Amerikanische Revolution einen unglaublichen Aufschwung, und das nicht nur in den Vereinigten Staaten. Sechs Prozent der Weltbevölkerung (= Amerikaner) produzierten die Hälfte aller Güter weltweit. Wir können die Anstrengungen eines Thomas Jefferson und eines Benjamin Franklin also nicht hochmütig ignorieren und sie als Rebellen und Vaterlandsverräter abqualifizieren. Sie unternahmen die nobelsten Anstrengungen, um die „Kunst des Regierens" auf ein höheres Niveau zu heben.

Zugegeben: Betrachtet man Revolutionen ohne Scheuklappen, brachten fast alle mehr Unheil als Vorteile mit sich. Friedrich Schiller, einer der edelsten Vertreter deutscher Sprache, wandte sich später angeekelt von der Französischen Revolution ab, als er der Mordlust und des Blutdurstes der Akteure gewahr wurde. Auch das Ergebnis der Französischen Revolution beschämte: Ein Tyrann, ein Massenmörder, gelangte auf den Thron – Napoleon.

Dem Resultat in Amerika dagegen konnte man nur applaudieren: Ein britischer König wurde zum Teufel gejagt, der die amerikanischen Kolonien ausnahm wie eine Weihnachtsgans. Man gab sich eine der fortschrittlichsten Verfassungen der Welt. Blitzgescheite Gehirne, ohne Frage Genies, etablierten eine neue Regierungsform, die das „größte Wohl für die größte Zahl" im Auge hatte. Selten gab es ein wichtigeres Unterfangen im Fach Politik. Diese Genies und Denker trugen die erstaunlichsten Weisheiten und Einsichten zusammen und wagten ein kühnes Experiment, wie es seit Aristoteles, also seit rund 2500 Jahren, nicht mehr unternommen worden war. Vor Jefferson kann man sich nur verneigen.

Ob eine blutige Revolution notwendig war – darüber lässt sich allerdings bis ans Ende aller Tage streiten. Mehr als einmal versuchte der brillante Benjamin Franklin den Krieg zu verhindern und später das Schlimmste zu vermeiden. Doch das misslang. Auf beiden Seiten war man nicht bereit, auch nur einen Zollbreit nachzugeben. Die Weltmacht Nummer eins konnte sich eine so fette Beute nicht entreißen lassen. Und so versank Amerika zunächst in Blut, bevor es mit Blut seine Unabhängigkeitserklärung schrieb.

Vielleicht hätte ein intelligenterer König, nicht dieser frömmelnde Georg III., all das Blutvergießen verhindern können – oder vielleicht klügere Köpfe innerhalb der Freimaurerei, die die eigenen Hitzköpfe und Krakeeler massiver in ihre Schranken hätten weisen müssen. Die Bostoner Tea Party war ja ein offener Aufruf zur Gewalt. Die Gewalt rief Gegengewalt auf den Plan, und so schaukelte sich das Ganze wechselseitig hoch und eskalierte.

Mit anderen Worten: Die neuen Ideale waren zwar richtig, die Vorgehensweise jedoch falsch. Die Theorie war göttlich, die Praxis teuflisch.

Doch deshalb darf man die Freimaurerei nicht verurteilen. Zugegeben, sie operierte im Verborgenen und entfachte eine Rebellion (ein Umstand, den wir in vielen unserer Geschichtsbücher sorgfältiger und systematischer aufarbeiten müssen, da ihre Unterlassung eine Geschichtsfälschung ist), aber es ist auch das Verdienst der Freimaurerei, über eine intelligentere, überlebensfreundlichere Methode der Regierungskunst nachgedacht zu haben.

Beenden wir hiermit unser vorläufiges Fazit über die Freimaurerei, über die wir später noch mehr berichten werden, und wenden wir uns einer anderen mysteriösen Figur zu – und dem Geheimbund, der sich hinter ihr verbarg.

6.
DER MYSTERIÖSE GRAF VON SAINT GERMAIN

Wechseln wir übergangslos die Zeit und den Ort und begeben wir uns nach Europa. Untersuchen wir dort einige Geheimbünde – oder genauer gesagt eine einzige Person, über die eine Zeit lang überall wild spekuliert wurde: den Grafen von Saint Germain (ca. 1710–1784). Dieser Mann gibt uns mindestens drei Rätsel auf, die wir alle im Laufe dieses Kapitels lösen werden.

Über den schillernden Grafen von Saint Germain kolportierte man die unglaublichsten Anekdoten und Geschichtchen, um ihn rankten sich die wildesten Gerüchte. Niemand vermochte sich einen Reim auf diesen geheimnisvollen Grafen zu machen. Man vermutete, er könne Gold und Edelsteine herstellen. Manche Zeitgenossen glaubten, er besitze ein Elixier, das unsterblich mache. Und schließlich flüsterte man hinter vorgehaltener Hand, er sei ein Hexenmeister und Magier und mehr als 3000 Jahre alt. Er wusste nämlich packende, intime und ganz persönliche Details aus dem Leben verschiedener hochgestellter historischer Persönlichkeiten zu berichten, die längst das Zeitliche gesegnet hatten.

Die einen hielten ihn für einen Scharlatan, Aufschneider und Hochstapler, andere sahen in ihm einen geheimen, mit metaphysischen

Kräften ausgestatteten Magier, der in die höchsten Grade verschiedener Bruderschaften eingeweiht war. Man munkelte, er habe ein Wasser entdeckt, das unsterblich mache oder zumindest für ein sehr langes Leben sorge. Andere hielten ihn für einen Spion und Geheimagenten, wieder andere für einen Sprössling aus den höchsten Adelskreisen.

Die Frage lautet also: Wer war der Graf von Saint Germain wirklich?

DIE LEGENDE

Um dem mysteriösen Grafen auf die Spur zu kommen, müssen wir zunächst ein wenig in seiner Biografie herumstöbern. Fest steht, er war ein Aventurier, wie man zu seiner Zeit sagte, ein Abenteurer, der sich bei seinen zahlreichen Abenteuern vieler Namen bediente: Algarotti nannte er sich in Berlin, Bellamare in Venedig, Montferrat in Italien, Solar auf Malta, Welldon (oder Welldone und Weldone) in Preußen und St. Petersburg und Wolf in London – um nur einige seiner Inkognitonamen zu nennen. Saint Germain benutzte zeit seines Lebens mehr als 30 Pseudonyme. Darüber hinaus verfügte er über verschiedene „Brudernamen" in diversen Geheimzirkeln, die seine wahre Identität nur noch weiter verschleiern.

Wiederholen wir: Einen Gauner, Glücksritter und Gaukler nannten ihn seine Feinde, einen edlen, hochbegabten, ewig jungen Weltweisen, Erfinder und Naturwissenschaftler seine Freunde. Er trat als Alchemist, Arzt, Chemiker, Dichter, Mechaniker, Musiker, Philosoph, Physiker und Schriftsteller auf – ein bunt schillerndes Chamäleon.

Bemerkenswert und auf den ersten Blick unerklärlich ist, dass ihn viele Souveräne Europas empfingen, Fürsten und Könige gleichermaßen, so beispielsweise Friedrich der Große, Prinz Heinrich von Preußen, der Bruder des Preußenkönigs, der allmächtige Franzosenkönig Ludwig V. oder Wilhelmine, die Markgräfin von Bayreuth. Prinzessin Amalie, die Äbtissin im Stift zu Quedlinburg und Schwester Friedrichs des Großen, war von ihm geradezu hingerissen, genau wie der Markgraf Karl Alexander von Brandenburg-Ansbach/Brandenburg-Bayreuth. Nicht nur hochrangige Damen suchten seine Nähe, sondern auch mächtige Herrscher, denen man sich kaum nähern durfte.

Das alles machte ihn zu einer der undurchsichtigsten Figuren des 18. Jahrhunderts. Was auch immer der Graf gewesen sein mag oder auch nicht, sicher ist, er war ein Abenteurer und von zahlreichen Geheimnissen umwoben.

Doch leuchten wir weiter in die verborgenen Winkel seines bewegten Lebens. Wie sein Zeitgenosse Casanova – der berühmte Frauenheld, der sich viel darauf einbildete, als sein Schüler zu gelten, – war der Graf ständig auf Reisen. Manchmal nannte man ihn deshalb auch abschätzig den Kutscher Europas. Seine Vaterstadt konnte nie mit Sicherheit ermittelt werden. Seinen Verteidigern zufolge musste die Herkunft des Grafen wegen der politischen Umstände im Dunkeln bleiben. Es hielt sich jedoch hartnäckig das Gerücht, dass sein Vater der transsylvanische Fürst Franz II. Rákóczy sei (sein genauer Titel – oder zumindest ein Teil davon lautete: Franciscus II. Dei Gratia Sacri Romani Imperii & Transylvaniae princeps Rákóczy). Dessen erstgeborener Sohn Leopold Georg sei mit dem Graf von Saint Germain identisch. Die Befürworter dieser These behaupteten, der Graf habe als Kind von der Bildfläche verschwinden müssen, weil Franz II. Rákóczy an der Spitze der siebenbürgisch-ungarischen Freiheitsbewegung gestanden habe – ein Stachel im Fleisch der Habsburger Dynastie. Die Habsburger fürchteten angeblich, dass ihnen ein Teil ihres Herrschaftsgebietes abspenstig gemacht würde. Zum Schutz des erstgeborenen Sohnes soll Saint Germain demzufolge durch eine falsche Todesurkunde frühzeitig offiziell in Sicherheit gebracht worden sein – um das Geschlecht derer von Rákóczy fortzuführen. Unter abenteuerlichen Umwegen, so das Gerücht weiter, sei das Kind nach Florenz in die Obhut des Herzogs von Medici gebracht worden. Die falsche Todesurkunde datiere angeblich um das Jahr 1700. Das Geburtsjahr Saint Germains sei in Wahrheit das Jahr 1696. In Italien sei der junge Adelsspross in relativer Sicherheit vor den Häschern des Hauses Habsburg gewesen. Hier soll er aufgewachsen sein und seine Kindheit verbracht haben.

Erleuchtete Biografen berichten ferner, der junge Flüchtling habe sich bei der Firmung einen neuen Namen aussuchen dürfen. Spontan soll er sich für Germanus entschieden haben – weil seine Mutter deutscher Herkunft gewesen sei. Doch sein Medici-Ziehvater habe den Namen in *Saint Germain* abgeändert, was wörtlich so viel wie Heiliger Deutscher bedeutet.[1]

Doch es gab auch andere Gerüchte: Einem zufolge war er der Sohn der letzten spanischen Habsburger-Königin Maria Anna von Pfalz-Neuburg und eines jüdischen Bankiers, eines Comte Adanero – zuvor der Finanzminister der Königin. Der französische Außenminister, Choiseul, machte eine Andeutung in diese Richtung. Aber auch Baron Carl Heinrich von Gleichen, ein dänischer Gesandter in Paris, hielt diese These für wahrscheinlich. Seine Quelle war Philipp von Stosch – ein deutscher Kunstsammler in Florenz, ein Doppelagent, der von Saint Germain als von einem Marquis von Montferrat sprach – ein Deckname, den Saint Germain später tatsächlich benutzte. Die berühmtberüchtigte Mätresse Ludwigs XV., Madame de Pompadour, dagegen behauptete steif und fest, Saint Germain sei ein Bastard des Königs von Portugal. Casanova kolportierte, bei dem Grafen handele es sich um einen italienischen Geigenspieler namens Catalani. Und der Minister des Markgrafen von Baden, von Gemmingen, gab zum Besten, Saint Germain sei der Sohn eines Steuereinnehmers aus San Germano im Piemont (= eine Region im Nordwesten Italiens) …[2]

Gerüchte, Gerüchte, Gerüchte! Für all diese Vermutungen gibt es indes eine sehr einfache, bestechend logische Antwort, die wir uns jedoch bis zum Schluss aufsparen wollen. Unzweifelhaft richtig ist: Saint Germain sprach perfekt Italienisch, Deutsch, Spanisch, Portugiesisch, Englisch und Französisch, allerdings mit piemontesischem Akzent. Dazu beherrschte er einige tote Sprachen.

Allein die Vielzahl der Theorien über seine Herkunft verwirrte Bewunderer wie Feinde gleichermaßen. Wichtiger aber war, dass sich die noble Welt aufgrund dieser Vermutungen von ihm angezogen fühlte. Deutete doch alles auf eine vornehme und hohe Abstammung hin, zumindest auf eine besondere Familie. Und da sich Fürsten und Fürstensöhne gerne verkleideten und inkognito unter das Volk mischten, hatte man es hier möglicherweise mit einem hohen Herrn zu tun, der dazu noch durch eine gepflegte, gelehrte und gekonnte Konversation bestach.

Schon früh scheint der spätere Hexenmeister und Goldmacher Reißaus genommen zu haben oder zumindest auf große Reise gegangen zu sein. Sowohl obskure als auch seriöse Quellen nennen die unterschiedlichsten Destinationen. Bei aller Zurückhaltung darf man annehmen, dass er Russland, Malta, vielleicht sogar Persien, auf jeden Fall verschiedene europäische Länder besucht hat. Es handelte sich um die wildesten, die abenteuerlichsten Reisen. Im 18. Jahrhundert waren die Straßen holprig, es gab Wegelagerer und Diebe, denen ein Menschenleben nichts galt. Reisen war gefährlich, die Kutschen waren eine Zumutung. Ferne Länder wiederum waren genauso aufregend und exotisch wie heute. Die Welt wimmelte von Prinzen, Lokalfürsten, Baronen, Aristokraten, Zauberern und Schwindlern.

Genaueres Datenmaterial über diese Reisen zusammenzutragen ist indes vergebene Liebesmüh. „Dingfest" machen können wir Saint Germain jedoch mit Sicherheit im Jahre 1731 in Paris, wo er plötzlich am Hof des französischen Königs auftaucht. Eingeladen wurde er von dem französischen Kriegsminister, Marschall von Belle-Isle, den er mit einigen hochfliegenden Invasionsplänen in Richtung England grenzenlos beeindruckt hatte. In Paris tummelte er sich in allen möglichen Zirkeln, auf Soirees und auf Abendgesellschaften der feinen Gesellschaft. Der Graf brillierte nicht nur durch erstaunliche historische und politische Kenntnisse, sondern auch durch allerlei esoterische, mysteriöse Reden und Andeutungen, die ihn zu einem Magnet innerhalb dieser Gesellschaften machten. Die waren nämlich immer auf der Jagd nach dem neuesten Klatsch und Unterhaltungskünstlern.

Und so lernte der Graf von Saint Germain auch die Pompadour (1721–1764) kennen, die mächtigste Frau ihrer Zeit am Hof des Franzosenkönigs Ludwigs XV. Jeanne-Antoinette Poisson, die spätere Marquise de Pompadour und Duchesse, hatte selbst eine erstaunliche Karriere hinter sich. Bevor sie zur Mätresse des Königs aufstieg, war sie das unbedeutende Töchterlein eines bürgerlichen Heereslieferanten und Verwalters. Doch ihr leiblicher Vater mag in Wahrheit auch ein reicher Bankier gewesen sein, der sie nach einigen ihrer Skandälchen unter seine Fittiche nahm. Zunächst „versorgte" er Jeanne-Antoinette durch eine Heirat mit einem reichen Untersteuerpächter, doch schon früh versuchte sie, die Aufmerksamkeit Ludwigs XV. auf sich zu ziehen – in diesem Zeitalter das Höchste für eine hübsche Frau, die in allen Liebesfinten- und -finessen bewandert war. Sie begab sich immer wieder in das Wäldchen, in dem der König mit seinem Gefolge zu jagen pflegte. Hier fiel sie zuerst dem Kardinal de Bernis auf, der sie 1745 zu einem Maskenball bei Hofe einlud. Erstmalig traf sie hier Ludwig persönlich, bändelte sofort mit ihm an und „bediente" ihn offenbar so gut, dass er sie später nicht nur zu seiner offiziellen Mätresse machte *(maîtresse en titre)*, sondern sie auch überreichlich mit Titeln, Geld und Gütern belohnte. Ein Skandal. Schließlich war sie nur bürgerlicher Herkunft. Die feinen Damen bei Hof zerrissen sich die Mäuler. Die Pompadour hatte zeit ihres Lebens mit Neidern zu kämpfen, die alles taten, um sie dem König zu entfremden. Doch offenbar machten ihre körperlichen Vorzüge und Einfälle im Schlafzimmer alles wett. Außerdem besaß die

Pompadour genug Intelligenz und Ehrgeiz, sich in diesem höfischen Schlangennest zu behaupten. Geschickt knüpfte sie ein weites Beziehungsnetz und gewann sogar die Königin zur Freundin. Sie befriedigte zudem jederzeit das Unterhaltungsbedürfnis des Königs, nicht nur in intimen Belangen, sondern sie vertrieb auch Ludwigs Langeweile mit allerlei Gestalten und Figuren, die Abwechslung versprachen. Infolgedessen war sie immer auf der Suche nach neuen, aufregenden Paradiesvögeln, die in den feinen Salons von sich reden machten. Und so wurde die Pompadour auch auf den Grafen von Saint Germain aufmerksam. Sie hatte nichts Eiligeres zu tun, als ihn dem König zu empfehlen, um ihrer Rolle als Unterhalterin gerecht zu werden.

Dadurch kam der Graf in persönlichen Kontakt mit Ludwig XV., der dem Charme des Magiers verfiel. Wir können die königlichen Debattierstunden nicht im Detail nachvollziehen, aber sicher ist, dass der Graf Seine Majestät so beeindruckte, dass ihm Ludwig sogar ein eigenes Alchimisten-Labor zur Verfügung stellte.

Einfach alle waren sie zu dieser Zeit besessen von der Goldmacherkunst, über die zahlreiche Gerüchte kursierten. Und hier hatte der König von Frankreich offenbar eines dieser seltenen, wertvollen Exemplare eingefangen, das diese Kunst möglicherweise beherrschte, aber auf jeden Fall über handfestes chemisches Wissen verfügte.

Später ließ der König den Grafen weitere Räume in einem seiner Schlösser nutzen, in denen Saint Germain zusätzlich an Methoden herumexperimentierte, die mit der Einfärbung von Textilien zu tun hatten.

Aber am faszinierendsten war die Goldmacherkunst und die Fähigkeit des Grafen, „Fehler" in Edelsteinen, wie beispielsweise Einschlüsse in Diamanten, zu beseitigen und so deren Wert deutlich zu steigern. Der Tausendsassa behauptete ferner, kleine Diamanten zu größeren Diamanten verschmelzen zu können. Dadurch wuchs Saint Germains Bedeutung schier ins Unermessliche. Vielleicht konnte er ja eines Tages die ewige Ebbe in der königlichen Kasse beseitigen? Der mysteriöse Graf schlug Ludwig XV. jedenfalls vor, für ihn Diamanten und Gold herzustellen. Aufgrund der heillosen Zerrüttung seiner Staatsfinanzen[3] war Ludwig leicht zu überzeugen. In den Laboratorien des Grafen dampfte es fortan, es brodelte in den Glaskugeln und siedete in den Töpfen. Wir sehen Saint Germain vor unserem geistigen Auge, mit einer schönen weißen Lockenperücke zwischen all diesen Düften und Dämpfen, zwischen Rauchschwaden und Blasen, und hören all die gluckernden, schmatzenden Geräusche. Wir sehen, wie er Versuche anstellt, wie er zähflüssige und schnellläufige Flüssigkeiten miteinander vermischt. Wir sehen ihn in uralten, dickleibigen Folianten Geheimschriften entziffern und hören, wie es in seiner Hexenküche brodelt und dampft. Und wir können nachvollziehen, wie er sich bemüht, Gold, Gold und nochmals Gold herzustellen – der uralte Traum aller Alchemisten.

Kurz gesagt: Der Graf von Saint Germain gewann das Vertrauen eines der mächtigsten Könige seiner Zeit, da nichts verführerischer ist als die Hoffnung.

Darüber hinaus war der Graf auch in der Pharmazie bewandert. Manchmal verabreichte er einigen Damen, die sich mit Falten oder Verstopfungen herumplagten, verschiedene Mittel. Regelrechte Berühmtheit erlangte sein *Aqua benedetta,* das angeblich sogar das Altern aufhalten konnte.

Noch bedeutsamer aber wurde die Beziehung zwischen dem Alchemisten und dem König, als Ludwig ihm eines Tages eine heikle politische Mission anvertraute.

STRENG VERTRAULICH: DER SECRET DU ROI ODER DAS GEHEIMNIS DES KÖNIGS

Erinnern wir uns: Damals tobte der sogenannte Siebenjährige Krieg (1756–1763), der von Preußens Standpunkt aus auch als Dritter Schlesischer Krieg bezeichnet wurde. Auf der einen Seite standen Preußen (plus Großbritannien, Portugal, Hessen-Kassel, Braunschweig-Lüneburg und Schaumburg-Lippe), auf der anderen Seite befand sich die österreichische Habsburgmonarchie (plus Frankreich, Sachsen, das Russische Kaiserreich, Schweden und das Heilige Römische Reich). Auf deutschem Territorium kämpfte in erster Linie Friedrich II. (also Preußen) gegen Maria Theresia (Österreich). Der Krieg wurde allerdings auch in vielen anderen Ländern ausgetragen: in Portugal, Nordamerika, Indien, in der Karibik und generell auf den Weltmeeren. Doch dieses brandgefährliche Preußen, mit dem Frankreich im Clinch lag, befand sich direkt vor der Haustür. Die Franzosen hatten sich in dieser Auseinandersetzung auf die österreichische Seite geschlagen.

Preußen hatte sich (unter Führung Friedrichs II.) die österreichische Provinz Schlesien einverleibt und versuchte nun, sie in seinem Besitz zu halten. Österreich dagegen (mit Maria Theresia auf dem Thron) plagten Rückeroberungsgelüste. Großbritannien, das auf Friedrichs Seite stand, wollte in Wahrheit nur Frankreich eins auswischen – auf den Weltmeeren, in Amerika und in den Kolonien. Mit anderen Worten: Von einem übergeordneten Standpunkt aus kämpfte Großbritannien gegen Frankreich um die „Weltherrschaft"; dieser preußisch-österreichische Bruderkrieg war nur ein Nebenschauplatz.

An Frankreichs Spitze stand zu dieser Zeit Ludwig XV., später der Ungeliebte genannt (frz. *le Mal-Aimé*), weil seine schweren politischen Fehler später indirekt zur blutigen Französischen Revolution führten. Aber die Zügel in der Hand hielt in dieser Periode Étienne-François de Choiseul d'Amboise, kurz Choiseul genannt, der führende französische Staatsmann. Er hatte die Allianz zwischen Frankreich und Österreich geschmiedet, die sich zuvor spinnefeind gewesen waren. Choiseul allein steuerte die französische Politik.

Der von Ehrgeiz zerfressene Ludwig XV. neidete Choiseul seinen Einfluss, seinem eigenen ersten Mann. Er wollte die große Politik selbst bestimmen. War nicht er der König von Frankreich, von Gottes Gnaden? Und war nicht er der Urenkel des Sonnenkönigs?

Ludwig XV. verlor später durch die erfolglose Teilnahme am Siebenjährigen Krieg den größten Teil der französischen Kolonien in Nordamerika und Indien, ja sogar ganz Kanada. Die Welt wäre heute weitgehend französisch, hätten Ludwig XV. und Choiseul andere, bessere Entscheidungen getroffen.

Unter Choiseul war jedenfalls der jahrhundertelange Konflikt zwischen Frankreich und Österreich beigelegt worden – sodass es Frankreich auf einmal mit dem erstarkten Preußen zu tun bekam und England fürchten musste. Ludwig XV. wollte das Ruder herumreißen. Ohne Choiseuls Wissen entfaltete er deshalb heimlich rege dipomatische Aktivitäten. Hierfür gründete er den *Secret du Roi* (= das Geheimnis des Königs), eine Art Geheimdienst. Damit regierte Ludwig zu einem gewissen Grad an seinem ersten Staatsmann vorbei. Der Secret du Roi umfasste nicht nur die Geheimkorrespondenz des französischen Königs, sondern in seinem Rahmen gab es auch diplomatische Kontakte. Ferner wurde in alle Richtungen spioniert. Der Secret du Roi sollte vorfühlen, ob man aus dem unseligen Dritten Schlesischen Krieg (oder Siebenjährigen Krieg) aussteigen könnte. Es galt, bei den Fürsten und gekrönten Häuptern vorsichtig anzufragen, durch die Blume gewissermaßen. Dieser königliche Geheimdienst, der offiziell gar nicht existierte, sollte brisante Informationen einholen – über Stimmungen und Truppenstärken etwa. Es handelte sich um einen regelrechten Spionage- und Informationsdienst mit diplomatischer Mission. Grundsätzlich sollte der französische Einfluss in Europa ausgeweitet werden. Der Secret du Roi konnte dabei ohne die strenge Etikette operieren, die normalerweise an den Höfen galt. Indirekt richtete sich der Geheimdienst vor allem gegen England, aber auch gegen den zunehmenden russischen Einfluss in Europa. Wenn es gelang – so Ludwigs Überlegung –, aus dem Siebenjährigen Krieg auszusteigen, war viel gewonnen.

So entwickelte sich eine zweite, inoffizielle Schiene der französischen Außenpolitik. Eine mögliche Allianz mit Preußen (sowie der Türkei, Polen und Schweden) war das hochgeheime, fernere Ziel.[4] Sollte Choiseul mit seiner Liebe zu Österreich und seinem Hass auf Preußen doch zum Teufel gehen!

GEHEIMDIPLOMAT UND TOP-SPION

Es ging um Politik in den höchsten Rängen; dort war das Pflaster heiß. Und genau da kam Saint Germain ins Spiel. Denn dieser Mann besaß ein erstaunliches Geschick, allerorten Kontakte zu knüpfen, selbst in den feinsten Zirkeln. Der König von Frankreich instruierte Saint Germain entsprechend – vermuteten jedenfalls später einige Historiker. Seine Mission bestand darin, in aller Heimlichkeit in Den Haag vorzufühlen, ob ein Frieden mit England in die Wege geleitet werden könne. Und so sehen wir Saint Germain mit einem Mal in die geheimsten politischen Aktivitäten verstrickt. Und wir sehen den Kutscher Europas wieder reisen. Doch die schon damals verständlicherweise kaum sichtbaren Spuren wurden von der Geschichte noch stärker verwischt. Wir sehen die Umrisse des Grafen bestenfalls da und dort aufblitzen, aber nur, um sofort wieder im Dunkel der Historie zu verschwinden.

Kaum haben wir ein Eckchen des Grafen erhascht, kaum haben wir ihn sozusagen am Rockzipfel festgehalten, entgleitet er uns auch schon wieder – in den Schwaden der Gerüchteküche und der unbewiesenen Mutmaßungen. Immerhin steht fest, dass er in der Folge an zahlreichen Freimaurer-Kongressen teilnahm. Das lässt uns aufhorchen. Unzweifelhaft verfolgte er in diesem Kontext bestimmte politische Ziele. Es ist weiterhin gesichert, dass er im Auftrag des französischen Königs tätig war. Wir finden ihn – laut Quellen, für die wir allerdings nicht die Hand ins alchemistische Feuer legen können – zunächst als Abgesandten in Den Haag. Später begegnen wir ihm nur ganz schemenhaft als Gesandten auf Malta. Zudem stolpern wir sozusagen über ihn, wenn wir den (ein)gefärbten Quellen glauben dürfen, in Sankt Petersburg, Bordeaux, Metz, Rom, London und Wien. Und jetzt wird es wirklich interessant: Denn einige der ohnehin spärlichen Quellen nennen einmal Ludwig XV. (und damit Frankreich) als Auftraggeber, ein anderes Mal Friedrich II. (und damit Preußen) und wieder ein anderes Mal die Kaiserin Maria Theresia (Österreich).

Seine Anhänger und Bewunderer behaupten bis heute steif und fest, dass er damals bei verschiedenen Friedensmissionen eine wichtige Rolle gespielt, dass er als Geheimdiplomat die unglaublichsten Winkelzüge ausgeführt und dass er das damals von Kriegen, Scharmützeln und Machtkämpfen geschüttelte Europa vor dem Schlimmsten bewahrt habe. Ja, einige Verteidiger weisen dem Grafen sogar eine Schlüsselrolle bei den Friedensverhandlungen zwischen Österreich und Preußen zu, zwischen England und Frankreich. Es scheint nur festzustehen, dass der Graf, dass Algarotti, Bellamare, Montferrat, Solar, Welldone oder Wolf – oder welchen Namen man auch immer bevorzugt – in geheimer Mission tätig war. Sicher ist aber nichts.

Einige Quellen behaupten, er habe dem König von Frankreich die Gründung eines diplomatischen Geheiminstitutes empfohlen, doch auch das ist nicht zu verifizieren. Doch es weckt erneut unser Interesse, wenn wir immer wieder hören, dass er ständig an den verschiedensten Freimaurer-Kongressen teilnahm, ja sogar half, Freimaurer-Logen mitzubegründen, und ständig an vielen Fürsten- und Königshöfen Europas verkehrte.

Wir finden Saint Germain an so vielen Orten, dass wir nur staunen können. Wir begegnen dem Grafen in Rom, Neapel, Mailand und Bayreuth und wir können ihn in Braunschweig, Wiesbaden, Hamburg und zahlreichen anderen Städten aufspüren. Außer Frage steht also seine Reisetätigkeit. Ständig hören wir von Logen-Gründungen und einmal von seinem überraschenden Auftauchen bei einem Freimaurer-Kongress in Wilhelmsbad (Hessen). Seine politischen Missionen können wir indes kaum nachvollziehen.

Doch bleiben wir zumindest im Ansatz der Chronologie treu. Immer wieder vernehmen wir, dass der Graf 1760 die geheimen Friedensverhandlungen in Den Haag leitete und angeblich auch im Jahre 1762 bei den Friedensvorverhandlungen die Fäden hinter den Kulissen zog. Doch die Orte sind ungewiss, die Ergebnisse noch ungewisser. Wie wir es auch drehen und wenden: Die harten, nachvollziehbaren, unbestechlichen Fakten sind dürftig. Immerhin sind sich Historiker über Folgendes einig: Als der französische Botschafter d'Affry von Saint Germains Friedensverhandlungen erfuhr und Choiseul darüber in heller Aufregung berichtete, war der Teufel los. Choiseul befahl die sofortige Verhaftung von Saint Germain, weil der sich seiner Meinung nach in Dinge einmischte, die ihn nichts angingen. Saint Germain suchte (vielleicht) Rückhalt bei König Ludwig, von dem er schließlich angeblich den Auftrag erhalten hatte. Aber Ludwig XV. ließ ihn fallen wie eine heiße Kartoffel und stellte sich unwissend. Er wollte es sich nicht mit Choiseul verscherzen, den er bewunderte, beneidete und vielleicht auch ein wenig fürchtete. Ludwig fühlte sich zwar ertappt, spielte aber das Unschuldslamm. Saint Germain sah sich gezwungen, nach London zu fliehen, um dem Zugriff von Choiseuls Häschern zu entkommen.

All das ist zumindest die Meinung einiger Saint-Germain-Verehrer, hieb- und stichfest belegen lässt sie sich nicht. Nur die Flucht ist unzweifelhaft. Danach mied der Graf Frankreich eine Weile, der Boden dort war ihm zu heiß geworden.

Wilden Gerüchten zufolge mischte Saint Germain beim Putsch von Katharina II. mit, im Jahre 1762 in Sankt Petersburg. Katharina war damals gerade dabei, ihren ungeliebten Ehemann vom Thron zu stoßen und in Russland selbst die Zügel in die Hand zu nehmen. Wahrscheinlich handelt es sich hierbei jedoch wieder nur um eine der zahlreichen Verschwörungstheorien, die schon damals überall kursierten und kaum durch Tatsachen gestützt werden können.

1763 kaufte sich Saint Germain schließlich ein Gut bei Nijmeggen (oder Nijmegen, im Osten der Niederlande gelegen). Hier richtete er sich erneut ein Labor ein. Plötzlich schwamm er im Geld. Denn er hatte eine reiche Brüsseler Geschäftsfrau (des Bankhauses Nettine) dafür gewinnen können, ihm finanziell unter die Arme zu greifen, und zudem einen österreichischen Adligen eingeseift (Graf Philipp von Cobenzl). Später entstand sogar eine Manufaktur. Beide Finanziers streckten stattliche Geldsummen vor. Erneut ging es um Farben und Textilien. Als der österreichische Superminister Kaunitz vorfühlte, um eine riesige Bestellung aufzugeben, winkte ein großer Auftrag. Da jedoch die (Farb- und Qualitäts-)Tests negativ ausfielen, scheiterte das Geschäft. Wenig später verschwand Saint Germain auf Nimmerwiedersehen aus den Niederlanden und ließ einen haushohen Schuldenberg zurück.

1774 hielt er sich am Hofe des Markgrafen Karl-Alexander von Brandenburg-Ansbach/Brandenburg-Bayreuth auf. Auch hier experimentierte er wieder mit Farbstoffen – die Chemie und Alchemie waren sein Lebenselixier. Im selben Jahr führen die Spuren zurück in die Niederlande und weisen nach Italien.

1777 verfiel der Herzog von Braunschweig dem Charme des Alchemisten im Rahmen der Freimaurerei.

1778 schwelgte Saint Germain mit Karl von Hessen-Kassel, dem Statthalter des dänischen Königs, in verschiedenen geheimnisvollen

Freimaurermythen und konnte ihn dazu bewegen, ihm ein Alchemistenlabor einzurichten. Beide gründeten später eine Seidenfärberei.[5]

All das sind jedoch nur Punkte auf der Landkarte, willkürlich herausgepickt. Ständig ist der Kutscher Europas auf großer Reise, hinterlässt an verschiedenen Orten Spuren – und immer die unglaublichsten Geschichten. Sie sind so widersprüchlich, gegensätzlich und außergewöhnlich, dass man im Gesicht rot anlaufen müsste, wollte man nur eine einzige als „wahr" bezeichnen.

Aber immer ist es faszinierend zu hören, der Alchemist habe auf die Frage nach seinem Alter geantwortet: viele hundert Jahre oder gar zwei- oder dreitausend Jahre. Ist es nicht erregend zu hören, er habe einst mit Sokrates persönlich Streitgespräche geführt, die heilige Familie und Jesus Christus mit eigenen Augen erblickt? Und kann man nicht den Kitzel nachvollziehen, den er verursacht haben muss, wenn er über sein *Aqua benedetta,* sein Lebenswasser, geheimnisvolle Andeutungen machte? Stellen Sie sich vor, wie aufregend es wäre, auf Dauer jung zu bleiben und das Geheimnis des ewigen Lebens zu kennen! Er selbst, so wurde kolportiert, sah noch in höchstem Alter frisch und jung aus!

Ist es nicht absolut fabelhaft zu hören, dass Saint Germain über prächtige, funkelnde, riesige, faustgroße Edelsteine verfügte? Dass er Diamanten oder Rubine mit Einschlüssen und Rissen reparieren und ihren Wert dadurch um das x-Fache steigern konnte? Ja, dass es ihm gelungen war, Gold zu machen? Rätsel über Rätsel. Wir werden sie gleich lösen.

Man könnte an dieser Stelle tatsächlich die unglaublichsten Histörchen wiederholen, die wildesten Räuberpistolen und die unerhörtesten Abenteuergeschichten. Dabei lässt sich keines seiner Talente nachweisen. Einige Zeitgenossen glaubten tatsächlich, der Graf von Saint Germain sei unsterblich.

1784 jedoch starb der Unsterbliche. Die Sankt-Nicolai-Kirche in Eckernförde (Schleswig-Holstein) rühmt sich seines Grabes.

NICHTS ALS DIE WAHRHEIT

Halten wir endlich inne und kommen dem Burschen auf die Schliche, der ein ganzes Jahrhundert zum Narren hielt. Packen wir aus. Welche Fakten muss man in Rechnung stellen, um Saint Germain zu beurteilen?

RÄTSEL NR. 1

Das erste Rätsel des Grafen von Saint Germain haben wir bereits zu einem gewissen Grad entschlüsselt. Es löst sich gänzlich in Wohlgefallen auf, wenn wir uns noch einmal vor Augen halten, dass er offenbar für den französischen König Ludwig XV. sowie für die Pompadour spionierte, die sich ebenfalls nur allzu gern in politische Belange einmischte. Dabei ist es völlig unerheblich, ob ihn Ludwig XV. tatsächlich beauftragte oder nicht, ob Ludwig ein doppeltes Spiel spielte oder über die Aktivitäten seines Alchemisten nicht informiert war, wie einige Autoren zu wissen glauben.[6] Wir sind der Meinung, dass er geradezu ein klassischer Geheimagent und Ludwigs Geheimdiplomat war und durchaus mit dessen Erlaubnis agierte.

Legt man diese Prämisse zugrunde, wird Saint Germains Manie verständlich, ständig mit Tarnnamen, mit Inkognitonamen und Decknamen zu operieren. Erinnern wir uns: Algarotti nannte er sich in Berlin, Bellamare in Venedig, Montferrat in Italien, Solar auf Malta, Welldon (oder Welldone und Weldone) in Preußen und St. Petersburg und Wolf in London. Saint Germain benutzte zeit seines Lebens mehr als 30 Pseudonyme. Verschiedene Geburtsorte anzugeben und eine hohe

Herkunft vorzutäuschen, fällt ebenfalls in diese Kategorie. Sie machte ihn nicht nur interessant, sie verschleierte auch seine wahre Identität. Niemand kolportierte all diese „Legenden" eifriger als der Graf selbst! Er erfand all diese Märchen, er „verriet" sie hinter vorgehaltener Hand. Darüber hinaus hatte er verschiedene „Brudernamen" in diversen Geheimzirkeln. Ständig verwischte Saint Germain jede Information zur eigenen Person.

Man braucht sich nur die Definition zweier Wörter aus dem Geheimdienstbereich zu vergegenwärtigen und schon versteht man die Vorgehensweise eines Spitzels. Die Wörter? „Legende" und „Cover". Unter „Legende" versteht man im Spionagejargon eine künstlich aufgepfropfte, erfundene Identität. Heutzutage werden Spione tagelang, ja monatelang trainiert, um eine Legende, eine falsche Identität zu erlernen und sie später auch aufrechterhalten zu können. Sie müssen quasi im Schlaf den falschen Namen, die falschen Eltern, den falschen Geburtsort herbeten können, selbst wenn ihnen zum Beispiel eine Pistole an den Kopf gehalten wird. Im angloamerikanischen Raum spricht man auch von „Cover". Zum Schutz werden eine angenommene Identität, ein falscher Name oder ein falscher Beruf systematisch antrainiert.

Natürlich war diese Spitzeltechnik auch schon im 18. Jahrhundert bekannt, zumindest ansatzweise. Und so verstehen wir, warum Saint Germain ständig mit so vielen Covernamen umging: Er musste einfach ständig neue Identitäten erfinden, neue „Legenden", um unerkannt zu bleiben und spionieren zu können.

Nach dem sorgfältigen Studium vieler Quellen und nach der Entdeckung eines sich durchziehenden roten Fadens – eben die kontinuierlich wechselnden Namen – glauben wir, gute Argumente dafür vorbringen zu können, dass Saint Germain lediglich ein hochbegabter Spitzel war, möglicherweise sogar ein Doppelspion. Sein ursprünglicher Auftraggeber und seine erste Loyalität galten ganz zweifellos der Pompadour und Frankreich, aber wir können nicht völlig ausschließen, dass er auch für andere spionierte – vielleicht für Friedrich II. oder für Maria Theresia. Möglicherweise verkaufte er sein Wissen um die wahren Absichten einiger Herrscher auch meistbietend und füllte sich nur selbst die Taschen, wie das Spione bis heute tun. Saint Germain besaß jedenfalls alle Attribute eines klassischen Spions:

1) Er verkehrte stets in den höchsten Kreisen.
2) Er schnüffelte in jeder Ecke Europas herum.
3) Er log das Blaue vom Himmel herunter. Vor allem flunkerte er, wenn es galt, seine „wahre" Identität zu enthüllen.
4) Darüber hinaus bekommt man diese Figur nie zu fassen. Aber es ist ja auch das Markenzeichen eines Spions, stets unerkannt zu bleiben. Ein Spion ist per definitionem ein Geheimniskrämer. Es ist sein Sport, seine tägliche Routine, ständig die Tarnkappe zu tragen.

Und so kann man das ganze „Geheimnis" dieses Saint Germains mit einem Hauch wegblasen, wenn wir erkennen und zugeben, dass er ein Agent war, der ständig und nahezu zwanghaft allerorten mit falschen Identitäten und fremden Namen auftrat.

Mit an Sicherheit grenzender Wahrscheinlichkeit spionierte Saint Germain für Frankreich. Möglicherweise betätigte er sich auch als Geheimdiplomat für Ludwig. Diese Doppelfunktion ist bis heute bekannt: Hochrangige KGB-Funktionäre oder auch CIA-Offiziere traten während des Kalten Krieges nach außen hin gern als Diplomaten auf, während sie in Wahrheit Spione waren. Saint Germain führte offenbar einige brandgefährliche Missionen aus. Möglicherweise verfügte er über ein ganzes Netz von Zuträgern, allein die Menge seiner hochrangigen Kontakte war atemberaubend. Manchmal hören wir gar von Sonderaufträgen – ohne sie wissenschaftlich belegen zu können. Möglicherweise beschäftigte ihn wie gerade erwähnt sogar der eiskalte, kluge, berechnende Friedrich der Große. Darüber hinaus gibt es gewisse Anzeichen dafür, dass er für Russland spionierte. Wir glauben deshalb – man gestatte die Wiederholung –, dass Saint Germain ein Doppelspion war, der in erster Linie Ludwig XV. diente, aber auch nichts dagegen hatte, wenn ihm andere Herrscher seinen Säckel füllten. Loyal war er letztlich nur sich selbst gegenüber und seinem eigenen Geldbeutel, wie das bis heute bei vielen Spionen der Fall ist. Damit wird jedenfalls die ganze Geheimniskrämerei des Grafen verständlich.

Als er sich jedoch in seiner Funktion als Geheimdiplomat zu weit aus dem Fenster lehnte, ließ ihn Ludwig (oder die Pompadour oder beide) eiskalt über die Klinge springen. Der französische König konnte unmöglich öffentlich eingestehen, dass er ein doppeltes Spiel spielte. Er hätte sich im Ausland unsäglich blamiert – gegenüber Choiseul ohnehin. Seine Eitelkeit verführte Saint Germain dazu, sich als Geheimdiplomat in verschiedenen Kreisen einzuführen – ein fataler Fehler. Denn ein Geheimdiplomat, dessen Cover geplatzt ist, hat keinen Wert mehr. Wenn im Kalten Krieg ein KGB-Offizier enttarnt wurde, der nach außen hin einen Diplomaten vorgab, schickte man ihn sofort in die Wüste und zurück nach Moskau. Das gleiche Schicksal widerfuhr dem Grafen. Sein Drang, überall zu glänzen, ließ sein Cover platzen. Es drängte ihn, die öffentliche Aufmerksamkeit stets auf sich zu ziehen. Und damit schaufelte er sich sein eigenes Grab. In der Folge distanzierte man sich von ihm in den höchsten Kreisen, zum Teil sogar öffentlich – den Souveränen blieb gar keine andere Wahl.

All dies ist allerdings reine Vermutung. Ausgezeichnete Autoren, wie Thomas Feller, wiesen darauf hin, dass es keine unumstößlichen Beweise für die Spionage- und Diplomatentätigkeit des Grafen gibt. Aber man muss doch zugeben, dass viele Details in diese Richtung weisen.

Wir wollen auch auf all die verschiedenen Aussagen über die Freimaurerei genauer eingehen. Der wichtigste Geheimbund der Welt stellte sich im 18. Jahrhundert ganz anders dar als heute. Saint Germains Zugehörigkeit zu verschiedenen Geheimbünden passt natürlich wie die Faust aufs Auge zur Identität eines Spions. Der Graf tummelte sich angeblich bei den Deutschordensrittern, bei den Maltesern, bei den Rosenkreuzern und bei vielen anderen Freimaurer-Vereinigungen. All diese Geheimbünde und Bruderschaften verfolgten politische Ziele – zugegeben, zum Teil mit völlig gegensätzlichen Intentionen. Aber dass sie politische Absichten hegten, bestreitet heute kein ernsthafter Geschichtswissenschaftler mehr.[7]

Halten wir Folgendes fest: Will Durant, vielleicht der renommierteste US-amerikanische Historiker, konstatierte den ungeheuren Einfluss der Freimaurer in dieser Zeit. Er kommentiert trocken, dass im 18. Jahrhundert nahezu auf oder hinter jedem europäischen Königsthron ein Freimaurer saß oder stand.[8] Aufgrund der gegensätzlichen Absichten und Ziele, Riten und geheimen Einweihungszeremonien innerhalb der Freimaurerei bekämpfte man sich jedoch teilweise bis aufs Blut. Es gab Logen beispielsweise in Altenburg, Bayreuth, Bernburg, Braunschweig, Dresden, Greifswald, Halle, Hamburg, Jena, Königsberg, Kopenhagen, Leipzig, Prag, Rostock, Stettin, Stuttgart, Warschau und Zweibrücken. Es gab Logen in Franken, Hessen, Holstein, Thüringen, Schlesien und in Schwaben. Es gab Logen in England, Frankreich und in den englischen und französischen Kolonien.

Man stelle sich dieses geballte Netzwerk vor, das vor allem deshalb so interessant war, weil hochrangige Persönlichkeiten diesen Logen angehörten – Fürsten, einflussreiche Administratoren, Aristokraten, Literaten und berühmte Künstler. Mozart, Goethe, Herder, Fichte und Lessing ... einfach alle waren sie Freimaurer. Die intellektuelle Elite, die Finanzelite und die politische Elite waren in Geheimbünden organisiert. Hier wurde debattiert, hier wurden Informationen ausgetauscht und über hohe Politik gefachsimpelt und entschieden. Auf keine andere Weise kam man schneller in Kontakt mit den politischen Entscheidungsträgern, mit den Mächtigen dieser Welt – man musste nur einem Freimaurerbund angehören.

In diesen Kreisen verkehrte Saint Germain gezielt und sehr berechnend. Dadurch konnte er seine Spionagetätigkeiten leicht ausweiten und sich bis in die höchsten Zirkel emporschwindeln. Über all diese Geheimorden ließ sich etwas bewegen, seien es Rosenkreuzer, Goldkreuzer oder („wiedererstandene", moderne) Templer. Hier konnte man Informationen aufschnappen und bis vor den Thron von Königen gelangen. Sie waren die Kommunikationszentralen des Zeitalters. Hier konnte man Einfluss nehmen und Dinge in Gang setzen.

Anfang des 18. Jahrhunderts gab es bereits drei Grade der Freimaurerei (Lehrling, Geselle und Meister). Das Freimaurerwesen verbreitete sich ab Mitte des 18. Jahrhunderts in rasender Geschwindigkeit in alle Himmelsrichtungen. Schließlich war es in fast allen europäischen Ländern vertreten, aber auch jenseits des Großen Teiches und in einigen asiatischen Ländern. Die Logen selbst drifteten teilweise völlig auseinander. In Frankreich entwickelte sich die Hochgradfreimaurerei mit vielen Stufen, und auch in der englischen Freimaurerei gab es eine beträchtliche Anzahl von Graden. Die höchsten Stufen versprachen Einweihung in die geheimsten Geheimnisse. Alle Logen waren jedoch hierarchisch strukturiert.

Relativ früh hagelte es gleichzeitig Verbote und Strafen, wenn man der Freimaurerei angehörte. Vor allem die Kirche und ein paar Päpste machten gegen die Freimaurer mobil. Doch nichts liebt das Menschengeschlecht mehr als die Geheimniskrämerei. Und so gelang es zu keiner Zeit, die Freimaurerei auszurotten – im Gegenteil, es bildeten sich immer mehr Clubs und Geheimgesellschaften.

Durch die Hintertür drang mystisches und esoterisches Gedankengut in die heiligen Hallen der Logen ein. Schließlich wimmelte es in ihnen von erleuchteten Geistern, von Okkultisten, Spiritisten und „Eingeweihten". Es gab Teufelsaustreibungen, unerklärliche Heilungen und Wunder zuhauf. Die Rosenkreuzer widmeten sich vor allem alchemistischen Experimenten. Aber es fanden sich auch kabbalistische (= geheime jüdische Lehren), christliche und ägyptische Geheimlehren sowie die verschiedensten Richtungen und Riten, Pfade und Grade. Es gab sogar römisch-katholisch orientierte Freimaurer, obwohl die Kirche im Allgemeinen in der Freimaurerei ein Werk des Teufels sah und sie heftig bekämpfte. Manche Freimaurer hießen die Monarchie gut und lobten sie in den Himmel, manche hassten das Königtum und verdammten es.

Doch Freimaurer-Logen standen immer inmitten eines interessanten Beziehungsgeflechtes. Hier traf „man" sich – vornehmlich Aristokraten, reiche Bürger, Intellektuelle und berühmte Künstler. Die meisten Logen machten ihren Mitgliedern Hoffnung auf vortreffliche Kontakte – genau wie heute – also auf den Zugang zu den besseren Kreisen der Gesellschaft. Man knüpfte Beziehungen, erhoffte sich insgeheim wirtschaftliche Vorteile und nahm an, man könne vielleicht sogar ein neues, einträgliches Pöstchen ergattern. Als Freimaurer war man sofort bestens vernetzt.

Und so erkennen wir sehr rasch, dass sich der Graf von Saint Germain einfach skrupellos all dieser Kontaktbörsen bediente, in denen allerlei angeblich „verbotenes Wissen" verbreitet wurde. Die Zeit war besessen von jeder Art von Geheimniskrämerei. In den Freimaurer-Verbänden konnte sein Stern als Alchemist besonders hell leuchten, da sich die Geheimbündler stets von auffallenden „Talenten" angezogen fühlten. Und weil der Graf auch noch von verschiedenen Rätseln umwoben war, war er gleich doppelt attraktiv. Und so tummelte sich der gerissene Graf nahezu spielend in zahlreichen verschiedenen Freimaurer-Geheimbünden, die sich oft widersprachen, manchmal bekämpften, mitunter hassten, manchmal aber auch an einem Strang zogen – aber immer den Zugang zu höheren Kreisen eröffneten.

RÄTSEL NR. 3

Das letzte Rätsel löst sich, wenn wir zugeben und annehmen, dass der Graf von Saint Germain bloß ein gnadenhaft begabter Schauspieler, Schwindler und Scharlatan war. Der Trick, sich mit zahlreichen Geheimnissen zu umgeben, funktionierte in diesem Zeitalter hervorragend. Denn trotz der Aufklärung war man immer noch abergläubischer als heutzutage Horoskopleser. Die meisten Anekdoten und Geschichten über den „geheimnisvollen" Grafen erfand Saint Germain selbst. Er brachte mit höchster Raffinesse gezielt Gerüchte über sich in Umlauf, indem er ein paar Dummköpfe mit einigen Taschenspielertricks namenlos beeindruckte. Zudem konnte er in verschiedenen Sprachen ausgezeichnet parlieren, er konnte den Weltmann geben und den Eindruck eines (einfluss-)reichen Mannes erwecken, der selbst mit Königen korrespondierte.

Doch wie sahen seine Finessen und Methoden konkret aus?

1. Angeblich sah er erstaunlich jung aus für sein Alter. Das wird immer wieder in der Literatur und den zugänglichen Dokumenten hervorgehoben und bezeugt.

Die Wahrheit? Saint Germain war ein Gesundheitsfanatiker. Er ernährte sich verantwortungsbewusst und kannte allerlei der Gesundheit zuträgliche Mittelchen. Er hielt streng Diät, trank nur Wasser, selten Wein und nahm angeblich nur eine leichte Mahlzeit pro Tag zu sich. Wie Pythagoras befolgte er die Regel, Speise und Trank nur in Maßen zu genießen. Fleisch verzehrte er selten, dagegen viel Gemüse und Fisch. Dank seines *Thé de Russie* oder seines *Aqua benedetta*, also seines

„Lebenswassers", liefen ihm zahlreiche Aristokraten nach. Dabei war das aller Wahrscheinlichkeit nach nur ein Reinigungstee, gemischt mit verdauungsfördernden Sennesblättern.[9] Saint Germain war ein Gesundheitsapostel, der sich mitunter als allwissender Doktor und Heiler ausgab und um spezielle geheime Heilmittel wusste. Half er einmal dieser oder jener Person auf die Sprünge, hatte der Graf nichts Eiligeres zu tun, als die „gute Nachricht" zu übertreiben und in alle Windrichtungen zu verbreiten. Es ging ihm immer nur und ausschließlich darum, seinen Ruf zu begründen und ein „Geheimnis" um sich zu weben. Trat jemand in die aufgestellte Falle, fiel die Klappe herunter und die Person war gefangen wie eine Maus in der Mausefalle.

2. Betrachten wir noch einmal genauer das *Aqua benedetta,* das angeblich Unsterblichkeit verlieh oder zumindest ein methusalemsches Alter garantierte – den uralten Traum der Menschheit. So ein Versprechen öffnete den Geldbeutel. Dabei war das „Lebenswasser" eine glatte, unverschämte Lüge. Friedrich der Große nannte Saint Germain deshalb ironisch einen „Mann, der niemals stirbt und alles weiß".[10]

Aber die Story eines Unsterblichen, hundertmal in der Literatur benutzt, lud zur Legendenbildung ein. Sie eignete sich hervorragend als Grundlage für eine literarische Erzählung. Und so ranken sich bis heute die wildesten Geschichten um diese angebliche „Unsterblichkeit". Vielfach nahm man an – nebenbei bemerkt in den verschiedensten Kulturen –, dass sich der Geist oder die Seele einer Person ständig in neuen Körpern reinkarnieren könne. In diesem Sinne hielt Madame Blavatsky, die Begründerin der Theosophie, Saint Germain für einen einstigen „geheimen tibetischen Weisen". Rudolf Steiner, der Begründer der Anthroposophie, hielt ihn für den wiedergeborenen Christian Rosencreutz und behauptete, Saint Germain würde auch heute noch umgehen und ständig neu inkarnieren.

Die Vorstellung der Wiedergeburt wollen wir nicht verdammen, es gab und gibt tiefgründige, edle Seelen, die an sie glauben, aber das „Lebenswasser" war mit Sicherheit reine Scharlatanerie.

3. Hochinteressant ist ferner des Grafen angebliche Fähigkeit, Gold zu machen. Selbstverständlich handelte es sich auch hier um einen Schwindel. Man darf allerdings nicht vergessen, dass das gesamte Zeitalter von der Vorstellung besessen war, mithilfe alchemistischen Geheimwissens steinreich zu werden.

Einige Chemiker nehmen inzwischen an, dass Saint Germain tatsächlich ein goldähnliches Metall herstellen konnte, das heute als Carsgold oder Neu-Platinum durchgeht. Sein Glanz war jedoch nicht von Dauer. Vielmehr liefen aus Carsgold gegossene Gegenstände mit der Zeit schwarz an. Doch selbst wenn der Graf nur für einen kurzen Moment scheinbar einen Gegenstand in Gold verwandeln konnte, beeindruckte das seine Zeitgenossen ungeheuerlich.

Ein anderer Trick sah möglicherweise folgendermaßen aus: Saint Germain bat einen Besucher, den er von seinen übernatürlichen Fähigkeiten überzeugen wollte, mit großer Geste, ihm ein Geldstück aus billigem Metall zu geben. Dann legte er das Geldstück auf eine Metallplatte. Obenauf platzierte er ein schwarzes Körnchen brennende Kohle. Nun erhitzte er die Kohle, indem er mit einem gläsernen Rohr dagegenblies, woraufhin das Geldstück langsam erglühte. Jetzt bat er den Besucher, kurz abzuwarten. Geschickt lenkte er die Aufmerksamkeit des gespannten Besuchers auf einen anderen Gegenstand und kehrte dann zu dem Geldstück zurück. Es hatte sich tatsächlich – in Gold verwandelt!

Die Wahrheit? Während des Ablenkungsmanövers hatte der Graf das Geldstück aus billigem Metall mit einem goldenen Geldstück vertauscht. Der Besucher staunte nicht schlecht. Wieder mit großer Geste schenkte der Graf seinem Besucher das goldene Geldstück. Die Wirkung war enorm, die Nachricht verbreitete sich in Windeseile. Auf diese Weise ließ sich auch ein kupferreicher Gulden recht rasch „in das reinste Silber" verwandeln.

4. Zu seiner „sagenhaften" Fähigkeit bei Diamanten ist Folgendes zu kommentieren: Offenbar verfügte der Graf über eine riesige Sammlung auf den ersten Blick unschätzbar wertvoller Edelsteine.

Die Wahrheit? Saint Germain sammelte bekanntermaßen regelmäßig Halbedelsteine und falsche Edelsteine – aus Glas und wertlosem Material. Einen Nicht-Experten konnte er mit seiner „Edelstein"-Sammlung ungeheuer beeindrucken. Sofort machte das Gerücht über Saint Germains sagenhaften Reichtum die Runde. Überall flüsterte man sich andächtig zu, wie wohlhabend er sei – obwohl er nachgewiesenermaßen mehrmals seine Schulden nicht beglich, nicht nur in den Niederlanden.

Angeblich vermochte Saint Germain darüber hinaus, Risse und Einschlüsse zu „reparieren" – was keinem anderen Edelsteinexperten seiner Zeit gelang. Wie ging er hier vor? Der Graf bat einen Zeitgenossen, den er verblüffen wollte, um einen unvollkommenen Diamanten und gab ihm ein paar Tage später den Edelstein perfekt zurück – ohne Einschlüsse.

Die Wahrheit? Es ist nicht auszuschließen, dass der Graf kleine Diamanten ebenfalls einfach nur austauschte, nachdem er sie entsprechend zurechtgeschliffen hatte. Außerdem besaß er wahrscheinlich einige echte Edelsteine, mit denen er seine Zeitgenossen zusätzlich verwirrte. Jedenfalls übergab er dem Vorbesitzer einen falschen, wertlosen „Edelstein", der echt wirkte, genauso zurechtgeschliffen war wie der ursprüngliche Stein und nun „makellos" wirkte. Aus der Dummheit und Leichtgläubigkeit seiner Zeitgenossen schlug der Graf mithin auch prächtig Kapital. Nur einige wenige Kunden waren smart genug, das Gewicht der „verbesserten" Edelsteine von Experten überprüfen zu lassen. Schnell stellten diese fest, dass sie nicht das Gewicht echter Edelsteine besaßen und es sich nicht mehr um die ursprünglichen Steine handelte.

Und so erkennen wir in Saint Germain einen durchtriebenen Gauner, der mit ein wenig Hokuspokus seine Zeit an der Nase herum führte.

5. Es stimmt, dass der Graf einige erstaunliche Kenntnisse in Chemie hatte und sein Leben lang mit Farben experimentierte. Stets träumte er davon, Holz, Wolle, Seide und Leder weit billiger einfärben zu können als die Konkurrenz und ein Vermögen damit zu verdienen. Tatsächlich gelangen ihm offenbar einige Versuche mit neuen Einfärbmaterialien. Diesen winzigen Wissensvorsprung nutzte er schamlos aus, um einige Zeitgenossen zu beeindrucken und ihnen Unsummen Geld aus der Tasche zu ziehen. Er köderte sie mit wolkigen Versprechungen, gaukelte ihnen ein Luftschloss vor und machte ihnen weis, man müsse lediglich eine entsprechende Manufaktur aufbauen – und schon avanciere man zum Millionär.

Selbst in dieser Beziehung benahm sich der Graf wie ein Betrüger. Stets ging es ihm nur darum, Vorschüsse, Vorteile und Gelder abzuschnappen, für seine „Färberei-Geheimnisse". Heute würde Saint Germain dafür 20 Jahre in einem dunklen Verlies verrotten.

6. Um sich wie ein Gockel aufzuplustern, bediente sich der Graf verschiedener Tricks: Er wies nicht nur ständig auf seine „Einweihungsgrade" und „geheimen Kenntnisse" der Hochgradfreimaurerei sowie der „jenseitigen Welten" hin, sondern verstand sich auch meisterlich darauf, allen weiszumachen, dass seine Beziehungen bis in die höchsten Kreise reichten. So zeigte er gerne Briefe mit Siegeln hochgestellter Persönlichkeiten vor, alles „unter dem Mantel der Verschwiegenheit", versteht sich. Systematisch näherte er sich gekrönten Häuptern oder wichtigen Entscheidungsträgern und wirkte darauf hin, von ihnen Briefe zu bekommen – nur, um mit deren Titeln den eigenen Namen aufzuwerten. Er schmückte sich mit Verbindungen wie andere mit feiner, teurer Kleidung. Und so kommen wir zu unserem Fazit über den Grafen von Saint Germain.

ENDGÜLTIGES FAZIT

Mr. Welldone oder der Marquis von Montferrat war ein begabter Schwindler und Scharlatan sowie ein Genie in Sachen Public Relations. Er erhob die Lüge zu einer eigenen Kunstform. Zusätzlich mag er ein Spion gewesen sein, mit Sicherheit aber war er ein Hochstapler und Betrüger.

Casanova urteilte über ihn: „Er gab sich in jeder Hinsicht als Wunderknabe. Er wollte verblüffen und verblüffte auch tatsächlich. Er hatte eine entschiedene Art zu sprechen, die jedoch nicht missfiel, denn er war gelehrt, sprach fließend alle Sprachen, war sehr musikalisch, ein großer Kenner der Chemie, besaß angenehme Züge und verstand es, sich bei allen Frauen beliebt zu machen.“[11] Wir können uns diesem Urteil nur anschließen, selbst wenn Casanova auch ein Hochstapler und Betrüger war – und auch ab und an spionierte. Aber vielleicht versteht niemand einen Hochstapler besser als ein anderer Hochstapler.

Die wahren Fähigkeiten Saint Germains bestanden in seiner Eloquenz, seiner Kunst, geziert und gefällig gelehrt zu sprechen, und in einigem Grundwissen in Chemie, das er als „Geheimwissen“ verkaufte. Er schmeichelte gewissenlos jedem Zeitgenossen, den er einseifen wollte. Das lehrt uns, hellwach zu bleiben, wenn uns jemand mit honigsüßen Worten die Sinne zu vernebeln sucht. Saint Germain redete jedem nach dem Munde, dem er das Geld aus der Tasche ziehen wollte, und vermochte es, sich blitzschnell auf eine Person einzustellen.

Die Geheimniskrämerei seines Jahrhunderts kam ihm dabei gelegen. Er beutete die Neigung seiner Zeit zum Mystizismus gewissenlos aus und lernte ein paar Taschenspielertricks – kurz, er tat alles, um sich interessant zu machen. Auf diese Weise erhielt er Zugang zu den einflussreichsten Persönlichkeiten. Speziell die Damen verfielen ihm an vielen europäischen Höfen, denn alle wollten sie hübsch, verführerisch und jung bleiben. Die Herren, Fürsten und Könige wiederum bissen leichter an, wenn er etwas von unermesslichen Reichtümern faselte.

Dabei war er nur ein Aufschneider und Prahlhans. Positiv gewendet: Er war ein begnadeter Schauspieler, der die Kunst der Verstellung und Täuschung bis zur absoluten Perfektion beherrschte. Er log so frech und übertrieb dermaßen, dass man noch heute staunen muss, warum er nicht rascher durchschaut wurde. Er vermochte die wildesten Behauptungen mit ernster Miene vorzubringen, und die meisten Zeitgenossen kauften sie ihm ab. Er war ein hochbegabter Selbstdarsteller und Märchenerzähler. Seine angeblichen Talente übertrieb er maßlos. In Wahrheit war er nur ein mittelmäßig begabter Musiker, der zugegebenermaßen über einige erstaunliche Kenntnisse in Physik und Chemie verfügte und verschiedene preiswerte Mittel zur Farbherstellung entdeckte. Diese suchte er geradezu verzweifelt zu vermarkten, in den Niederlanden, in Deutschland und Russland, aber nie mit dem gewünschten Erfolg.

Letztlich war er ein Schwätzer und ein Windbeutel. Seine Achillesferse war seine bodenlose Eitelkeit. Um sich wichtig zu machen, flunkerte er über alle möglichen „Drähte", über die er angeblich verfügte. Seine vorgeblichen Beziehungen waren jedoch nur ein Vehikel, um Eindruck zu schinden.

Ja, vielleicht spionierte er auch hier und da. Doch selbst sein Arrangement mit Ludwig XV. und der Pompadour steht infrage und ist vielleicht auch nur erlogen, ganz davon abgesehen, dass es keinen Separatfrieden zwischen England und Frankreich gab. Der Streich endete mit seiner völligen Demontage als Geheimdiplomat und Unterhändler – wenn er denn überhaupt je engagiert worden war. Der Graf von Saint Germain verlor jedenfalls das doppelbödige Spiel.

Trotzdem können wir diesem Luftikus und Paradiesvogel unsere Zuneigung nicht ganz versagen. Immerhin gelang es diesem genialen Schauspieler, sich mit so vielen Geheimnissen zu umgeben, dass er zunächst sein eigenes Zeitalter und dann noch viele weitere Jahrhunderte an der Nase herumführte. Denn bis heute gibt es begeisterte Saint-Germain-Anhänger, die nach wie vor glauben, bei diesem Trickbetrüger handele es sich um einen „Wundermann". Welcher Schauspieler übte je eine derartige Wirkung auf sein Publikum aus, dass es ihm noch Jahrhunderte später applaudierte?

NOCH EINMAL: DIE FREIMAUREREI

Doch wie verhält es sich mit unserem eigentlichen Thema, den geheimen Bruderschaften? Nun, wir konnten einen beträchtlichen Einblick in die Freimaurerei gewinnen. Auch über diesen Geheimbund können wir jetzt viel besser urteilen. Wiederholen wir in aller Kürze:

1. Im Rahmen der Maurerei wurde die „Technik des Geheimnisses" manchmal übel missbraucht. Nicht jedes „Geheimnis" war es tatsächlich wert, entschlüsselt zu werden. Oft wurde es nur dazu benutzt, auf Dummenfang zu gehen und Leimruten auszulegen.

2. Saint Germain erwies den Logenbrüdern insgesamt einen schlechten Dienst, als er sich als Freimaurer ausgab. Dieser Vampir zapfte lediglich von verschiedenen Brüdern Blut ab. Es gab (und gibt) innerhalb der Freimaurerei also auch Gauner, Ganoven und zwielichtige Gestalten – der Graf belegt dies durch seine schiere Existenz.

3. Darüber hinaus wissen wir nun mit unumstößlicher Gewissheit, dass es innerhalb der Freimaurerei alle möglichen Richtungen gab – sowohl in esoterischer als auch in politischer Hinsicht. Es war nicht schwierig, einen Freimaurerbund ins Leben zu rufen, sein eigenes Süppchen zu kochen und völlig neue Grade und Einweihungszeremonien

zu erfinden. Sofern nur mit genügend Geheimnissen gewunken wurde, verfingen sich viele Zeitgenossen darin wie Fliegen im Spinnennetz.

4. Überdies wurde deutlich, dass viele „Freimaurer-Bünde" nur Kontaktbörsen waren, Netzwerke, die zum persönlichen Aufstieg genutzt wurden und um finanziell-wirtschaftlichen Gewinn daraus zu ziehen.

Keine kleine Ausbeute!

Dennoch gibt es noch viel mehr über die Freimaurerei in Erfahrung zu bringen, die spätestens ab dem 18. Jahrhundert immer populärer wurde, trotz aller Verbote und Anfeindungen. Wir werden deshalb im Laufe dieses Buches noch einmal auf sie zu sprechen kommen und einige weitere Kabinettstückchen vorstellen.

Immerhin aber haben wir damit eines der größten Rätsel des 18. Jahrhunderts gelöst und sind der Wahrheit über die Freimaurerei ein wenig auf die Schliche gekommen.

Wenden wir uns also der nächsten mysteriösen Bruderschaft zu – den Rosenkreuzern – und versuchen wir auch hier, ein wenig Licht ins Dunkel zu bringen.

7.
RÄTSELHAFTE ROSENKREUZER

Eigentlich ist es unvorstellbar: Ein Geheimbund, eine Sekte, eine Bruderschaft entstand von einem Tag auf den anderen, schier aus dem Nichts. Sie berief sich auf Christian Rosenkreuz als Gründer – den es nie gab. Ein ganzer Orden entstand von einem Augenblick auf den anderen. Was war passiert?

Einem Federfuchser war es durch die Veröffentlichung eines schmalen Büchleins gelungen, dem gelehrten Publikum weiszumachen, ein gewisser Christian Rosenkreuz (andere Schreibweisen: Rosencreutz, Rosenkreutz) habe ehemals den rätselhaften Orden der Rosenkreuzer aus der Taufe gehoben. Der Autor hatte so gekonnt gelogen, so die Fantasie seiner Leser angeheizt, dass sie glaubten, es habe diesen Christian Rosenkreuz einst wahrhaftig gegeben. Heute weiß man mit Sicherheit, dass er nie existierte.

Immer noch ranken sich deshalb um den Geheimbund der Rosenkreuzer mindestens vier Mysterien, genauer gesagt vier Ungeheuerlichkeiten, vier überraschende Erkenntnisse, die wir am Schluss dieses Kapitels preisgeben werden. Doch vorerst müssen wir festhalten, dass es nur einem hochbegabtem Stückeschreiber und Märchenerzähler gelingen konnte, eine so wirklichkeitsnahe Kunstfigur zu erschaffen und die

Welt glauben zu lassen, sie habe einen ganzen Orden gegründet – der ebenfalls anfangs nicht existierte.

Diese Kunstfigur, ja fast eine Romanfigur, hieß wie gesagt Christian Rosenkreuz. Deshalb zeigt ein Symbol der Rosenkreuzer bis heute ein Kreuz mit einer oder mehreren Rosen. Der Vorname Christian weist auf die christliche Ausrichtung der ursprünglichen Rosenkreuzer hin.

Der Autor dieses Kabinettstückchens trug den Namen Johann Valentin Andreae (1586–1654). Er ist die eigentlich interessante Figur, genau wie der Erfinder von Sherlock Holmes (Sir Arthur Conan Doyle) bemerkenswerter ist als sein berühmter Detektiv. Trotzdem kennt heute jeder Sherlock Holmes, während der Schriftstellername Doyle weniger bekannt ist. Das gleiche Schicksal wurde dem Erfinder von Christian Rosenkreuz zuteil.

JOHANN VALENTIN ANDREAE

Johann Valentin Andreae, der Erfinder von Christian Rosenkreuz, war ein deutscher Theologe, Schriftsteller und Mathematiker aus Württemberg und ein durch und durch ehrenwerter Mann. Wie Luther einst gegen den moralischen Tiefststand des Papsttums mobil gemacht hatte, so gab es inzwischen auch im Lager der Protestanten Verfallserscheinungen, obwohl sie ursprünglich ein deutlich höheres „Ethikniveau" als die Katholiken erreichen wollten. Die Moral ließ zu wünschen übrig. Und so krempelte Johann Valentin Andreae die Ärmel hoch, um auch die Evangelischen Mores zu lehren und ihnen ins Gewissen zu reden.

Andreae studierte zunächst in Tübingen die Freien Künste. Hierunter verstand man Kenntnisse und Fertigkeiten, die eines freien Mannes würdig waren – im Gegensatz zu den mechanischen, weniger angesehenen Beschäftigungen der Unfreien wie beispielsweise der Bauern. Zu den Freien Künsten zählten etwa die Grammatik, die Rhetorik, die Musik und die Geometrie, auf gut Deutsch gesagt lernte man vernünftig Schreiben, Reden und Rechnen. Andreae verfasste zwei Bühnenstücke, erwarb einige akademische Grade und studierte schließlich zusätzlich Theologie und Mathematik.

Der Reformer wird uns sympathisch, wenn wir erfahren, dass er 1607 „wegen eines Studentenstreichs die Universität verlassen musste. Er wurde nicht zum Examen zugelassen und wurde auch vom Kirchendienst zurückgestellt."[1] Offenbar machen sich selbst edle Menschen ab und zu gewisser Verfehlungen schuldig, was uns erleichtert und unsere eigenen Sünden etwas weniger schwer wiegen lässt.

In Tübingen wurde Andreae von den verschiedensten Personen intellektuell befruchtet. Er reiste in der Folge rastlos in viele Länder und Städte, erhielt schließlich eine Anstellung als Hauslehrer und kümmerte sich darum, vielversprechenden Zöglingen ein wenig Bildung und Moral beizubringen.

Sein „Pauluserlebnis" hatte er, als er 1611 in der Schweiz Calvins reformierte Kirche kennenlernte. Dieser forderte lautstark ein arbeitsames und gottgefälliges Leben ein, also eine höhere Ethik und Moral. Andreae reagierte wie elektrisiert. Er nahm sein Theologiestudium in Tübingen wieder auf und schloss diesmal sein Examen ab. Man berief ihn zum Diakon. Nun formulierte er ein radikales religiöses Programm und machte wider die Sittenlosigkeit seiner Zeit mobil. Er verdammte das Fluchen, den Alkohol, den Zank, das Glücksspiel, den Ehestreit und die Entheiligung des Sonntags. Wichtiger: Er unterstützte persönlich Arme und Kranke. Noch wichtiger: Als er die kirchliche Karriereleiter weiter nach oben stieg, nutzte er seinen Einfluss, um das Schul- und Sozialwesen, die Armen- und Krankenpflege zu reformieren und auf ein höheres Niveau zu bringen. Nach dem entsetzlichen Dreißigjährigen Krieg, der halb Deutschland in Schutt und Asche legte, suchte er tatkräftig dem

Elend abzuhelfen, das ihm allenthalben entgegenschlug. Er gründete eine karitative Gesellschaft und half, wo immer er konnte.

1638 stieg er auf zum Hofprediger in Stuttgart und erhielt höhere und wichtigere Posten. Wieder trat er für eine Kirchenreform ein. Und wieder suchte er den Lastern das Wasser abzugraben. Als erstes europäisches Land erließ er in Württemberg die Anordnung zur allgemeinen Schulpflicht – was ihn auszeichnet. 1650 nahm er seinen Abschied von den meisten leitenden Kirchenposten. Er beendete sein Leben als Abt eines Klosters und Leiter einer Klosterschule. Wir können vor einem solchen Mann nur den Hut ziehen.

EINFLUSSREICHE MANIFESTE

Nichts ist einflussreicher als die Rede und die Schrift, um Veränderungen herbeizuführen. Andreae hinterließ eine ganze Reihe wichtiger reformerischer Schriften und Predigten. In verschiedenen Traktaten, Büchern, Manifesten und Abhandlungen suchte er seine Zeit zu einem gottgefälligeren christlichen Leben zu motivieren. Sein Ziel bestand darin, Theologie und Wissenschaft unter einen Hut zu bringen und Nächstenliebe, Mildtätigkeit und Ethik an erste Stelle zu stellen. Dafür schuf er den Mythos eines geheimen Bundes, eben der Rosenkreuzer, und die Figur Christian Rosenkreuz. Seine Zeit glaubte wie gesagt wörtlich an die Figur und den Orden.

Der Vollständigkeit halber muss erwähnt werden, dass verschiedene „Programmschriften" oder „Manifeste" der Rosenkreuzer kursierten (= *Fama Fraternitatis, Confessio Fraternitatis, Chymische Hochzeit*). Nicht alle stammen aus Andreaes Feder, aber in allen wurde gefordert, Wissenschaft und Religion zu reformieren, Theologen und Wissenschaftler sollten gemeinsam ein höheres ethisches Niveau anstreben. Nur hatte Christian Rosenkreuz nie gelebt.

Wir fühlen uns an Orson Wells' Streich erinnert, der zwar in einem anderen Jahrhundert unternommen wurde, aber durchaus Vergleichspunkte bietet. Orson Wells (1915–1985), ein kalifornischer Schriftsteller, Schauspieler und Regisseur, inszenierte folgendes Lausbubenstück: Er nahm eines der bekanntesten Werke des Science-Fiction-Autors H. G. Wells (*The War of the Worlds* – Der Krieg der Welten), verwandelte es in ein Hörspiel und jagte es so abgeändert durch den Äther. Im *Krieg der Welten* geht es darum, dass Marsianer in dreibeinigen Kampfmaschinen die Erde angreifen. Am 30. Oktober 1938 strahlte der amerikanische Radiosender CBS die fiktive angebliche „Reportage" aus. Es führte laut Zeitungsberichten in einigen US-amerikanischen Staaten zu einer Massenhysterie. Viele Menschen nahmen tatsächlich an, dass Außerirdische (Marsianer) gerade die Erde angriffen, das Hörspiel, getarnt als „Reportage", suggerierte es. Panik brach aus, zahlreiche Zuhörer glaubten wortwörtlich an eine Invasion. Orson Wells selbst kommentierte damals ungläubig: „Das war für uns ein Schock, dass H. G. Wells' alter Klassiker, Vorbild für so viele Stories und sogar Comic-Strips, bei den Hörern solche Reaktionen auslöste. Die Invasion von Mars-Monstern war für uns nur ein Märchen."[2] Wells erkannte, wie unfassbar leichtgläubig Menschen sein können.

Nun, im Falle der Rosenkreuzer verhielt es sich genauso. Die Leser nahmen die Existenz von Christian Rosenkreuz für bare Münze und glaubten, es gebe den geheimen Orden der Rosenkreuzer wirklich. Ein religiöses Märchen war geboren, das die Sehnsucht nach einer höheren Ethik und einer sagenhaften, edlen Bruderschaft stillte. Die Idee war im Grunde ein löbliches, literarisches Unterfangen, es war nichts falsch daran.

Eine ganz andere Frage ist, was Andreaes Nachfolger daraus machten.

POWER ODER DER ORDEN
DER ROSENKREUZER

Im Umfeld der Freimaurerei wurde rund 140 Jahre nach der Publikation des grundlegenden Manifestes tatsächlich eine Rosenkreuzer-Organisation ins Leben gerufen. Doch schon früh gerieten die ursprünglichen, ethischen Postulate des Gründers in Vergessenheit. Sie wurden überwuchert von allerlei mystischem, irrationalem, esoterischem Unkraut. Der unfreiwillige Gründer hatte sich stets von allen alchemistischen Bestrebungen distanziert. Jetzt griffen einige schillernde Figuren, die nicht von Ethos und Ethik inspiriert und „verdorben" waren, ebenso gierig wie rücksichtslos seine Fabel, seine erfundene Figur und fiktive Bruderschaft auf, um ihr eigenes Süppchen zu kochen. Einige Freimaurer schreckten dabei nicht davor zurück, sowohl alchemistische Experimente als auch Taschenspielertricks einzusetzen, um Mitglieder zu gewinnen und Eindruck zu schinden. Zumindest ein Trick ist zu köstlich, als dass man ihn unter den Tisch fallen lassen könnte.

DER TÖRICHTE KÖNIG

Es ist tröstlich, zu wissen, dass auch Könige Dummköpfe sein können: Friedrich Wilhelm II. von Preußen, König von Gottes Gnaden, war nicht der Einzige, der sich von den Rosenkreuzern um den Finger wickeln ließ. Aber er war ein williges Opfer, ja geradezu ein Leckerbissen für jeden Betrüger, weil er so leichtgläubig wie ein dreijähriges Kind war, das an den Nikolaus glaubt. Der dickleibige, genusssüchtige Friedrich Wilhelm II. (1744–1797) liebte üppige Speisen und leckere

Damen und empfand ein unglaubliches Interesse für die Geisterwelt und spirituelle Phänomene. Er galt als Lebemann und vergnügte sich zeit seines Lebens mit zahlreichen Mätressen. Das Volk bezeichnete ihn gern als „dicken Lüderjahn" (= Taugenichts). Doch noch mehr als für Frauen interessierte sich der Lüderjahn für Okkultismus – ein Grund, warum er sich früh dem Orden der Gold- und Rosenkreuzer zuwandte. Hier fand er einen Mix aus Bibel und Kabbala vor, einen Mix aus christlichen und jüdischen Geheimlehren – und war fasziniert. Ferner gab es spiritistische Elemente und viele geheime Einweihungsgrade, kurz ein hochaufschäumendes Gebräu „höherer Weisheiten", die mit den ursprünglichen Lehren und Intentionen des Gründers nicht mehr das Geringste zu tun hatten.

DIE BERÜCHTIGTEN GOLD- UND ROSENKREUZER

Der Gold- und Rosenkreuzer-Orden erlebte seine Blütezeit etwa um das Jahr 1756. Der Ausdruck Goldkreuzer bezieht sich wahrscheinlich auf die alchemistische Komponente, also auf das Bemühen, Gold zu machen. Der Orden war nur einer von vielen Rosenkreuzer-Bünden. Jeder Geheimbund nahm natürlich für sich in Anspruch, der einzig wahre Fackelträger der Wahrheit zu sein. Innerhalb der verschiedenen Rosenkreuzer-Bünde tummelten sich Erleuchtete und Quacksalber, tiefsinnige Philosophen und Gesundbeter, ethisch motivierte Zeitgenossen und alchemistische Scharlatane. Es gab hartgesottene, machtbewusste Führerfiguren und Traumtänzer. Ein Schmelztiegel! Sich selbst betrachteten die Brüder des Rosenkreuzer-Ordens als die freimaurerische Elite. Wer nicht in einem anderen Freimaurer-Bund bereits gewisse höhere Grade erreicht hatte, wurde von den Rosenkreuzern nicht akzeptiert.

Die Gold- und Rosenkreuzer waren streng hierarchisch aufgebaut. Über dem Zirkel-Direktor – der maximal neun Ordensbrüder beaufsichtigte – stand der Haupt-Direktor, dem mehrere Zirkel unterstanden. Dieser wiederum musste einen Ober-Hauptdirektor über sich akzeptieren. Darüber gab es ein Groß-Priorat, darüber das Vize-Generalat und das Generalat. Ganz oben in der Hierarchie stand der *Magus,* der „Hochwürdigst Weiseste". Die wahre Identität des Magus war unbekannt, geheimnisumwittert und stand im Fokus endlosen Rätselratens. Niemand wusste, um wen es sich handelte. Die Gold- und Rosenkreuzer verständigten sich durch Geheimzahlen, Geheimschriften, Abkürzungen und geheime Kennwörter, sodass alles unter der Decke blieb. Jedes Mitglied hatte einen eigenen Ordensnamen.

Als Friedrich Wilhelm II. dem Orden beitrat, erhielt er den Namen *Ormesus.*[3]

MENTALE MANIPULATION

Schnell stieg der König in der Hierarchie des Ordens nach ganz oben auf. Seine engsten Berater waren selbstverständlich Rosenkreuzer, Woellner und Bischoffwerder mit Namen. Sie arbeiteten geschickt darauf hin, Macht über den Verstand des Königs zu gewinnen und ihn mental zu beherrschen. Und so inszenierten sie das erdenklich frechste und dreisteste Lausbubenstück. Sie beraumten eine spiritistische Sitzung an und versprachen dem König, er könne seine verstorbenen Vorfahren kontaktieren und von ihnen Rat einholen.[4] Alles wurde entsprechend vorbereitet für die *Séance* (franz. = Sitzung). Sie fand innerhalb einer eingeweihten Gruppe statt, um unter Anleitung eines Mediums mit der Welt der Toten in Kontakt zu treten. Der König war maßlos aufgeregt.

Séancen waren der denkbar wildeste Hokuspokus. Manchmal materialisierten Gegenstände, mitunter schwebten sie durch den Raum. Stühle erhoben sich plötzlich oder wurden von Geisterhand verrückt, ja sogar Tische oder Bilder und Bücher. Fast immer mussten die Teilnehmer einer spiritistischen Sitzung schwören, keinem Außenstehenden von dem Ereignis zu erzählen. Die Sitzung fand gewöhnlich bei Kerzenlicht oder in fast völliger Dunkelheit statt, was bestenfalls ein schattenhaftes Sehen gestattete. Kerzen verloschen während der Séancen, und es geschahen allerlei übernatürliche Dinge, die selbstredend mechanisch ausgelöst wurden – es handelte sich um reine Scharlatanerie. Die Geräuschkulisse wurde geschickt so manipuliert, dass eine Person tatsächlich annahm, ein Geist spreche zu ihr aus dem Jenseits. Dank dünner, unsichtbarer Fäden oder Drähte, die gezogen wurden, bewegte sich alles Mögliche oder schwebte, was das Opfer unsäglich beeindruckte. Sphärische Musik und optische Effekte taten ein Übriges.

Auf diesen Hokuspokus ließ sich auch Friedrich Wilhelm II. ein. Die Rosenkreuzer (Woellner und Bischoffwerder) inszenierten solch einen Spuk und manipulierten den törichten König nach Strich und Faden. Der Rat des angerufenen Geistes fiel natürlich ganz im Sinne und zum Vorteil der Rosenkreuzer aus. Und so wundert es nicht, dass die beiden Drahtzieher, die Rosenkreuzer Woellner und Bischoffwerder, von Friedrich Wilhelm II. auf höchste Pöstchen gehievt und mit wichtigen Staatsämtern betraut wurden.

Längst kann der pfiffige Leser zumindest eines der vier Mysterien, der vier Ungeheuerlichkeiten, der vier Erkenntnisse im Zusammenhang mit den Rosenkreuzern erraten – aber gedulden wir uns noch einen Augenblick.

DER GRIFF NACH DER MACHT

Woellner und Bischoffwerder, die jetzt Einfluss auf den König haben, manipulieren Friedrich Wilhelm in der Folge nach allen Regeln der Kunst. Der eine avanciert zum Religionsminister, der andere zum Kriegsminister – möglicherweise die beiden wichtigsten Posten innerhalb einer Regierung. Die Gold- und Rosenkreuzer triumphieren. Ein ganzes Land befindet sich damit in ihrer Gewalt. Ihr Geheimbund lenkt die Geschicke Preußens – fabelhaft!

Der fette, promiskuitive König reißt sich während seiner Regierungszeit einen Teil Polens unter den Nagel, er fühlt sich unsterblich und unverletzlich.

Er wird weiterhin regelmäßig mit allen möglichen Tricks eingeseift. Ihm wird suggeriert, über magische Fähigkeiten zu verfügen. Amulette werden ihm ausgehändigt. Es handelt sich um die ungeheuerlichste Manipulation, der sich Preußen-Deutschland mit diesem leichtgläubigen König an der Spitze je ausgesetzt sieht. Die Rosenkreuzer versuchen, auch die Religionsgesetze so hinzubiegen, dass sie ihnen zum Vorteil gereichen. Jedem Theologen wird verboten, Kritik an irgendeiner Konfession zu äußern. Ein Zensuredikt (1789, im Jahr der Französischen Revolution) läuft darauf hinaus, die Pressefreiheit einzuschränken, denn der dicke Lüderjahn fürchtet um seinen königlichen Hintern.

Während die Freimaurer in Preußen die Monarchie unterstützen, guillotinieren die Freimaurer in Frankreich ein paar Jährchen später ihren König. Die Freimaurerei deckt die gesamte Palette politischer Glaubensbekenntnisse ab. In Frankreich bricht das Chaos aus. Dort bekämpfen sich Freimaurer-Logen zwar unter der Decke bis aufs Messer, sind sich aber weitgehend einig in ihrem Hass auf die Monarchie. Einer ihrer Logenmeister, der Herzog von Orléans, der nach der Krone schielt, landet selbst unter der Guillotine. In Frankreich siegt die Republik, in Preußen-Deutschland die Monarchie.

Aber da verfangen sich die preußischen Drahtzieher in ihrem eigenen Netz. Die vollmundigen Versprechungen der Rosenkreuzer gegenüber dem König während der Séancen entpuppen sich als Schwindel, Prophezeiungen erfüllen sich nicht. Und die Amulette sind so viel wert wie Pferdemist. Der König wird misstrauisch. Er erwartet echte Magie. Friedrich Wilhelm II., erfolgsverwöhnt und teilweise in einer Welt der Irrealität zu Hause, aber doch noch nicht ganz verblödet, begreift, dass die alchemistischen Wunder und Wunder generell ausbleiben. Auch die Einsichten über die „höheren Welten" nutzen ihm wenig. Und magische Fähigkeiten kann er ebenfalls nicht an sich entdecken, lediglich die Damen hüpfen noch immer bereitwillig in sein Bett, aber dazu braucht er die Rosenkreuzer nicht.

In einem letzten Coup versuchen die Rosenkreuzer, noch mächtiger zu werden. Auf einem Reform-Kongress der Freimaurer in Wilhelmsbad (Hessen, bei Hanau gelegen) im Jahre 1782 bemühen sie sich, die Macht über alle Freimaurer-Logen an sich zu reißen. Dokumente über diesen legendären Kongress existieren nicht. Und so ist man vielfach auf Mutmaßungen angewiesen. Man kann sich jedoch lebhaft vorstellen, wie all die Magier und Minister, all die Erleuchteten und Eingeweihten vehement gegeneinander kämpfen. Wie Wurfdolche fliegen die Argumente hin und her. Konkret geht es um die Macht innerhalb der Maurerei.

Aber der süße Saft der Macht ist nicht nur verführerisch, er ist auch giftig und gefährlich. Verschiedene Freimaurer-Verbände suchen sich wechselseitig das Wasser abzugraben. Grundsätzlich soll die Freimaurerei reformiert werden. Uneinigkeit, Gewinnsucht und eine namenlose Geld- und Machtgier herrschen in den Freimaurer-Reihen, wie sogar das Internationale Freimaurer-Lexikon der Autoren Lennhoff und Posner bestätigt.[5] Es kann nicht angehen, dass die Freimaurerei zu einer lebenslangen „Leibrentengesellschaft" mutiert, argumentieren die Reformatoren. Die Unruhe ist gewaltig. Großmeister treten gegen Großmeister an, Grafen gegen Freiherrn, Doktoren gegen Geheime Räte, Bürgermeister gegen Prinzen. Alles, was Rang und Namen hat, ist freimaurerisch. 36 Sitzungen finden statt. Unterschiedliche „Glaubensbekenntnisse" fechten miteinander.

Das Ergebnis? Nach rund zwei Monaten hitzigster Debatten werden einige freimaurerische Legenden und Märchen zu Grabe getragen. Der Orden der Tempelherren, der inzwischen wieder auferstanden ist, wird abgeschafft. Der Schwärmerei für das Rittertum wird der Todesstoß versetzt. Das Spiel mit den verschiedenen Hochgraden und geheimnisvollen Symbolen bleibt jedoch bestehen. Übernatürlichem Brimborium wird ebenfalls eine harsche Absage erteilt, der Esoterik wird das Grab geschaufelt.

Und mit all diesen neuen Richtlinien werden auch die Gold- und Rosenkreuzer entmachtet. 1787 werden Wöllner und Bischoffwerder unmissverständlich aufgefordert, ihre Logenarbeit einzustellen. 1794 wird Wöllners Religionsedikt zurückgepfiffen. 1797 stirbt Friedrich Wilhelm II., der dicke Lüderjahn. Damit ist auch Wöllners Karriere beendet. Der nächste Preußenkönig gewährt ihm nicht einmal mehr eine Pension, er fällt in Ungnade. Bischoffswerders Ansehen schwindet, als der preußische Feldzug gegen Frankreich unter ihm als Kriegsminister scheitert – sein Einfluss tendiert daraufhin gegen null. Den Gold- und Rosenkreuzern pfeifen nicht nur Kanonenkugeln im Feld um die Ohren, sondern auch Kugeln innerhalb der Freimaurerei selbst. Wenig später verschwindet der Orden sang- und klanglos von der Weltbühne.

DIE WIEDERAUFERSTEHUNG

Aber nicht nur Heiligen und Propheten wird nachgesagt, aus dem Grabe wiederauferstehen zu können. Ende des 19. Jahrhunderts entstehen neue rosenkreuzerische Logen – in noch größerer Anzahl als zuvor. Die Romantik, die Esoterik und die Spiritualität sind nicht auszurotten. Der Versuch, das wild wuchernde Gewächs, das sich in der Folge als Rosenkreuzer bezeichnet, auch nur annähernd zu beschreiben, ist von vornherein zum Scheitern verurteilt. Zu viele Zweige wachsen an dem Stamm der Rosenkreuzer, sie sind kaum mehr auf einen gemeinsamen Nenner zu bringen, abgesehen davon, dass sie der Freimaurerei zuzurechnen sind. Dennoch hier einige Stichwörter, die die verschiedenen „neuen Glaubensrichtungen" ansatzweise beschreiben: Alchemie, Astrologie, Bewusstsein, Christus, Initiation, Kabbala, Katholizismus, Kirche, Magie, Meditation, Mysterien, Parapsychologie, Satan, spiritueller und kommunikativer Symbolismus, Tod, Unsterblichkeit, Weltreligion, Wiedergeburt, Zahlenmystik. Zum Teil widersprechen sich die Lehren vehement, zum Teil bekriegt man sich, aber immer ist alles hochgeheim.

Die Literatur unterscheidet mittlerweile zwischen den älteren Rosenkreuzern (ab 1614), den mittleren Rosenkreuzern und den neuen oder modernen Rosenkreuzern.

Inzwischen gibt es in einigen Logen sogar Satanisten, aber auch Heiden, Katholiken, immer noch Spiritisten sowie Rosenkreuzer mit ausgefallenen Sexualpraktiken. Aleister Crowley (1875–1947) etwa, der berühmt-berüchtigte britische Okkultist, bezeichnet sich als Antichrist und versinkt in Sexualmagie. Er ist Mitglied eines Ordens mit rosenkreuzerischen Inhalten *(Order of the Golden Dawn)*.

Oder Helena Blavatsky (1831–1891). Die US-amerikanische Okkultistin deutsch-russischer Herkunft, die Begründerin der Theosophie, beschäftigt sich mit den Rosenkreuzern, genau wie Rudolf Steiner (1861–1925), der österreichische Publizist und Esoteriker, der Begründer der Anthroposophie. Beide lassen sich von den Rosenkreuzern inspirieren und übernehmen einige Behauptungen der mittleren Rosenkreuzer.

Nicht zu reden von dem kollektiven Selbstmord der Sekte der „Sonnentempler" in der Schweiz, in Frankreich und in Kanada, die sich ebenfalls auf die Rosenkreuzer berufen. Deren Gründer oder Co-Founder Joseph Di Mambro (1924–1994) bezeichnet den Tod als reine Illusion. Er ist Mitglied des heute größten Rosenkreuzer-Geheimbundes. Der Skandal geistert 1994 durch die Gazetten.[6]

In zahlreichen Ländern verbreiten sich die verschiedensten Varianten des Rosenkreuzer-Glaubens. Dutzende von rivalisierenden Gruppen schießen im 20. Jahrhundert wie Pilze aus dem Boden. Jeder Magus weiß alles, und jeder Logenmeister weiß alles besser. Helena Blavatsky wird des Betruges überführt – mithilfe mechanisch-technischer Mätzchen und Séancen versucht auch sie, Kontakte zum Jenseits vorzugaukeln. Andere lassen die Ritterromantik wieder aufleben. Wieder andere verstehen sich als Nachfolger altertümlicher oder mittelalterlicher Glaubensbewegungen und Sekten, die längst untergegangen sind. Endlose Kämpfe um Führungsansprüche werden gefochten, die inneren Streitigkeiten, manchmal selbst innerhalb einer einzigen Loge, sind immens. Und so bieten die Rosenkreuzer heute kein einheitliches Bild mehr.

Das aber führt uns endlich zu unseren angekündigten vier Einsichten über diesen Geheimbund.

VIER ERKENNTNISSE

ERKENNTNIS NR. 1

Schier unvorstellbar viele unterschiedliche, ja gegensätzliche Lehren machten sich innerhalb der Rosenkreuzer-Geheimbünde breit – in der Geschichte und im 19., 20. und 21. Jahrhundert. Geradezu zwanghaft wurden alte Ideen abgeändert und neue Ideen aufgesogen. Die ursprünglichen Lehren wischte man schnell beiseite. Es gab ein Hauen und Stechen. Es kämpften

1) Rosenkreuzer gegen andere Freimaurer-Gruppierungen,

2) ein Rosenkreuzer-Bund gegen den anderen und

3) oftmals schlug man sich sogar innerhalb einer einzigen Loge wechselseitig die Köpfe ein.

Den „richtigen" Weg konnte jeder Logenmeister neu und anders definieren. Die Abspaltungen, Verästelungen und Varianten waren zahlreich. Spirituelle Verbrecherhirne ließen sich zudem neue abergläubische, perverse oder betrügerische Praktiken einfallen.

ERKENNTNIS NR. 2

Der blanke Machthunger beseelte viele Logenmeister oder Meister vom Stuhl. Einige griffen sogar nach der Macht im Staate, wie wir gehört haben, und machten eine Zeit lang einen König zu ihrer Marionette. Hinter der esoterischen Komponente verbarg sich allzu oft eine knallharte politische Absicht – die geifernde Gier nach Einfluss. Die Mitglieder der niederen Grade wurden mit Hokuspokus und „Geheimnissen" gefüttert, um sie besser kontrollieren zu können. In Wahrheit ging es bei vielen Bünden nur um brutale Macht.

ERKENNTNIS NR. 3

Was uns am meisten staunen lässt, war (und ist) die unvorstellbare Leichtgläubigkeit vieler Menschen. Schon der Gründer Andreae war bestürzt darüber, was alles für bare Münze genommen wurde – nur aufgrund einer erfundenen Geschichte. Eine fiktive Gestalt und ein fiktiver Bund wurden Realität, eigentlich unvorstellbar. Auch Friedrich Wilhelm II. ist ein Beispiel für die beispiellose Torheit und Beeinflussbarkeit des Menschen.

Und in der heutigen Zeit ist es um diese Leichtgläubigkeit keineswegs besser bestellt. Wenn man sich vor Augen hält, dass es (gefühlte) Hunderte unterschiedlicher Systeme gibt, die sich alle widersprechen, aber alle einen Alleinanspruch auf die Wahrheit erheben, bekommt man einen weiteren Einblick in die Torheit der Menschen.

Weiter fallen Tricks wie die Geisterbeschwörung und all der mechanisierte Humbug in die Kategorie Leichtgläubigkeit. Das Menschengeschlecht insgesamt ist nicht sehr helle.

ERKENNTNIS NR. 4

Unserer Meinung nach die wichtigste Erkenntnis ist, dass sich Andreaes Lehren und Forderungen in ihr genaues Gegenteil verkehrten. Während der (unfreiwillige) Gründer gegen die Sittenlosigkeit seiner Zeit mobil gemacht hatte, gegen das Fluchen, den Alkohol, den Zank, das Glücksspiel, den Ehestreit und die Entheiligung des Sonntags, während er Werte wie Nächstenliebe, Mildtätigkeit, Armen- und Krankenpflege, ja Anstand und Ethik überhaupt, herausgestrichen hatte – alles im Rahmen des christlichen Glaubens –, warf man das später einfach über Bord. Kein Krümelchen blieb übrig.

Im Gegenteil: Friedrich-Wilhelms II. Sittenlosigkeit und Hurerei waren sprichwörtlich, die wechselseitigen Kämpfe und der Zank innerhalb und außerhalb der Geheimbünde geradezu an der Tagesordnung. Jede noble Gesinnung wurde besonders vom Rosenkreuzer Aleister Crowley mit seiner Sexualmagie und seinen perversen Praktiken konterkariert und ad absurdum geführt, aber auch von anderen Verführern wie Joseph Di Mambro. Einfach nichts blieb übrig.

Ethik verkehrte sich in Nicht-Ethik, Christentum in Heidentum, Offenbarung in Geheimnis und Sittlichkeit in Schamlosigkeit. Gott wich Satan. Die Nächstenliebe wurde von einer geilen Machtgier verdrängt. Auch die esoterische Komponente stand dem christlichen Denken diametral entgegen. Die Kehrtwende betrug 180 Grad. Noch einmal: Das Ende war das genaue Gegenteil des Anfangs! Und so erkennen wir, wie eine Bewegung völlig im Sumpf versank, aufgrund mangelnder Integrität, obwohl sie anfänglich die Integrität so hoch gehalten hatte.

Das, und nichts anderes ist die wahre Geschichte der Rosenkreuzer.

8.
DIE VERSCHWÖRUNGEN
DER ILLUMINATEN

Im Lateinischen bedeutete *Illuminati* so viel wie „die Erleuchteten". Und wir können ohne Übertreibung versprechen: Das Folgende wird auch Sie „erleuchten", denn die Geschichte der Illuminaten ist ein fabelhaftes Lehrstück über richtige und falsche Aktionen, über Erfolg und Misserfolg, über Wahrheit und Lüge …

Die Illuminaten waren ebenfalls eine freimaurerische Bruderschaft, die allerdings die Vernunft auf den Königsthron zu setzen suchte – im Gegensatz zu den Rosenkreuzern, für die Gefühl alles war; ein Grund, warum sich diese beiden freimaurerischen Varianten spinnefeind waren und sich ständig wechselseitig an die Gurgel gingen. Aber die Illuminaten kämpften auch gegen Aristokraten und Monarchen, sie kämpften gegen Könige, Kirchen und Katholiken. Kein anderer Geheimbund sah sich je so vielen Feinden ausgesetzt – vielleicht, weil er anfänglich unvorstellbar erfolgreich war.[1]

Mit einem Professor an der Spitze, der mit einem rasiermesserscharfem Verstand begabt war, versuchten die Illuminaten zeitweise sogar die Freimaurerei insgesamt in die Tasche zu stecken und sich an die Spitze aller Geheimbünde zu setzen. Doch eilen wir den Ereignissen nicht voraus. Fragen wir uns zunächst: Um wen handelte es sich bei diesem Professor, bei dem Gründer der Erleuchteten?

EINE AUSSERGEWÖHNLICHE GESTALT

Obwohl er immer versuchte, im Verborgenen zu agieren und im Dunkeln zu bleiben, weiß man inzwischen, dass der Strippenzieher hinter den Kulissen ein gewisser Adam Weishaupt war. Johann Adam Weishaupt (1748–1830), ursprünglich ein Jesuiten-Schüler, studierte Philosophie, Politik und Geschichte – und zog seine eigenen Schlüsse aus der Historie. Das deutet auf eine ausnehmend ausgeprägte analytische Fähigkeit hin. Das Geniegehirn promovierte in Geschichtswissenschaft und avancierte danach zu einem der jüngsten Professoren in Ingolstadt (Bayern) – zunächst für Rechte, dann für Kirchenrecht. Weishaupt war durch und durch ein Idealist und von den besten Absichten beseelt. Er wollte die Moral und die Tugend fördern und einen besseren, einen vollkommeneren Menschen schaffen. Es ging ihm um die Würde des Menschen, um den Sieg der Vernunft und um die Wissenschaft, ferner um echte Freiheit, die zu seiner Zeit seiner Meinung nach entsetzlich eingeschränkt war. Und so viel ist richtig: Rechts und links hielten pfäffische Schwarzröcke die Zügel in der Hand sowie das faule Adelspack. Der Professor forderte hingegen, die Intelligenz solle regieren, die Weisheit. Und dafür waren Ausbildung nötig und Aufklärung.[2]

Wer könnte von einem solchen Anliegen nicht begeistert sein?

Weishaupt und die Illuminaten lassen sich allerdings nicht zur Gänze verstehen, wenn man nicht zugleich dem Zeitgeist zumindest ansatzweise auf die Spur kommt. Speziell die Aufklärung muss man von ihrem innersten Kern her begreifen.

DIE INTELLEKTUELLE REVOLUTION

Mit dem Begriff „Aufklärung" wird eine konkrete geschichtliche Periode bezeichnet, eine ganze Epoche – vom 17. bis zum 18. Jahrhundert. In England, in den USA, in Frankreich, in Deutschland, in der Schweiz – überall griff die Aufklärung um sich. Aus welchem Grund?

Nun, die bisherigen religiösen Erklärungsversuche der Welt, also die der Bibel, stellten sich mit einem Mal als falsch heraus. Bisher hatte man beispielsweise angenommen, die Welt sei im Jahre 3950 vor Christus von Gott erschaffen worden. Nun erkannte man, dass das unmöglich der Wahrheit entsprechen konnte: Der Mensch existierte schon vor Zehntausenden, Hunderttausenden und Millionen von Jahren. Doch das war nur ein Stein in dem morschen theologischen Gebäude, das Stück für Stück zu bröckeln begann. Allenthalben entdeckte man Unwahrheiten in der Bibel. Die Erde drehte sich um die Sonne und nicht umgekehrt, wie in der Bibel behauptet. Die Welt konnte überdies unmöglich in sechs Tagen erschaffen worden sein. Und die Erde war keine Scheibe. Das hatten Kolumbus und andere Seefahrer hinreichend bewiesen. Mit Fernrohren konnte man plötzlich den Verlauf der Gestirne beobachten und berechnen. Der Himmel hörte auf, die Spielwiese eines allmächtigen Gottes und der Engel zu sein, und selbst an der Existenz der Hölle ließen sich berechtigte Zweifel anmelden. Das theologische Gebäude stürzte krachend ein.

Die politische Philosophie insgesamt geriet ins Wanken: Bisher hatte sich der Monarch bei seinem Herrschaftsanspruch auf den Papst sowie auf Gott selbst berufen können. Jetzt stellte sich heraus, dass das Unsinn war – niemand konnte Gott als Zeugen, Garant und Argument für die eigene Herrschaft benutzen. Bislang hatten lediglich ein paar bestechliche Priester den Monarchen die Steigbügel gehalten.

Ein Großteil der intellektuellen Welt lehnte sich mit einem Mal gegen die infamen, gewaltigen Lügen der Priester auf, mit denen die Menschen jahrhundertelang eingeseift worden waren. Und mit dem Zusammenbruch der priesterlichen Vorherrschaft stürzte auch das Weltbild der Menschen im 17. und 18. Jahrhundert vollständig ein. Die Vernunft gebot es, nach neuen Erklärungen für bestimmte Fragen, Probleme und Phänomene Ausschau zu halten.

Das Zeitalter der Aufklärung begann. Erstmals seit rund 2200 Jahren, seit den alten Griechen, begann der Mensch wieder, selbstständig zu denken. Eine neue Epoche zog am Horizont auf. Auf allen Gebieten traten neue Erkenntnisse zutage. Es war die Entfesselung der Vernunft. Der Mensch machte die Augen auf und fing an, systematischer zu experimentieren und nachzudenken.

In vielen Ländern gab es Persönlichkeiten, die die Aufklärung intensiv vorantrieben. In England gehörte dazu beispielsweise John Locke (1632–1704). Seine Bücher beeinflussten unter anderem die Unabhängigkeitserklärung und die Verfassung der Vereinigten Staaten von Amerika, von der wir bereits gehört haben, sowie die französische Verfassung. Locke zufolge hat eine Regierung nur dann eine Existenzberechtigung, wenn sie der Zustimmung der Regierten sicher sein kann und sie das Leben, die Freiheit und das Eigentum der Untertanen beschützt. Ist das nicht der Fall, haben die Untertanen laut Locke das Recht auf Widerstand, sie dürfen sich gegen eine Regierung erheben.

In Frankreich war Voltaire (1694–1778) der führende Kopf der Aufklärung. Er verfasste Theaterstücke, Romane, Geschichtswerke, philosophische Traktate, Briefe, Abhandlungen und andere Schriftstücke zuhauf, um der Aufklärung zum Durchbruch zu verhelfen. Auch er wandte sich gegen die Lügen der Priester, gegen Missstände in der Justiz, gegen Ungerechtigkeit an sich und gegen eine von Priestern zurechtgestutzte, einseitige Geschichtsschreibung. Kurz gesagt warb er mit seinem Griffel für Toleranz, Humanität und Gerechtigkeit. Er war der mutigste Verfechter einer echten Ethik, frömmelndes Gehabe war ihm zutiefst zuwider.

In Deutschland ist in Sachen Aufklärung vor allem Lessing (1729–1781) zu nennen. Der mutige Lessing machte sich besonders um den Toleranzgedanken verdient. Er verteidigte sogar den Judaismus und den Islam. Lessing brach auch für die Vernunft eine Lanze, er machte gegen die theologische Buchstabenhörigkeit mobil und gab einige Schriften heraus, die die Göttlichkeit Jesu und die Offenbarungen der Bibel infrage stellten.

Darüber hinaus trieben viele weitere Mitstreiter die Aufklärung voran – so etwa Immanuel Kant. Kant (1724–1804) definierte Aufklärung folgendermaßen: „Aufklärung ist der Ausgang des Menschen aus seiner selbst verschuldeten Unmündigkeit. Unmündigkeit ist das Unvermögen, sich seines Verstandes ohne Leitung eines anderen zu bedienen."[3]

Verschiedene Schriftsteller, Philosophen und Naturwissenschaftler brachten die Aufklärung weiter – um eine bessere Welt zu schaffen.

DER UMSTURZ

Betrachtet man die späteren Ergebnisse der Aufklärung, so kann man nur staunen: Der Absolutismus trat den Rückzug an, der willkürlichen, ungerechten und inhumanitären Herrschaft von Königen und Fürsten wurde eine Absage erteilt. Könige wurden geköpft und/oder von ihren Thronen verjagt. Demokratische Bewegungen entstanden. Die Macht wurde neuen Institutionen übertragen. Wichtige Verfassungen wurden formuliert und die Menschenrechte festgeschrieben. Das Recht wurde auf ein weitaus höheres Niveau gehoben, der Rechtsstaat entstand. Die Folter wurde abgeschafft und eine Milderung des Strafvollzuges eingeläutet. Justizreformen wurden überall in Gang gesetzt.

Im Jahre 1776 erklärten die Vereinigten Staaten von Amerika ihre

Unabhängigkeit und errichteten eine Demokratie. Das Ergebnis der Gründung der USA war ein wirtschaftlicher Aufschwung ohnegleichen, der sich auf die ganze Welt positiv auswirkte – wir haben bereits darüber berichtet.

Eine höhere Toleranz gegenüber anderen Religionen und Weltanschauungen wurde praktiziert. Man ließ zunehmend neue Standpunkte und Gesichtspunkte zu. Die Freiheit der Religionsausübung wurde festgeschrieben. Handel, Industrie und Landwirtschaft begannen zu boomen. Bildung und Ausbildung erreichten unbekannte Höhen. Volks- und Realschulen entstanden. Die Erwachsenenbildung wurde aus der Taufe gehoben und die Bildung der Frau zugelassen. Die Analphabetisierung nahm ab und die Alphabetisierung zu. Alle Klassen begannen, frühzeitig rechnen, lesen und schreiben zu lernen.

In England, Frankreich und Deutschland explodierte die Buchproduktion. Speziell der Lexikon-Markt erlebte einen gewaltigen Aufschwung. Systematisch trug man nun schriftliche, anwendbare Informationen und wertvolles Wissen zusammen – etwa über die Jagd, die Viehzucht, die Fischerei und so weiter. Es entstanden Bibliotheken in reicher Zahl sowie Lesezirkel, Salons und Kaffeehäuser.

Es wurde weit mehr und freier kommuniziert – der Duft der Freiheit zog allenthalben durch die Gassen und Straßen.

Die Naturwissenschaften erhielten einen höheren Stellenwert und wurden gefördert. Man entwickelte die ersten Mikroskope und stieß damit erstmalig in den Mikrokosmos vor. Plötzlich gab es die Dampfmaschine, das Dampfschiff, den Heißluftballon und den gusseisernen Pflug. Isaac Newton, selbst ein Aufklärer, begründete die moderne Optik und gewann entscheidende Einsichten hinsichtlich der Gravitation.

Die Geschichtswissenschaft wurde auf ein höheres Niveau gehoben. Die biblische Geschichtsschreibung mit ihren Geschichtsfälschungen wurde beiseitegeschoben, Quellen genauer studiert und ehrlicher über die Vergangenheit berichtet.

Kurz gesagt: Die Aufklärung, der sich auch Weishaupt verschrieben hatte, war eine Bewegung, der man nur applaudieren konnte.

Kehren wir mit diesem Hintergrundwissen im Kopf nun wieder zurück zu unserem Protagonisten.

GEHEIME ZIELE

Die Aufklärung ging nicht von einem Tag auf den anderen Tag über die Bühne. Die alten Mächte (Kirchen und Könige) wehrten sich mit Zähnen und Klauen gegen die neue Zeit. Sie waren nicht bereit, die Macht einfach aus der Hand zu geben.

Also entschied sich unser Professor, ein ausgeklügeltes Erziehungssystem zu begründen – ein System, das später in einem geheimen freimaurerischen Orden münden sollte –, um langsam, aber sicher die Welt zu verändern und zu verbessern. Weishaupt plante zu keiner Zeit einen Umsturz. Er plante, dass seine Studenten den „Gang durch die Institutionen" antreten sollten. Er plante, seine Schäfchen auf hohe und höchste Pöstchen zu befördern, damit sie von dort aus die Welt im Sinne der Aufklärung verändern konnten. Und so kam er zunächst auf die Idee eines Geheimzirkels.

Später verpasste sich Weishaupt den Geheimnamen Spartacus, was erstmals auf sein revolutionäres Potenzial hindeutete. Der wahre Spartacus hatte ja einst im alten Rom einen Sklavenaufstand angezettelt. Aber sein Sklavenheer war besiegt worden, woraufhin man sechstausend Überlebende kreuzigte. Falls der Satz *„Nomen est omen"* zutrifft, dann war dies ein schlechtes Vorzeichen für Weishaupt. Doch der Name Spartacus symbolisierte eben auch den Widerstand und den Freiheitskampf, was wiederum hervorragend passte.

Kaum hatte Weishaupt den Entschluss gefasst, die Welt aufzurütteln und in ihren Grundfesten zu erschüttern, wurde er aktiv.

DIE UNTERWANDERUNG

Weishaupt entfaltet eine gewaltige Aktivität. Ein heiliges Feuer lodert in ihm, manchmal auch ein heiliger Zorn, der sich gleichermaßen wider die Rosenkreuzer richtet. Denn sie versuchten ständig, ihm die besten Studenten vor der Nase wegzuschnappen und für ihren Orden zu rekrutieren. Zeit seines Lebens hasst er die Rosenkreuzer deshalb wie die Pest, mit ihren gefühlsdurchtränkten Lehren, die jeder Ratio Hohn sprechen.

Auch dieser Umstand veranlasst Weishaupt, eine eigene Organisation zu begründen. Er verunglimpft die Rosenkreuzer als eine „verderbliche Seuche" und schimpft wie ein Rohrspatz über ihre alchemistischen Experimente. Er spektakelt wider die „Goldmacherei und andere Thorheiten."[2] Doch wichtiger ist: Er krempelt selbst die Ärmel hoch, bis zum obersten Anschlag, und schafft einen Gegenpol. Er will, er muss seinen Studenten, der künftigen Elite, Vernunft einrichtern und sie auf die Vorteile und die Überlegenheit des Verstandes hinweisen. Um seine Botschaft eingängig zu machen, wählt er die Eule zum Kennzeichen seiner Gesellschaft. Die Eule symbolisierte ja schon im alten Griechenland die griechische Göttin Athene und demnach Weisheit.

Um seinen studentischen Zirkel, der entsprechend instruiert, indoktriniert und programmiert werden muss, Attraktivität zu verleihen, umgibt er ihn mit ganzen Geheimnisgebäuden. Denn sein Geschichtsstudium hat ihm verraten, wie anziehend Mysterien sind. Da er zudem innerhalb der Universität mit seinem „unorthodoxen [Wesen] überall aneckt"[3], gerät er zum Liebling der Studenten. Endlich einmal ein Revoluzzer im Lehrpersonal! Jeder will dabei sein und mitmachen. Weishaupt verbietet seinen Studenten, auch nur ein Wörtchen über den Bund nach außen dringen zu lassen – eine Garantie dafür, dass jeder hinter vorgehaltener Hand darüber redet. 1780 zählt der Geheimbund bereits Dutzende von Mitgliedern.

Das System wird ausgebaut, eine Hierarchie entsteht. Weishaupt verlangt absoluten Gehorsam. Ewiges Stillschweigen und Treue müssen geschworen werden. Jeder seiner Jünger hat seine privatesten Verhältnisse und Sünden offenzulegen. Die Mitglieder müssen sich Exerzitien unterziehen und danach streben, sich persönlich zu vervollkommnen und zu verbessern. Weishaupt entwirft ein System, in dem man von ganz unten nach ganz oben aufsteigen kann. Jedes Mitglied erhält einen Tarnnamen oder Inkognitonamen. Selbst verschiedene Ortschaften werden mit Geheimnamen versehen. München heißt jetzt Athen, Frankfurt Edessa. Es gibt sogar ein Überwachungssystem, damit die Tugend nicht in Gefahr gerät. Jedes Mitglied muss sich zudem regelmäßig einer harschen Selbstkritik unterwerfen – eine uralte Technik, die sich schon bei Pythagoras findet. Außerdem ist ein Mitglied verpflichtet, regelmäßig neue Mitglieder zu rekrutieren, am laufenden Band – sonst kann es in der Hierarchie nicht aufsteigen.

Letztlich geht es darum, einen Geheimbund der „Weisen" und „Vollkommenen" zu schaffen, die später die Zügel in den verschiedenen Regierungen der Welt in die Hand nehmen sollen. Mit welcher Methode? Mit Unterwanderung! Durch intellektuelle und moralische Qualifikation, ferner durch Netzwerke, sollen die Mitglieder auf hohe und höchste Pöstchen gehievt werden, damit sie entsprechenden Einfluss nehmen und im Sinne der Aufklärung wirken können. Das Ideal ist eine Elite, wie sie schon Platon visioniert hatte, zumindest ansatzweise. Laut Platon sollte nur ein abgeklärter Philosoph auf dem Königsthron sitzen. Die Stoßrichtung ist hochpolitisch.

Weishaupts Zirkel expandiert enorm. Und als eines Tages Freiherr Adolph Knigge seinem Geheimbund beitritt – ein uns allen bekannter Autor, der Höflichkeit und gutes Benehmen großschreibt –, expandiert der Orden noch stärker. Knigge (1752–1796), bereits ein mit allen Wassern gewaschener Freimaurer, ist ein Tausendsassa, der mit zahlreichen Geheimbünden in Kontakt steht. Er ist bestens vernetzt. Und er bewegt sich sicher auf dem Parkett vieler Ordenshäuser, denn er gehört zur Freimaurer-Loge „Zum gekrönten Löwen" (Kassel), ist Mitglied der Loge „Wilhelmine Caroline" (Hanau) und so weiter. Auch er ist reformwütig, in dieser Beziehung passt er zu Weishaupt. Und auch er verachtet und schmäht die Rosenkreuzer. Als er sich den radikalaufklärerischen Illuminaten anschließt, scheint er endlich angekommen zu sein.

Also rekrutiert Knigge emsig neue Mitglieder, tatsächlich in einem unvorstellbaren Ausmaß. Der Bund der Illuminaten platzt aus allen Nähten, die Mitgliederzahlen schießen nach oben. Das Märchen von einem „geheimen Oberen, den niemand kennt", entsteht – wodurch die Illuminaten noch mysteriöser erscheinen und noch mehr Zulauf erhalten. Knigge, der schon bald neben Weishaupt steht, führt allerlei neue Rituale, Grade und Symbole ein, die er von anderen Freimaurer-Bünden übernimmt. Er bedient sich verschiedener Showeffekte, die – wie er weiß – die Gemüter heftig erregen und das Gefühl ansprechen. Er macht anderen Freimaurer-Logen Mitglieder abspenstig und sorgt dafür, dass der Aufstieg bei den Illuminaten rascher vonstattengeht als in anderen Bruderschaften. Die Neuankömmlinge schießen nur so die verschiedenen Grade hinauf. Aus welchem Grund? Knigge will den neuen Mitgliedern rasch Erfolgserlebnisse verschaffen, jeder nächsthöhere Einweihungsgrad hebt die Bedeutung einer Person und das Selbstwertgefühl. Nur so kann er die Jünger bei der Stange halten.

Die Expansion bricht alle Rekorde. In kürzester Zeit gibt es 1500 Illuminaten, sie verbreiten sich in verschiedenen Regionen und Ländern wie ein Lauffeuer. 70 Prozent von ihnen sind Akademiker, die

„Aristokratie des Geistes", die „Herrschaft der Vernunft" scheint anzubrechen.

In Bayern ergattern tatsächlich viele von Weishaupts Anhängern einflussreiche Pöstchen. Nach außen hin erscheinen die Illuminaten als ganz normale Freimaurer-Loge, in Wahrheit betrachtet man sich als die absolute Elite. Das Ziel einer Umbildung der Gesellschaft, hin zu Freiheit und Vernunft, rückt in greifbare Nähe. Die Methode der Unterwanderung funktioniert. Immer hochkarätigere Meinungsführer treten dem Illuminatenorden bei. Goethe und Pestalozzi werden Mitglieder, der Beitritt Lessings ist umstritten, seine Nähe zur Freimaurerei nicht. Goethe erhält den Geheimnamen Abaris, nach einem alten Magier.

Doch dann weht den Illuminaten der Wind hart ins Gesicht. Sie haben es sich nicht nur mit den Rosenkreuzern verscherzt, die alles andere als begeistert sind, dass ihnen die Mitglieder in Scharen davonlaufen und abgeworben werden. Vielmehr scheint die gesamte Freimaurerei in eine Krise zu geraten – die nur den Illuminaten dient, die immer fetter und einflussreicher werden. Auch die katholische Kirche riecht den Braten, allen voran ihre Speerspitze, die Jesuiten. Offenbar soll die Kirche durch die Hintertür entmachtet werden. Außerdem veröffentlicht Knigge unter einem Pseudonym ein Buch, das sich direkt gegen die Jesuiten und Rosenkreuzer richtet, die er des Betrugs und der Dummheit zeiht. Nun wird auch die Obrigkeit hellhörig, die ja unterwandert werden soll. Mächtigere Feinde kann man sich nicht schaffen.

DER UNTERGANG

Könige horchen auf, Kirchenfürsten, Aristokraten und Staatsbeamte. Gerüchte machen die Runde. Das Geheimnis bekommt Risse. Ex-Mitglieder plaudern. Die Illuminaten werden selbst unterwandert und ausspioniert. Versucht hier tatsächlich jemand, alle Staaten der Welt unter seine Kontrolle zu bringen? Handelt es sich um einen Größenwahnsinnigen? Um Hochverrat?

Öffentlich warnen mit einem Mal Regierungsstellen in Bayern vor den Illuminaten. Enttäuschte Ex-Illuminaten hetzen gegen den Orden. Sie plaudern alle möglichen Geheimnisse aus und machen gegen den Bund mobil. Knigge zerstreitet sich mit Weishaupt, er spielt mit gezinkten Karten. Er erpresst den Professor sogar, der nicht zu schnell zu viele Mitglieder rekrutieren möchte – ohne Prüfung und ohne dass sie entsprechend indoktriniert werden. Knigge droht, alle Geheimnisse des Ordens an die Jesuiten und die Rosenkreuzer zu verraten, sollte Weishaupt sich querstellen. Der Professor wiederum sieht es nicht gern, dass Knigge verschiedene absolutistisch herrschende Fürsten in den Orden geholt hat wie beispielsweise Prinz Karl von Hessen, Ferdinand von Braunschweig, Herzog Ernst von Sachsen-Gotha und Carl August von Sachsen-Weimar. Bestand der Ausgangspunkt seines Ordens nicht darin, allen absolutistischen Bestrebungen eine Absage zu erteilen? Gerüchte kursieren, Goethe und Carl August seien dem Orden nur beigetreten, um ihn auszuspionieren.

Der Streit zwischen Weishaupt und Knigge eskaliert, die Machtfrage wird gestellt. Wer ist der wahre Führer des Ordens? Weishaupt und Knigge belauern sich wie zwei Raubtiere. Ein Schiedsgericht wird anberaumt, um den Streit beizulegen. Goethe, Herder und Herzog Carl August sitzen in diesem Entscheidungsgremium. Das Schiedsgericht entscheidet, dass es einer vollkommen neuen Führung bedarf. Beide, Knigge und Weishaupt, sollen beiseitetreten. Knigge schäumt. Er glaubte, Goethe, Herder und Carl August in der Tasche zu haben und Weishaupt beiseiteschieben zu können. Jetzt wird er selbst ausgebootet. Und Weishaupt gibt die Leitung des Ordens zwar offiziell ab, doch sein Einfluss bleibt bestehen; immerhin ist er der Gründer. Nach einigen letzten heftigen Machtkämpfen wird Knigge im Jahre 1784 aus der Loge ausgeschlossen.

Dieser innere Krieg schwächt die Illuminaten mehr als alle Anfeindungen von außen. Aber auch die Feinde außerhalb wetzen ihre Schwerter. Und so verwundert es nicht, dass der Orden schon bald mit verschiedenen Mächten seiner Zeit in Konflikt gerät.

Der Professor, der zur Seite getreten ist, sieht sich selbst plötzlich nur noch von Feinden umzingelt. Immer mehr Geheimnisse werden bekannt, ein Luftschloss nach dem anderen zerplatzt, denn hinter vielen Mysterien steht – nichts. Weishaupt opponiert zwar nicht direkt gegen die gekrönten Häupter seiner Zeit, doch sie argwöhnen, dass es ihnen an den Kragen gehen solle. Zudem zücken die Rosenkreuzer ihre Dolche.

Ein zweiter innerer Kampf, diesmal zwischen verschiedenen Freimaurer-Bünden steht bevor. Die Illuminaten haben allerdings weniger Zweigstellen und Verbindungen als die Rosenkreuzer. Und Ex-Illuminaten beschädigen den Ruf und Leumund der Loge erneut. Die Rosenkreuzer fahren ihr schwerstes Geschütz auf: Sie beeinflussen Kurfürst Karl Theodor (1724–1799), der Bayern und die Pfalz beherrscht, gegen die Illuminaten vorzugehen. Dafür bedienen sie sich schamlos des kurfürstlichen Beichtvaters. Pater Frank ist nämlich Leiter des Münchner Rosenkreuzerordens. Ja, man sollte sie, die Rosenkreuzer, nicht unterschätzen. Auch sie verfügen über Konnexionen in höchsten Positionen! Karl Theodor, einer der mächtigsten Fürsten Deutschlands, stuft alle freimaurerischen Vereinigungen kurzerhand als „landesverräterisch" und „religionsfeindlich" ein, hat aber in erster Linie die Illuminaten im Visier.

Die Obrigkeiten schleudern jetzt nicht nur ein paar Steine gegen den Geheimbund, sondern richten ihre Gewehrläufe auf ihn. Die Unterwanderungspläne und die systematische Besetzung öffentlicher Ämter sind kein Kavaliersdelikt. Wer will schon einen „Vernunftstaat"? Bestimmt kein Fürst! Alle Illuminaten werden nun namentlich bekannt, wodurch ein Geheimnis nach dem anderen enthüllt wird. Alles zerplatzt wie eine Seifenblase. Überfallartige Hausdurchsuchungen finden statt. Geheime Papiere des Ordens werden beschlagnahmt. Die wahren Ziele des Ordens sind plötzlich in aller Munde.

Papst Pius VI. erklärt die Mitgliedschaft bei den Illuminaten in zwei Briefen an den Freisinger Bischof als unvereinbar mit dem katholischen Glauben. Die allmächtige römisch-katholische Kirche und der bayerische Herrscher blasen ins gleiche Horn. Auf zur Hetzjagd! Es finden regelrechte Verfolgungen statt. Immer mehr Unterlagen werden beschlagnahmt. Hofräte und Offiziere werden enttarnt und verlieren ihre Anstellung. Ordensmitglieder werden des Landes verwiesen. Weishaupt selbst, der noch immer nicht überall bekannte wahre Gründer des Ordens, muss fliehen. Bei Nacht und Nebel begibt er sich zuerst nach Regensburg. 1787 holpert seine Reisekutsche weiter nach Gotha (Thüringen). Der Professor versteckt sich „aus Angst vor einem Anschlag drei Tage lang im Kamin seines neuen Hauses."[4] Seine Welt bricht zusammen.

Alles läuft auf ein Verbot des Ordens hinaus. Ein gewisser Johann Joachim Christoph Bode (1731–1793) – inzwischen der Kopf oder zumindest eine der neuen Führungspersönlichkeiten der Illuminaten, ein Musiker, Autor und Verleger, der sich zuvor schon in verschiedenen Freimaurerorden getummelt und ehemals durch Knigge den Weg zu den „Erleuchteten" gefunden hat – versucht zu retten, was zu retten ist. Trotz der Verfolgung, die nur in Bayern greift, scheint sich der Orden weiter auszubreiten. Manche Quellen deuten auf Sachsen, die Schweiz, Italien, Frankreich, Dänemark, Russland und die USA hin. In 70 Städten treibt der Orden inzwischen sein (Un-)Wesen. Aber selbst in Bayern gehört 1787 ein Zehntel der höheren Beamtenschaft zu den Illuminaten – behauptet jedenfalls Weishaupt aus seinem sicheren Versteck heraus.

Doch die Französische Revolution 1789 lässt in Deutschland Panik aufkommen. In Frankreich „verkürzt" man schließlich sogar den König. Die Guillotine saust wieder und wieder nieder. Fürsten in ganz Deutschland wollen unter allen Umständen verhindern, dass es auch in Deutschland zu einem Blutbad kommt. Sie klammern sich an ihre Throne und halten nach den wahren Ursachen für all das Revoluzzer-Gehabe Ausschau.

Der Kampf speziell gegen die Illuminaten und gegen die Freimaurer im Allgemeinen geht bis zum Äußersten. Ordensmitglieder im bayerischen Staatsdienst werden gezwungen, Geständnisse abzulegen und ihre Mitgliedschaft zu widerrufen. Überall wittert die Obrigkeit Umtriebe. Über ein paar theoretische, liberale Schmierstücke kann man gnädig hinwegsehen, aber wenn sich dahinter umstürzlerische Ideen verbergen, muss man gegen die Rädelsführer vorgehen. Maximilian von Montgelas (1759–1838), ein bayerischer Superminister, obwohl gestern selbst noch Illuminat, jetzt ein treuer Diener seines Fürsten, verbietet 1799 und 1804 alle geheimen Gesellschaften.

Weishaupts Plan, den Staat und die Gesellschaft geschickt zu unterwandern und von innen heraus Schlüsselpositionen und die Macht zu übernehmen, scheint zum Scheitern verurteilt zu sein.

Die Jesuiten sind begeistert. Sie jubeln. Und sie drängen den Kurfürsten, noch härter gegen alle Arten von Freimaurer-Bünden vorzugehen. Die Hysterie greift immer weiter um sich. Wenn jemand auch nur versucht, eine Person für einen Freimaurer-Bund zu rekrutieren, steht darauf bereits die Todesstrafe. Die Angst vor den Illuminaten weicht der Wut. Man muss die Freimaurer ausmerzen, wo immer man sie antrifft.

Weishaupt ist derweil relativ sicher in Gotha. Denn Ernst II., Herzog von Thüringen und selbst ein Freimaurer, hält schützend seine Hand über ihn. Es geht das Gerücht, der Herzog könne Feuer zum Verlöschen bringen, was sich auch im doppelten Sinn verstehen lässt.

Aber in Bayern jagt man die Illuminaten wie die Hasen. Der Orden wird ausradiert. Der bayerische Herrscher zeigt keine Gnade, er fürchtet dasselbe Schicksal zu erleiden wie die französischen Aristokraten, die man überall aufknüpft, ersticht, erschießt und guillotiniert.

Und was passiert innerhalb des Ordens? Das neue Führungsgremium ist umtriebig. Bode eilt von Stadt zu Stadt, wie gehetzt, selbst Ernst II. schaltet sich ein. In Bayern muss man zwar den Kopf einziehen, aber Bayern ist nicht die Welt. Eines Tages allerdings fordert Bode die Auflösung des Geheimbundes, wahrscheinlich inspiriert von anderen Freimaurer-Bünden. Er will die Illuminaten in einem neuen, übergreifenden „Bund der deutschen Freimaurer" aufgehen lassen. Ab 1790 hörte der Geheimbund der Illuminaten auf zu existieren, jedenfalls offiziell. Bode stirbt 1793. Nicht einmal Ernst II. kann die Illuminaten mehr retten.

WILDE VERSCHWÖRUNGSTHEORIEN

Die unglaublichsten Verschwörungstheorien entstehen in der Folge. Die Illuminaten werden für alle möglichen politischen Ereignisse verantwortlich gemacht. Hatten sie nicht bei der US-amerikanischen Revolution ihre Hand im Spiel? Standen sie nicht Pate bei der Französischen Revolution? Nichts als Gerüchte, durch nichts zu beweisen!

Ja, es gibt Neugründungen und Fortsetzungsversuche. Wieder und wieder werden Weishaupts Lehren zitiert, nur um sofort wieder abgeändert zu werden. Angebliche Illuminaten werden später sogar mit dem Judentum in Verbindung gebracht, sogar mit dem „Weltjudentum", wie Adolf Hitler das eines Tages nennen wird. Sie werden aber auch als Rechtsextremisten denunziert. Eine Verbindung zu den persischen und syrischen Assassinen wird vermutet. Es wird ihnen eine Kontrolle durch führende Bankiers und die Rothschilds angedichtet. Nichts lässt sich historisch beweisen. Die Wahrheit? Ein gescheitertes politisches Märchen macht sich selbstständig und erhält ein Eigenleben.

Wir schätzen, dass von zehn Verschwörungstheorien, die heute im Umlauf sind, neun falsch sind und jeder Grundlage entbehren. Und das gilt für alle Verschwörungstheorien, nicht nur für die Illuminaten.

Immerhin stimmt Folgendes: Adam Weishaupt wird eines Tages in Bayern rehabilitiert. Man erkennt die Überreaktion, was die Erleuchteten angeht. Weishaupt avanciert sogar zum auswärtigen Mitglied der Bayerischen Akademie der Wissenschaften und erhält eine Pension. Hierbei hat von Montgelas seine Hand im Spiel, vielleicht hat er seine alten Illuminaten-Schwüre nicht vergessen. Weishaupt selbst hat jedoch vergessen, dass er sterblich ist und alle Machtgelüste letzten Endes nichts bedeuten. Der Tod fragt nicht nach dem richtigen Lösungswort, mit dem man sich davonstehlen kann. 1830 stirbt Weishaupt, und der Bund der Illuminaten stirbt endgültig mit ihm. Nur einige wenige Verschwörungstheoretiker behaupten nach wie vor, dass der Geheimbund der Illuminaten nicht zu Grabe getragen wurde und noch immer existiert.[5]

Auf Weishaupts Grabstein sind folgende Worte eingraviert:

HEIC JACET / WEISHAUPT / VIR INGENIO ANIMO DOCTRINA / PRIMARIUS CIVIUM LIBERTATIS / VINDEX ACERRIMUS / EXSUL OBIIT OCTOGENARIUS [6]
„Hier ruht Weishaupt, ein Mann hervorragend an Geist, Mut und Gelehrtheit, glühender Vorkämpfer der bürgerlichen Freiheit. Er starb im Exil als Achtzigjähriger."

Später wird der Grabstein entwendet. Vom wem? Niemand weiß es. Noch im Tod umgibt Adam Weishaupt ein ewiges Geheimnis.

DIE DREI FEHLER

Holen wir nun tief Luft und versuchen wir, dieses interessante Leben zumindest ansatzweise auszuwerten.

Festzuhalten ist: Es war richtig, einen besseren Menschen schaffen zu wollen und die Tugend zu fördern. Es war weiter richtig, auf die Aufklärung zu setzen und auf die Erziehung. Und schließlich war es richtig, Locke, Voltaire, Lessing und Kant zu studieren und deren Schriften zu verbreiten.

FEHLER NR. 1

Aber es war falsch, sich mit so vielen Mächten gleichzeitig anzulegen. Der Professor hasste die Jesuiten, lag im Clinch mit dem Papst und den Kirchen und verabscheute die absolutistisch-weltlichen Herrscher. Damit befand er sich im Krieg mit allen mächtigen Institutionen seiner Zeit. Der Vielfrontenkrieg brachte mehr als einen König in der Geschichte zu Fall, ganz zu schweigen von einem kleinen Professor an einer kleinen Universität. Die Anzahl der Feinde war überwältigend. Der Versuch, die herrschenden Gewalten einfach beiseitezuschieben, brachte zu viele Feinde gleichzeitig auf den Plan, wobei wir die Gegnerschaft mit den anderen Freimaurer-Gruppen nicht ausgeführt haben oder den Zorn der Ex-Mitglieder und die Kämpfe innerhalb seiner eigenen Truppe. Zuletzt sah sich Weishaupt nur noch von Feinden umgeben. Also verkroch sich das Supergehirn drei Tage im Kamin seines Hauses, zitternd vor Angst.

Die Priester glaubten, die Illuminaten wollten die Religion abschaffen, und die Herrscher nahmen an, er wolle alle Regierungen stürzen.

Und so griff eine namenlose Hysterie um sich und verschlang den Orden mit Haut und Haaren.

FEHLER NR. 2

Die üppige, verschwenderische Anwendung der Methode des Geheimnisses hatte ihre Achillesferse. Geheimnisse können nämlich auffliegen und bekannt werden, sowohl esoterische als auch politische Geheimnisse, ferner geheime Mitgliederlisten, geheime Codewörter, geheime Grade und geheime Ziele. Weishaupt wurde Effekt einer Ursache, die er selbst geschaffen hatte. Auch die Methode der Unterwanderung, ebenfalls ein Geheimnis, war nicht clever. Ab einer gewissen Größenordnung musste der Spaß auffliegen. Man kann nicht Tausende von Geheimnisträgern kontrollieren. Die erste Lektion der Geheimdienste heutzutage besteht darin, möglichst wenige Personen in eine Geheimoperation einzuweihen. Denn immer gibt es Maulwürfe und Verräter in den eigenen Reihen, von Spionen und Doppelagenten ganz zu schweigen.

Teilweise ließ Weishaupt sogar seine eigenen Leute im Dunkeln über die wahren Ziele des Ordens – nur ein weiteres Geheimnis. Neue Mitglieder wurden getäuscht. Ihnen wurde weisgemacht, dass es nicht um die Unterwanderung von weltlichen und geistlichen Regierungen ging. Als die Ordensbrüder allerdings herausfanden, dass es genau darum ging, fühlten sie sich betrogen. Noch einmal: Weishaupt täuschte seine eigenen Brüder. Kaum einer wusste zuletzt, dass er an der Spitze der Bewegung stand und Drahtzieher hinter den Kulissen war. Er bildete sich so viel ein auf seine pyramidenähnliche Kommandostruktur, doch sie versagte. Unter ihm standen zuletzt nur zwei Illuminaten, denen er seine Befehle weitergab; unter diesen beiden wieder je zwei Mitglieder, unter den Vieren schließlich acht Logenbrüder, darunter 16, unter ihnen 32 und so weiter. Auf diese Weise glaubte der Professor, Tausende von Menschen in Bewegung setzen zu können. Er rechnete jedoch nicht mit dem Neid, der Illoyalität und der Machtgier seiner engsten „Freunde", was beweist, wie brüchig so ein System ist.

Diese elende, ausufernde Geheimnistuerei entpuppte sich als die größte Schwäche seines Ordens. Als all die Geheimnisse aufflogen, war die Anziehungskraft des Geheimbundes dahin.

FEHLER NR. 3

Weishaupt handelte nach dem Motto: „Der Zweck heiligt die Mittel." Aber genau dieses Motto widersprach seinen ursprünglichen Forderungen nach Redlichkeit und Integrität. Man kann kein edles Ziel anstreben und Methoden benutzen, die auf Lügen gebaut sind. Man kann nicht nach außen hin mehr Moral einfordern und gleichzeitig in völliger Verborgenheit operieren, was immer eine gewisse Unmoral mit sich bringt. Täuschung, nicht zu reden von Mord und Krieg – Methoden, die von anderen Geheimbünden eingesetzt wurden –, beweisen immer die Wahrheit des Satzes: „Die Mittel entheiligen den Zweck."

Mit Nicht-Ethik lässt sich nicht Ethik etablieren, mit Lüge nicht Wahrheit und mit Verbrechen nicht Gerechtigkeit.

Und so scheiterte Weishaupt aufgrund dieser drei Fehler.

Noch einmal: Er kämpfte einen Vielfrontenkrieg, der nicht zu gewinnen war. Er überstrapazierte die Technik des Geheimnisses, was schließlich furchtbar auf ihn und seinen Orden zurückschlug, und er nutzte unlautere Methoden, die nicht zu den hehren Zielen passten, die Ursprung und Ausgangspunkt all seiner Aktivitäten gewesen waren.

Das sind die Gründe für den Untergang der Illuminaten.

9.
HITLERS GEHEIMBÜNDELEI

Kein Diktator in der Geschichte kam ohne Geheimdienste aus; vielmehr sind Diktatoren und Tyrannen geradezu vernarrt in Geheimdienste. Kaum ein Diktator verzichtete außerdem auf Elitesoldaten oder eine Elitetruppe. Und nicht eben wenige Gewaltherrscher waren zudem Mitglied einer geheimen Bruderschaft oder eines Geheimbundes, wenn auch einiges vom Sand der Geschichte verdeckt wurde. Selbst Hitlers Geheimbündelei, dessen Leben doch zahllose Male ganz genau untersucht wurde, ist verhältnismäßig unbekannt – Grund genug, hier einmal tiefer zu graben.

Adolf Hitler war regelrecht besessen von jeder Art von Geheimniskrämerei. Bevor er „Führer" wurde, hielt er sogar seine Vita geheim, um seinem Image nicht zu schaden. Der äußere Schein galt ihm alles. Seine Eltern stammten aus Österreich und aus bescheidenen Verhältnissen. Sie gehörten bestenfalls zur Mittelschicht. Der Vater war ein kleiner österreichischer Zollbeamter, der bis zu seinem 39. Lebensjahr den Familiennamen seiner Mutter trug – Schicklgruber. Noch heute erheitert die Vorstellung, dass ganz Deutschland von 1939 bis 1945 mit ausgetrecktem rechtem Arm beinahe „Heil Schicklgruber" geschrien hätte und nicht „Heil Hitler". Hitler verbot einem Halbbruder und dessen

Sohn, sich als seine Verwandten zu erkennen zu geben. Er schämte sich seiner Herkunft, seiner Schulzeit und seiner Jugend. Und das aus gutem Grund. Schwerlich hätte er sich als unfehlbarer Führer verklären lassen können, hätte alle Welt gewusst, dass er ehedem ein ausgemachter Faulpelz, Sitzenbleiber und Versager gewesen war. Hitler erklärte deshalb später, nachdem der „Anschluss" Österreichs an das Deutsche Reich vollzogen worden war, die Heimatdörfer seiner Eltern und Großeltern sogar zum „militärischen Sperrgebiet" – nur damit niemand in seiner Vergangenheit herumstöbern konnte. Ferner ließ er siebentausend Österreicher aus seiner ehemaligen Heimat umsiedeln und mehrere Gedenktafeln seiner Vorfahren entfernen. Niemand durfte ihm auf die Schliche kommen, niemand durfte wissen, aus welchem Stall er stammte – er, der „Gröfaz", der größte Feldherr aller Zeiten. Später ließ er alle Akten in Wien beschlagnahmen, die zu viel über seinen dortigen Aufenthalt verrieten.

GEHEIMBÜNDELEI

Aber wichtiger als all diese Vertuschungsversuche hinsichtlich seiner Jugend und seiner Vorfahren ist, dass sich Hitler schon früh zu allerlei seltsamen Gruppierungen hingezogen fühlte – schon während seiner Wiener Zeit. Er suchte verzweifelt nach einer Identität. Eine Weile sah er sich als verkannter Künstler, gab sich fälschlicherweise als „Kunststudent" und „akademischer Maler" aus, manchmal auch als „Schriftsteller". Er log schon früh, dass sich die Balken bogen, obsessiv geradezu. Er flunkerte sich eine falsche Reputation zusammen, während er in Wahrheit zeitweise im Obdachlosenasyl wohnte, ein fauler Hund war und sich mehr schlecht als recht ein paar Kröten durch Aquarelle verdiente, indem er Ansichtskarten kopierte. Die Aquarelle ließ er in der Folge durch ein paar befreundete Juden verkaufen.

Abgesehen davon begeisterte er sich für antisemitische Krakeeler, die Juden und andere „niedere" Rassen in Wort und Schrift für alle Übel der Welt verantwortlich machten. Entsprechend menschenverachtende Anschauungen hatten „Denker" wie Malthus, Darwin, Nietzsche, Gobineau und Chamberlain bereits publiziert. Hitler kannte deren Schriften bestenfalls flüchtig, wenn überhaupt, aber andere Schmierfinken und Hetzredner griffen ihre Thesen (von „niederen" Rassen und drittklassigen Menschen) eifrig auf. Und die kannte Hitler umso besser: Lapouge, Grant, Gumplowicz, Ammon, Liebenfels, Lueger und Schönerer – zweifelhafte, drittklassige Autoren und Politiker – übernahmen das Gedankengut dieser „Denker" und hetzten etwa wider die „verjudete" Welt. Hitler lauschte ihnen andächtig oder saugte deren bösartige Schriften auf wie ein Ertrinkender.[1]

Und es gab noch eine weitere verborgene Quelle, aus der Hitler trank. Sie ist an Brisanz nicht zu überbieten. Aber dazu später mehr.

Für uns an dieser Stelle bedeutsam sind Hitlers Beziehungen zu einer Geheimgesellschaft, die Historiker selten oder nie ins Scheinwerferlicht rücken.

DIE THULE-GESELLSCHAFT

Bei der Thule-Gesellschaft handelte es sich um einen Geheimbund, der nach der sagenhaften Insel Thule benannt war, die sich hoch im Norden in der Nähe Norwegens befinden sollte. *Thule* bedeutet wörtlich so viel wie „Boden" oder „Erde" (indogermanisch *telu = Boden*). Doch in Wahrheit wurde damit bloß auf ein politisches Programm gedeutet: Die Thule-Gesellschaft verunglimpfte die Juden, während man die „Arier" (die, wie man annahm, im Norden beheimatet waren) in den Himmel hob.

Der Gründer der Thule-Gesellschaft war ein gewisser Rudolf Freiherr von Sebottendorf (1875–1945), der eigentlich Adam Glauer hieß, ein antisemitischer Hetzer vor dem Herrn und ein Okkultist. Er trommelte zahlreiche Gesinnungsgenossen in seiner Thule-Gesellschaft zusammen. Eine ganze Phalanx des späteren Führungspersonals der NSDAP, der Nationalsozialistischen Arbeiterpartei, entstammte dieser Thule-Gesellschaft. Das beweist die Nähe zu Hitlers „Weltanschauung“. Glauer alias Sebottendorf neigte wie gesagt dem Okkultismus zu, darüber hinaus wurde er aller Wahrscheinlichkeit nach schon 1901 in eine Freimaurer-Loge aufgenommen.[2] An der Wiege seiner „okkulten Ausbildung“ standen angeblich islamische Mystiker, Sufi-Ordensbrüder, die Gründerin der Theosophie Helena Blavatsky, der antisemitische Lanz von Liebenfels sowie möglicherweise sogar ein paar Rosenkreuzer. Er galt als Gründer einer neuen, mystischen Loge in Istanbul (Türkei), wo er – nach eigenen Aussagen – von einem ausgewanderten Baron Heinrich von Sebottendorf adoptiert wurde. Ab einem bestimmten Zeitpunkt nannte er sich jedenfalls Rudolf Freiherr von Sebottendorf. Das war allerdings ein lupenreiner Betrug. Sebottendorf/Glauer kehrte schließlich nach Deutschland zurück und heiratete die Tochter eines reichen Berliner Kaufmanns. Danach machte er sich daran, das Geld seiner Frau mit vollen Händen auszugeben.

Sebottendorf/Glauer – Hochstapler, Judenhasser und Schmarotzer – agierte nicht ganz erfolglos, offenbar konnte er Menschen leicht um den Finger wickeln. Der selbst ernannte Freiherr trat zunächst dem Germanenorden bei, bevor er seine Thule-Gesellschaft gründete. Der Germanenorden war eine Geheimgesellschaft, die – wie er – die Juden abgrundtief hasste. Nur Bürger mit blonden Haaren, blauen bis hellbraunen Augen und heller Haut durften ihm beitreten, sofern sie nicht körperlich behindert waren. Eine „arisch-germanische religiöse Wiedergeburt“ wurde propagiert. Juden sollten deportiert werden, aber auch Anarchisten und Zigeuner. Selbst Attentate und Mord galten als politisch korrekt, um die Ziele des Germanenordens durchzusetzen. In diesem Umfeld fühlte sich Sebottendorf sofort heimisch. Er gründete erst eine Filiale in Bayern, dann nabelte er sich ab. Viele Mitglieder des Germanenordens liefen zu ihm über und sammelten sich in seiner neuen Thule-Gesellschaft, in der unter anderem bereits das Hakenkreuz als Symbol verwendet wurde, lange bevor Hitler es benutzte.

Offiziell wurde die Thule-Gesellschaft 1918 gegründet, sie bezeichnete sich als ein „Orden für die deutsche Art". Man verbreitete auch hier das Märchen von der jüdischen Weltverschwörung. Eine Diktatur sollte errichtet und alle Juden aus Deutschland vertrieben werden. Und genau an dieser Schnittstelle trat Hitler auf den Plan.

HITLERS GEHEIMNISSE

Folgen wir zunächst den Ausführungen der Verschwörungstheoretiker Marrs, Pauwels, Bergier und Ravenscroft.[3] Deren Behauptungen nach geschah Folgendes: Ein Mitglied der Thule-Gesellschaft namens Dietrich Eckart (1868–1923) führte Hitler in den 1920er-Jahren an den Okkultismus heran. Der Publizist und Verleger war vernarrt in alle möglichen esoterischen Gedankengebäude. Es ist wahr, dass er eine Art Ideengeber für Hitler darstellte. Eckart war Mitbegründer der NSDAP, nahm Hitler gegen anfängliche innerparteiliche Kritiker in Schutz und war lange sein Mentor, ja sogar sein Freund. Der 21 Jahre ältere Eckart setzte Hitler den Floh ins Ohr, Hitler sei der kommende „Retter", und schrieb ihm „charismatische Fähigkeiten" zu. Eckart bezeichnete Hitler 1921 erstmals als „Führer".[4] Ferner impfte er Hitler die Weltsicht ein, dass sich auf der einen Seite die (bösen) Juden befänden, die im Gegensatz zu den (guten) Deutschen/Germanen stünden. Eckart schrieb später das Sturmlied der SA und avancierte zu einer Art „Parteidichter" der NSDAP. Aber er vertrat auch esoterische Ideen und Positionen, über die man sich nur die Haare raufen kann. Denn sie waren alle höchst mysteriös und undurchsichtig.

Nach Eckarts Verständnis und dem einiger Okkultisten war Thule eben kein nordisches Eiland, sondern in Wahrheit eine Art deutsches Atlantis, eine mystische, prähistorische Insel und Heimat einer lang untergegangenen, hochstehenden Zivilisation Außerirdischer. Diese hatten ihr Wissen verloren, als sie sich mit dem Menschengeschlecht einließen und sich mit einigen seiner Exemplare paarten. Sebottendorff und mit ihm Eckart glaubten offenbar an die Existenz von (außerirdisch inspirierten) „Thule-Geheimwissenschaften", die durch die Jahrhunderte überlebt hatten und durch einige Eingeweihte weitergegeben worden waren. Dieses machtvolle esoterische Wissen ließ sich durch den Kontakt zu Geistern wiedererlangen – den Eckart und Sebottendorff herstellen konnten.

Gerüchten zufolge gab es im innersten Zirkel der Thule-Gesellschaft auch Satanisten, die schwarze Magie betrieben. Das schreibt jedenfalls Autor Trevor Ravenscroft. Dabei sei es um die Macht des abgrundtief Bösen gegangen. Dietrich Eckart habe sich als Meisterschüler entpuppt. Die Thule-Gesellschaft sei eine „Gesellschaft der Meuchelmörder" gewesen, der Assassinen. Und der Lehrer Eckart habe seinen Schüler Hitler zum Bösen hin beeinflusst. Ravenscroft zufolge weckte er sein Interesse an antijüdischer Propaganda, an Geschichte, Okkultismus, Hypnose, Astrologie, mystischer Erleuchtung und der Droge Peyotl sowie an Trancezuständen, Channeling (= Empfang und Weitergabe der Botschaften überirdischer Wesen), metaphysischer Kontrolle, inneren Stimmen und mittelalterlicher schwarzer Magie. Sogar der Satanismus habe eine Rolle gespielt, bei bestimmten Ritualen seien Menschen geopfert worden.

Die Tatsache, dass Hitler während seiner aufpeitschenden Reden wie von einem fremden Geist beseelt zu sein schien, der gewissermaßen durch ihn sprach, wird von Okkultisten heute als „Beweis" für den

Einfluss Eckarts und bestimmter Geister ins Feld geführt. Hitler wurde demnach bedeutet, eines Tages ein einflussreicher Politiker zu werden und Befehle „von oberhalb" zu erhalten, Befehle von Geistern oder höheren Wesen.

Als Eckart 1923 auf dem Sterbebett lag, soll er gesagt haben: „Folgt Hitler. Er will tanzen, aber ich bin es, der die Melodie bestimmt hat. Ich habe seine Einweihung vorgenommen und ihn in die ‚Geheime Lehre' eingeweiht. Ich öffnete seine Zentren für die Vision und gab ihm die Mittel, mit den [geheimen] Mächten in Kommunikation zu treten. Betrauert mich nicht: Ich werde die Geschichte stärker beeinflusst haben als jeder andere Deutsche."[5]

LÜGE UND WAHRHEIT

Sehr hübsch! Was ist hier wahr und was erfunden? Nun, rund 20 Prozent sind wahr, 80 Prozent nicht nachzuprüfen und bloß zusammengesponnenes Seemannsgarn. Wir wissen, dass Okkultisten schon immer die begabtesten Lügner waren, wenn es darum ging, Kontakte zu jenseitigen Welten herzustellen. Zahlreiche Biografien beweisen das. Sogar satanische Kulte und zeremonielle, kultische Opferungen von Juden wurden dem Thule-Orden (und damit indirekt Hitler) wie gesagt unterstellt, ferner die Verbindung zu einem geheimen „Vril-Orden".

Vril? *Vril* bedeutet „Lebenskraft" oder „Vitalenergie". Vril-Gesellschaft ist jedoch lediglich der Name einer fiktiven Geheimgesellschaft, die nie existierte. Sie soll Macht über eine übernatürliche Energie (= Vril) besessen und den Aufstieg der Nazis bestimmt haben. Ja, sie soll sogar erstaunliche Fluggeräte entwickelt haben (sogenannte NS- oder Reichsflugscheiben).[6] Nun, eine simple Tatsache ist, dass das Wort „Vril" gestohlen wurde – aus einem Roman. Der englische Schriftsteller Edward Bulwer-Lytton (1803–1873) erfand dieses Wort in seinem Buch

The Coming Race (= *Das kommende Geschlecht*). Er leitete es möglicherweise ab von dem lateinischen Ausdruck *virilis* = männlich, voller Kraft. Vril-Kräfte umfassen seiner Fiktion nach Fähigkeiten wie die Telepathie, die Telekinese, die Macht über Materie und Heilkräfte sowie das Talent, Tote zu erwecken.

Der springende Punkt jedoch ist: Nichts davon kann man mit der Thule-Geheimgesellschaft in Verbindung bringen oder gar mit Hitler. Es handelt sich um reine Erfindungen, die nachträglich aus dem Hut gezaubert wurden, um das Phänomen Hitler zu erklären.

Außerdem war Hitler nie Mitglied der Thule-Gesellschaft. Eine fiktive Mitgliederliste mit seinem Namen wurde später zusammengefälscht.[7] Dietrich Eckart war immerhin gelegentlich Gastredner oder Gast bei dieser Geheimgesellschaft.

Die satanischen Rituale innerhalb der Thule-Gesellschaft und die Opferung von Juden konnten ebenfalls nie verifiziert werden.

Immerhin ist unzweifelhaft, dass die Thule-Gesellschaft politischen Mord guthieß und nachweislich ausführte. Aber zeremonielle Tötungsorgien sind Spukgeschichten. Dass Hitler also satanische Rituale pflegte, in denen Juden (und Kommunisten) geopfert wurden, ist reiner Humbug. Hitler wurde nie in entsprechende Praktiken eingeweiht, als Nicht-Mitglied schon mal gar nicht.

Wahr hingegen ist Eckarts Interesse am Übernatürlichen und Okkulten. Richtig ist auch, dass er Hitler den Floh ins Ohr setzte, zu Höherem geboren zu sein, und dass er ihn erstmals als „Führer" bezeichnete. Die Szene auf dem Sterbebett aber ist erneut reine Übertreibung und stammt aus dem Griffel eines romantisch-okkulten Schmierfinks, der damit Aufmerksamkeit wecken und ein paar Pennies oder Cents verdienen wollte.

Richtig ist aber, dass Hitler seinem Mentor Dietrich Eckart in seinem Buch *Mein Kampf* ein Denkmal setzte, er widmete ihm das Buch.

Wahr ist weiter, dass Dietrich Eckart tatsächlich Hitlers Ideengeber und Einflüsterer war. Aber der Umfang dieser Einflüsterungen lässt sich nicht mehr nachprüfen. Er war vielleicht dafür verantwortlich, dass sich das Ego seines Schülers enorm aufblies und Hitler an seine „Mission" ernsthaft zu glauben begann. Denn eine Technik innerhalb vieler geheimer Zirkel besteht darin, einem Adepten und Jünger eine (künstliche) Bedeutung zu geben, um ihn fester an den Geheimorden oder an den Lehrer zu binden.

Eckart war außerdem tatsächlich eine Zeit lang eine Art „Parteidichter" der NSDAP. Auch die politischen Morde des Thule-Ordens sind nicht an den Haaren herbeigezogen, wiederholen wir diesen Umstand noch einmal. Aber der Rest ist Hokuspokus, die Vril-Geschichte allemal.

Eckart selbst war ein fanatischer antijüdischer Hetzer und eine Weile eine Art „Chefideologe" der NSDAP. Ja, er hatte Verbindungen zur Thule-Gesellschaft genau wie Rudolf Heß, des Führers Stellvertreter, der mysteriösem Hokuspokus ebenfalls zugeneigt war und zumindest einmal als Gast einen Vortrag bei dieser Gesellschaft besuchte.[8]

All das entspricht also der Wahrheit. Noch einmal: 20 Prozent stimmen, der Rest ist erdichteter Unsinn. Doch selbst wenn man 80 Prozent der späteren Hinzufügungen streicht, sind die verbleibenden 20 Prozent noch immer mehr als genug. Denn festzuhalten bleibt: Hitler wurde von einem Vortragsredner eines Geheimbundes so beeinflusst, dass sein Größenwahn Gestalt annahm und er (vielleicht) ab diesem Zeitpunkt an seine „bedeutende Rolle" in der Geschichte zu glauben begann. Zwar ließ Hitler später alle Geheimgesellschaften verbieten, auch die Thule-Gesellschaft, aber vielleicht wollte der „Führer" nur wieder Spuren verwischen. Darin war er Meister. Hitlers Antwort auf ein Problem war immer nur Mord oder Verbot. Sein inniges Verhältnis zu Dietrich Eckart kann jedoch nicht fortgewischt werden. Der indirekte Einfluss eines (schändlichen) Geheimbundes, der Juden abgrundtief hasste und verleumdete und mit dem Eckart in Verbindung stand, muss also eingestanden werden, außerdem Eckarts verderblicher Einfluss auf Hitler. Mehr aber auch nicht.

So weit das erste Ergebnis zum Thema Hitlers Geheimbündelei.

Jetzt wird es erst richtig aufregend.

DIE MYSTERIÖSEN PROTOKOLLE DER WEISEN VON ZION

Erneut haben wir gesehen, wie leicht sich eine Verschwörungstheorie erschaffen lässt. Die Methode? Der Schreiberling nutzt ein paar bekannte nachprüfbare Fakten, bläst sie auf wie einen Ballon, übertreibt sie maßlos, erfindet eine wilde Geschichte drumherum (am besten Details, die mit Sex zu tun haben, mit Geld, Macht und Mysterien) – und schon ist eine prächtige neue Verschwörungstheorie fertig.

Erlogene Verschwörungstheorien werden jedoch stets mit einer bestimmten Absicht ersonnen. Sie dienen immer dazu, eine Person oder eine Gruppierung ins Abseits zu rücken. Gewöhnlich sind sie Meisterstücke der Schwarzen Propaganda. Sie sind brandgefährlich. Denn sie können eine Person, eine Gruppe oder eine Bewegung mit so viel Unrat überschütten, dass selbst ein neutraler Leser zu dem Schluss kommt, dass „ja etwas daran stimmen" müsse. Falsche Verschwörungstheorien sind ein probates Mittel, um Personen oder Gruppierungen zu diskreditieren und zu diskriminieren. Der intelligente Leser tut also gut daran, dem überwuchernden Wuchs der Verschwörungstheorien, die heute das Internet bevölkern, mit Misstrauen zu begegnen und ihnen zunächst einmal nicht zu glauben.

Was unseren Herrn Hitler angeht, so muss man darüber hinaus

festhalten, dass auch er sich bestimmter getürkter, zusammengebastelter Verschwörungstheorien bediente – völlig gewissenlos und ohne die geringsten Hemmungen. Eine der berühmtesten und geschicktesten Fälschungen der Geschichte sind die sogenannten *Protokolle der Weisen von Zion,* derer sich die Nazis bedienten. Worum handelte es sich hierbei?

DIE GEFÄHRLICHSTE FÄLSCHUNG DER WELT

Wir haben die Protokolle bereits in dem Buch *Die größten Fälschungen der Geschichte*[9] entlarvt. Deshalb wollen wir an dieser Stelle nur die Ergebnisse kurz zusammenfassen. Die *Protokolle der Weisen von Zion* sind an Intriganz kaum zu überbieten. Offenbar war es einem Meisterdieb gelungen, eine Weltverschwörung aufzudecken, die Weltverschwörung der Juden. Ihm waren dem Vernehmen nach hochbrisante Papiere in die Hände gefallen, die bewiesen, dass die Führer der Juden eine Weltverschwörung planten. Diese Papiere wurden in der Folge die *Protokolle der Weisen von Zion* genannt. Ja, es musste sich so verhalten: Man war dem internationalen Judentum auf die Schliche gekommen. Die infamen Absichten der Juden hatten endlich das Licht der Öffentlichkeit erblickt. Denn die Protokolle enthielten genaue Handlungsanweisungen, wie man die Welt unterwanderte, wie man sie unter die Knute zwang und eroberte.

Folgendes gehörte laut diesen Protokollen beispielsweise zum Handlungsrepertoire und zu den Plänen der Juden:

• Der Handel und die Hochfinanz müssten künftig von den Juden allein kontrolliert werden.
• Um die Weltherrschaft zu erringen, sei es nötig, die einzelnen Staaten in die Verschuldung zu treiben, sodass man sie erpressen könne.

• Weiter gelte es, den Einfluss der christlichen Kirchen einzudämmen und sie zu schwächen.

• Auch die Macht der (nicht jüdischen) Militärs müsse beschnitten werden.

• Und schließlich müsse man die Macht in den Medien übernehmen, mit allen Mitteln.

Schauen wir uns einige wörtliche Auszüge aus den Protokollen an, verraten sie doch noch viel mehr:

„Wir müssen haben die großen politischen Zeitungen, welche machen die öffentliche Meinung, die Kritik, die Straßenliteratur, die Telegramme und die Bühne. Wir werden daraus verdrängen Schritt um Schritt die Christen, dann können wir diktieren der Welt, was sie glauben, was sie hochhalten und was sie verdammen soll. … Mit der Presse in der Hand können wir verkehren Recht in Unrecht, Schmach in Ehre. Wir können erschüttern die Throne und trennen die Familien. Wir können untergraben den Glauben an alles, was unsere Feinde bisher hochgehalten. Wir können ruinieren den Kredit und erregen die Leidenschaften. Wir können machen Krieg und Frieden, und geben Ruhm oder Schmach. Wir können erheben das Talent oder es niederhetzen und verfolgen … Wer die Presse hat, hat das Ohr des Volkes. Wenn Israel hat das Gold und die Presse, wird es … [die Macht] über alle Völker der Erde [haben]!"[10]

Grundsätzlich gelte es also, gewaltige Reichtümer zusammenzuraffen. Die Nichtjuden, die *Goys,* müsse man ihres Grundbesitzes berauben und man müsse ihre Industrien zerstören. Es sei notwendig, alles zu reorganisieren, Politik und Religion, Presse und Wirtschaft, ja selbst die Währungen. Die Gerichte und die Justiz, die Verwaltung und die Armee, die Polizei und die Beamten in jedem Land müssten von den Juden kontrolliert werden. Mordanschläge und Terror seien die geeigneten Maßnahmen, um das Ziel zu erreichen. Das Ziel? Die Weltherrschaft der Juden! Die Öffentlichkeit sei einer Gehirnwäsche zu unterziehen. Ferner dürfe man nur solche Präsidenten in den nicht jüdischen Staaten fördern, die keine weiße Weste haben, sodass man sie in der Folge leicht erpressen könne. Die Nichtjuden, diese „vernunftlosen Tiere", seien an der Nase herumzuführen, sie müssten nach Strich und Faden manipuliert werden. Nur so könne man die Weltherrschaft errichten, in der der einzig wahre Gott, Jehova, regiere – und mit ihnen die Juden, das auserwählte Volk ... Notwendig sei eine geheime jüdische Geheimregierung, eben die „Weisen von Zion" ...

Soweit die Lüge. Was aber ist die Wahrheit?

DIE MEISTERFÄLSCHER

Wechseln wir übergangslos die Zeit und den Ort. Begeben wir uns nach Russland, und zwar um die Zeit der vorletzten Jahrhundertwende. Damals rumorte es an allen Ecken und Enden. Die Wirtschaft lahmte. Die Bevölkerung litt unter Hungersnöten. Gleichheit war ein Fremdwort, und um die verschiedenen Freiheiten war es ebenfalls schlecht bestellt. Über allen Untertanen thronte der allmächtige Zar, dem man die Schuld für diese Übel gab – zu Recht: Zar Alexander III. (1845–1894) herrschte über dieses riesige Russland mit seinen zahlreichen Nationalitäten, ihm folgte sein Sohn Nikolaus II. (1868–1918) auf den Thron.

Eine kurze Charakterisierung: Alexander III. fürchtete zeit seines Lebens, ermordet zu werden, weshalb er auch auf einem Hochsicherheitsschloss in einem Sankt Petersburger Vorort residierte. Dieser Zar war töricht genug, die liberalen Verordnungen seines Vaters zurückzunehmen. Stattdessen stärkte er die Polizei und ließ Regimegegner nach Sibirien deportieren. Kurz gesagt regierte er durch Terror. Besonders berüchtigt und gefürchtet war die Ochrana, ein inoffizieller Oberbegriff für die zaristischen Geheimdienste und die Geheimpolizei (russ. *Ochrannoje otdelenie* = Sicherheitsabteilung).

Sein Sohn Nikolaus II. war nicht viel klüger. Auch er ließ keine liberalen Bestrebungen zu. Wegen seiner selbstherrlichen Politik und fehlender Reformbereitschaft konnte keines der zahlreichen russischen Probleme gelöst werden.

Auch die Juden wurden in diesem zaristischen Russland unterdrückt. Es gab zahlreiche *Pogrome* – ein russisches Wort, das wörtlich „Verheerung" oder „Verwüstung" bedeutet, heutzutage jedoch grundsätzlich die Hetze und Ausschreitungen gegen verschiedene Bevölkerungsgruppen bezeichnet, aus religiösen, nationalen oder rassischen Gründen. Der „geschickte Schachzug" des Zaren bestand nun darin, die Juden für die Missstände in Russland verantwortlich zu machen. Die teuflische Idee dahinter: Der Zar wollte von den eigenen Unfähigkeiten und Unzulänglichkeiten ablenken. Es ging um den brutalen Machterhalt in Russland. Wenn er nur listig genug einen Sündenbock präsentierte, eben die Juden, so die Überlegung des Zaren, könnte er vielleicht seinen Zarenthron retten. Denn es gärte in der Bevölkerung. Es galt, die drohende „Revolution in jüdischem Blut zu ertränken".

Die berüchtigte Geheimpolizei Ochrana nahm sich des Problems an. Ihr Chef, Pjotr Iwanowitsch Ratschkowski, Spezialist für Fälschungen, hatte eine Lösung parat: Die Juden mussten noch schrecklicher verteufelt werden, als es ohnehin schon der Fall war. Sie mussten für *alle* Übel in Russland verantwortlich gemacht werden! Und so entstanden die *Protokolle der Weisen von Zion*.

In einem aufsehenerregenden Prozess, der 1933 bis 1935 in Bern stattfand und in dem über die wahre Urheberschaft der Protokolle befunden wurde, kam Folgendes ans Tageslicht: Der russische Geheimdienstchef Ratschkowski begab sich Ende des 19. Jahrhunderts nach Frankreich, um die Protokolle fälschen zu lassen. Ratschkowski besaß nachweislich genügend Erfahrung mit Fälschungen, schon früher hatte er zahlreiche, missliebige Personen mit gefälschten Dokumenten in die Bredouille gebracht. Nun galt es, ein ganzes Volk, die Juden, zu diskriminieren und ihnen die bösartigsten Absichten zu unterstellen. Ihm zur Seite standen einige schurkische Helfershelfer (Golowinski und Bint, ebenfalls russische Geheimagenten), die offenbar gleichermaßen Erfahrung in diesem Metier hatten.

Als Vorlage für die Fälschung diente ein Buch des französischen Autors Maurice Joly mit dem Titel *Machiavel et Montesquieu*. Joly hatte allerdings nie die Juden aufs Korn genommen, sein Werk war gegen Napoleon III. gerichtet. Eifrig wurden nun ganze Passagen (176 Stellen!) von Joly abgeschrieben, uminterpretiert und auf die Juden umgemünzt. Langsam entstanden auf diese Weise die *Protokolle der Weisen von Zion*. Außerdem spielten auch andere Vorlagen eine Rolle, so etwa ein Buch eines gewissen Herrmann Goedsche. Bei den Protokollen handelt es sich also sowohl um ein Plagiat (= Diebstahl geistigen Eigentums) als auch um eine Fälschung.[11]

Mit den gefälschten Dokumenten, sprich den *Protokollen der Weisen von Zion* in der Tasche, reiste Ratschkowski eilig zurück nach Russland. Hier wurden die Protokolle rasch vervielfältigt und unters Volk gebracht. Natürlich stellte sich die Ochrana/Ratschkowski nicht selbst ins Rampenlicht. Der Geheimdienst benutzte erneut Helfershelfer, er verdeckte seine Urheberschaft. Ein gewisser Sergej Alexandrowitsch Nilus publizierte im Jahre 1901 ein Buch mit dem Titel *Das Große im Kleinen*. 1905 erschien eine stark veränderte Neuausgabe, die als Anhang erstmals den Text der *Protokolle der Weisen von Zion* enthielt. Die Fälschung war ihm von der zaristischen Geheimpolizei/von Ratschkowski zugespielt worden. In zahlreichen Übersetzungen wurde Nilus später als Quelle zitiert. Gleichzeitig erfand man das Märchen, die Juden selbst hätten die Protokolle verfasst – man wies ihnen also eine falsche Urheberschaft zu. Und so begannen die Protokolle ihr Gift zu verspritzen.

Allenthalben empörte man sich in Russland über die üblen Machenschaften, die den Juden angedichtet worden waren. Weitere Märchen wurden erfunden wie etwa, dass die Protokolle angeblich in Südafrika aus einer Synagoge gestohlen worden seien. Die Lüge nahm Gestalt an, sie wurde ausgeschmückt, sie wurde dicker und fetter und damit „realer".

Ratschkowski benutzte diese Protokolle in der Folge, um Juden noch weiter und heftiger zu verunglimpfen. Pogrome und Morde wurden abgesegnet durch diese Protokolle. Mit anderen Worten: In Russland wurden die Juden nun noch übler verfolgt als zuvor. Schließlich hatte man ja jetzt den „Beweis", welch böse Absichten sie verfolgten.

Nie in der gesamten Menschheitsgeschichte übte eine einzige Fälschung einen so verheerenden Einfluss aus und verantwortete so viele Morde.

Denn was geschah danach?

DIE BÖSE SAAT GEHT AUF

Die Protokolle wurden in alle Herren Länder verbreitet. Schon der deutsche Kaiser, Wilhelm II., las sie begierig. Als der Erste Weltkrieg verloren wurde, brauchte er einen Sündenbock. Rasch wies Wilhelm II. auf die Juden, die Protokolle lieferten ihm den „Beweis" für das eigene Versagen.

Adolf Hitler und seine Schergen, allen voran Alfred Rosenberg und Julius Streicher, zitierten ebenfalls eifrig aus den Protokollen, ja, sie benutzten sie, um ihre verbrecherische Nazi-Ideologie zusammenzuzimmern. Nachdem die Nazis die Macht an sich gerissen hatten, wurden die Protokolle sogar offizieller Lehrstoff an den Schulen. Das Ergebnis: sechs Millionen ermordete Juden.

Nebenbei bemerkt war es den Nazis generell völlig gleichgültig, ob die Protokolle gefälscht waren oder nicht. Früh vermutete man sogar in einigen nationalsozialistischen Kreisen, dass es bei den Protokollen nicht mit rechten Dingen zugegangen war. Doch die Nazi-Schurken kümmerte das nicht. Im Gegenteil: Die Protokolle kamen ihnen gerade recht. Mit dieser Schrift konnte man herrlich auf die „jüdische Weltpest" einschlagen. Die angeblichen jüdischen Weltmachtspläne wurden unaufhörlich aufgekocht. Wieder und wieder wurden die Protokolle der Öffentlichkeit ins Bewusstsein gehämmert, Auflage um Auflage erschien. Auch Goebbels, der teuflische Propagandaminister, bediente sich der Protokolle. Hitler glaubte an ihre „absolute Echtheit", das behaupten zumindest einige Historiker. Goebbels ließ dagegen die Frage offen, ob sie authentisch oder nur „von einem genialen Zeitkritiker erfunden" worden waren.[12]

Und so erkennen wir, dass Hitler eine Verschwörungstheorie schamlos ausnutzte, eine lupenreine Fälschung. Es gab weder eine Bruderschaft, die sich die „Weisen von Zion" nannte, noch einen Geheimbund der Juden, der die gesamte Welt beherrschen wollte. In Wahrheit verbarg sich hinter diesem entsetzlichen Schmierenstück die russische Geheimpolizei, die den Zaren einst den Thron retten wollte. Doch alles nutzte nichts: 1917 wurde das Zarentum aus Russland hinweggefegt. Was blieb, waren die *Protokolle der Weisen von Zion*.

So weit zu einem weiteren (angeblichen) Geheimbund im Dunstkreis Hitlers.

Allerdings gab es eine weitere (tatsächliche) Verschwörung, was die Nazis und Hitler anging, zumindest eine Art Verschwörung. Sie war lange nicht bekannt und wurde erst vor wenigen Jahren zähneknirschend eingestanden. Noch immer ist sie nicht im allgemeinen Bewusstsein der Bevölkerung verankert, und das aus gutem Grund.

DIE VERSCHWÖRUNG GEGEN DIE MENSCHLICHKEIT

Hierbei handelte es sich um keine „offizielle" Verschwörung und keinen „klassischen" Geheimbund, der die Nazis mit seinen abstrusen Ideen fütterte, sondern vielmehr um eine unauffällige, beinahe schleichende Einflussnahme. Ihre Vertreter bedienten sich eifrig des verführerischen Wörtchens „Wissenschaft". Keine Vokabel wurde stärker missbraucht – bis heute nebenbei bemerkt. Damit sind wir einem der brisantesten Geheimnisse auf der Spur, das trotz einiger weniger Veröffentlichungen noch immer, selbst heute noch im 21. Jahrhundert, wie ein Staatsgeheimnis gehütet wird. Aus welchem Grund? Nun, es bringt einen ganzen Berufsstand in Misskredit.

Fallen wir gleich mit der Tür ins Haus: Tatsächlich ist der Nationalsozialismus mit seinem Rassenwahn nicht denkbar ohne die Psychiatrie, die ihren Beitrag zu Hitlers tödlichem Gedankengebäude leistete – sowohl in intellektueller Hinsicht als auch in der furchtbarsten Praxis.

Nennen wir Mann und Maus. Alfred Ploetz schuf damals gemeinsam mit dem Psychiater Gustav Aschaffenburg die Grundlagen der verheerenden „deutschen Rassenhygiene". Sie besagt im Kern, dass Arier alles und andere Rassen nichts sind, jedenfalls „minderwertig" und „unterlegen", vom „Blut" her gesehen und aus der Sicht der „Erbanlagen". Der Psychiater Aschaffenburg trat speziell für die Ausmerzung von „Minderwertigen" ein, zu denen „Volksschädlinge", Kranke, „Unfertige", Behinderte, Greise, TBC-Patienten, Landstreicher, „Zigeuner" und Alkoholiker gehörten. Der Psychiater Ernst Rüdin rechtfertigte „wissenschaftlich" die Zwangssterilisation all dieser verschiedenen „minderwertigen" Gruppierungen.

Der Psychiater Alfred Hoche forderte die Legalisierung der sogenannten Euthanasie, die man wohl besser Mord nennt. Die Nazis jubelten, als ein Arzt und „Wissenschaftler" ihre tödlichen Ideen endlich legitimierte – wobei sie vergaßen, dass die gleichen Psychiater bereits „Vorarbeit" geleistet hatten. Psychiater hatten ihre menschenverachtenden Ideen nämlich schon deutlich früher in die Welt gesetzt, lange vor Hitler.

Doch nennen wir weiter konkrete Namen: Werner Heyde geriet zum Leiter aller Konzentrationslager, in denen insgesamt sechs Millionen Juden ermordet wurden, von den „Minderwertigen" ganz zu schweigen. Sein Beruf: Psychiater.

Die Psychiater Max de Crinis, Carl Schneider, Hermann Paul Nitsche und Hermann Pfannmüller – im Dritten Reich alles hochrangige, führende Seelenklempner – waren alle direkt und an vorderster Front an den Morden in den Konzentrationslagern beteiligt.[13] Diese Tatsachen stehen heute unzweifelhaft fest.[14]

Der eigentliche Skandal ist, dass sich viele dieser Psychiater nach 1945, nachdem die Nazis von der Bildfläche verschwunden waren, versteckten, untertauchten und jede Verantwortung von sich wiesen. Sie waren zwar für die Ermordung von Millionen Menschen verantwortlich, warteten aber „klug" ab, bis sich die Aufregung gelegt hatte. Dann besetzten sie (oder ihre Schüler) in Deutschland wieder die Professorenstühle, waren als Gerichtssachverständige tätig, als Gutachter und so fort. Abermals wurde es ihnen gestattet, „geistige Gesundheit" zu definieren, obwohl sie doch kläglich versagt hatten. Teilweise arbeiteten sie nach dem Zweiten Weltkrieg unter einem anderen Namen, wie der mutige Herausgeber des Sachbuch-Thrillers *Die Männer hinter Hitler,* Dr. Thomas Röder, feststellte. Nun war nicht mehr der Zeitgenosse „geisteskrank", der die falschen Gene hatte. Es wurden vielmehr flugs völlig neue „Krankheitsbilder" und „Krankheitsursachen" erfunden, und das in überreicher Zahl, damit Big Pharma ordentlich abkassieren konnte und mit ihnen die Psychiater selbst. Dabei waren die neuen Psychiater keine anderen als die ergebenen Schüler der verbrecherischen Psychiater des Dritten Reiches, wenn nicht sogar die gleiche Bagage, die den Massenmord im Dritten Reich angezettelt und dann ausgeführt hatte. Damit kann man die Psychiatrie mit Fug und Recht beschuldigen, eine Art Geheimbund zu sein oder zumindest eine Vereinigung, die ihre Karten nicht offen auf den Tisch legt.

Noch einmal: Die heutige Psychiatrie steht in der Tradition der (psychiatrischen) Politverbrecher des Dritten Reiches. Noch immer nutzt sie deren barbarische Methoden wie etwa den Elektroschock, der keinerlei signifikante „Heilungsquote" aufweist, sondern im Gegenteil einen Menschen gewöhnlich zu einem Zombie degradiert.[15]

Aber bleiben wir bei unserem Thema: Hitler wurde von der Psychiatrie massiv „intellektuell" beeinflusst. Die Psychiater schlugen fast alle in die gleiche Kerbe und sprachen wichtigtuerisch vom „arischen Übermenschen", womit die Degradierung aller anderen „Untermenschen" Hand in Hand ging. Darüber hinaus waren sie ausführende Mordorgane. Vieles geschah hinter dem Rücken der Bevölkerung. Das rückt die Psychiatrie zumindest in die Nähe einer verdeckt handelnden Mörder-Truppe. Psychiater setzten die Theorie vom „Untermenschen" in die blutige Praxis um. Das heißt, der millionenfache Mord im Dritten Reich wurde von Psychiatern erst theoretisch gutgeheißen und dann ausgeführt. Noch heute kann man sich nur mit Entsetzen die Filme über KZs anschauen, mit all den ausgemergelten Leibern und den Verbrennungsöfen.

Das führt uns zu unserem endgültigen Fazit über:

HITLER UND SEINE GEHEIMBÜNDELEI

Fassen wir zusammen: Grundsätzlich wird Hitlers Geheimbündelei selbst von honorigen Historikern unterschätzt.

1. Fest steht, dass es Kontakte zum Thule-Geheimbund gab, zumindest indirekt durch Dietrich Eckart, Hitlers Mentor. Durch die Hintertür wurde damit auf Hitlers „Verstand" und seine Anschauungen Einfluss genommen.

Nur der Vril-Geheimbund ist eine reine Erfindung und kann nicht mit den Nazis oder Hitler in Verbindung gebracht werden, auch wenn das einige Verschwörungstheoretiker behaupten.

2. Hitler bediente sich andererseits gewissenlos eines Schwarzen-Propaganda-Schmierenstücks, nämlich der *Protokolle der Weisen von Zion*. Diese Fälschung des zaristischen russischen Geheimdienstes Ochrana half, die Juden ins Abseits zu rücken und zu diskriminieren. Eine zionistische geheime Bruderschaft, eine Weltverschwörung wurde erfunden, obwohl sie nie existierte.

3. Ein klassischer Geheimbund im Falle der Psychiatrie kann nicht ausgemacht werden. Die Psychiatrie agierte jedoch im Verborgenen, um ihre entsetzlichen Massenmorde vor den Augen der Öffentlichkeit zu verbergen. Nach 1945 versuchte die Psychiatrie, ihre verbrecherischen Aktivitäten im Dritten Reich noch systematischer zu vertuschen. Teilweise änderten Psychiater ihre Namen, operierten mit Tarn- und Inkognitonamen und gaben ihren Vereinigungen neue, nicht „vorbelastete" Bezeichnungen – wie es bis heute gerne gemacht wird, wenn sich eine Unternehmung von den Sünden der Vergangenheit reinwaschen und keine Verantwortung übernehmen will. Von geheimen Aktionen zu sprechen ist also richtig, von einem klassischen Geheimbund falsch.

Mit diesen drei Aspekten haben wir dem Thema Hitlers Geheimbündelei immerhin einige neue Dimensionen hinzugefügt. Sie lehren uns, wie sorgfältig wir differenzieren müssen. Selbstredend gibt es echte Geheimbünde, aber in der Geschichte begegnen wir auch vielen geheimen Bruderschaften, die nie existierten. Es gibt Geheimbünde, deren scheinbare Existenz nur durch Fälschungen „bewiesen" wurde, sowie Geheimbünde, die eine Gruppe lediglich diskriminieren sollten.

Kehren wir mit diesem Wissen im Hinterkopf wieder zu einem „lupenreinen" Geheimbund zurück und bewegen wir uns gleichzeitig in Richtung Gegenwart. Untersuchen wir einen letzten spektakulären Fall, der einst die Gemüter in aller Welt erregte. Nehmen wir einen Geheimbund aufs Korn, der mit Milliardensummen so lässig jonglierte wie andere mit Murmeln und in dessen Aktivitäten nahezu alles verstrickt war, was heute noch Rang und Namen hat – vom CIA bis zum Vatikan, vom Papst bis zu hochrangigen Freimaurern. Suchen wir auch hier Dichtung von Wahrheit zu unterscheiden. Die Wahrheit ist in diesem Fall jedoch ungeheuerlicher, als es Dichtung je sein könnte.

10.
UNBEKANNTES ÜBER DIE
FREIMAURER-LOGE P2

1982 zerriss ein Skandal beinahe das komplette Netz, das die Freimaurerei so fein gesponnen hatte. Ein mittleres Erdbeben erschütterte viele Logen, deren „Macht" augenblicklich schmilzt, sobald gewisse Geheimnisse bekannt werden und nach außen dringen. Im Zusammenhang mit diesem Skandal gab es mehrere höchst mysteriöse Morde: Man fand einen hochrangigen Freimaurer in London unter einer Brücke der Themse erhängt. Eine Warnung? Die Privatsekretärin eines renommierten italienischen Bankhauspräsidenten, der ebenfalls mit der Freimaurerei in Verbindung stand, stürzte aus dem vierten Stock eines Mailänder Bankgebäudes. Hatte sie vor, zu plaudern? Ein anderer, bereits inhaftierter Freimaurer wurde im Gefängnis durch Giftmord beseitigt. Wollte man einen Zeugen mundtot machen?

Was war geschehen?

Wir sprechen von dem Skandal um die Freimaurer-Loge P2. P2 ist ein Kürzel für *Propaganda Due* (= Propaganda-Loge Nr. 2). Die Freimaurerei hatte sich nach 1945, als sie in Italien wieder zugelassen wurde, dafür entschieden, neu gegründete Logen zu nummerieren. Das Wort „Propaganda" verwies auf die neue Parole der Freimaurerei, die eigenen Ideen und Ideale in möglichst großem Umfang bekannt zu machen. Denn im Lateinischen bedeutet *propagare* „verbreiten", „weiter ausbreiten", „ausdehnen". Propaganda meint die werbende Tätigkeit für die eigenen Ziele. Der Begriff ist eigentlich eine Kurzform für eine ganze Gesellschaft, namens *Congregatio de propagande fide* – einer 1623 in Rom gegründeten päpstlichen Gesellschaft zur Verbreitung des Glaubens.

Die Freimaurer, die schon lange einen Gegenpol zur katholischen Kirche bildeten, nutzten also den kirchlichen Begriff Propaganda, um auf ihre *Propaganda Massonica* hinzuweisen, eine Bewegung, die auf die Verbreitung des Freimaurertums hinarbeitete.

Die übergeordnete Loge war der *Grande Oriente d'Italia*. Hierbei handelte es sich um den Dachverband aller italienischen Logen, die Großloge. Sie hatte den Segen zur Gründung der Freimaurer-Loge P2 gegeben, der Propaganda Due.

Was war passiert?

DIE ENTHÜLLUNG

Nun, einem italienischen Staatsanwalt war bei seinen Recherchen zu einer ganz anderen Angelegenheit geradezu versehentlich eine Mitgliederliste der P2 in die Hände gefallen. Doch nichts ist für die Freimaurerei fataler als die Enttarnung ihrer hochrangigen Mitglieder. Denn darin liegen das wahre Geheimnis und das Kapital jeder Loge. Bei den Mitgliedern, so wurde schnell klar, handelte es sich um die Crème de la Crème Italiens, um Spitzenpolitiker (wie Berlusconi), um Top-Militärs, um Geheimdienstchefs, um Richter und Staatsanwälte, um einflussreiche Geschäftsleute und Mafiosi sowie um Spitzenbanker – ein Kontakt reiche gar bis zur geheimnisumwitterten Vatikanbank. Selbst der größte Dummkopf konnte erkennen, dass sich die Macht in Italien in den Händen einer kleinen Clique befand, eben der Freimaurer – und das nach 1980, nicht etwa in einer weit zurückliegenden Geschichtsepoche. Ein weites Netz von Freimaurern überzog Italien, das konnte niemand mehr bestreiten.

Die Macht innerhalb eines Landes definiert sich immer durch seine Top-Politiker, durch hochrangige Militärs, die Köpfe der Geheimdienste sowie durch seine Medienmogule und das ganz große Geld. Und hier war auf einmal der Beweis erbracht, dass in Italien viele dieser Spitzenpositionen durch die Freimaurerei kontrolliert wurden, durch eine Loge, die hinter den Kulissen, ungesehen vom Volk und von der Öffentlichkeit, die Strippen zog.

All das flog auf. Freimaurer aller Herren Länder fielen fast von ihren Stühlen. Durch diese Enthüllung waren natürlich auch ihre Geheimnisse in Gefahr, selbst wenn diese *Freemasons* in London oder Washington saßen. Wie leicht konnte ein investigativer Journalist mit nur etwas Grips erkennen, dass es in anderen Ländern ähnlich aussah! Wie leicht konnte ein halbwegs intelligenter Zeitgenosse zwei und zwei zusammenzählen und sich ausmalen, dass sich die Freimaurerei in fast allen wichtigen Ländern der Erde – die genauen Zahlen werden wir im nächsten Kapitel vorstellen –„fettfleckartig" ausgebreitet hatte und über eine unvorstellbare Macht verfügte! Würden nun nicht höchst unangenehme Fragen gestellt?

Die möglichen logischen Schlüsse waren weitreichend: Konnte aufgrund der Machtkonglomeration, aufgrund der Kontrolle der Medien nicht selbst ein Esel erkennen, dass die „objektiven Nachrichten" im Fernsehen und in den großen Zeitungen lediglich geschickte Manöver waren, um von den wirklich wichtigen Ereignissen abzulenken?

Und so viel stimmt: Rechercheuren fielen immer mehr Ungereimtheiten auf, die Anti-Freimaurer-Literatur wuchs ins Uferlose.[1] Die

Rechercheure fragten sich: Zogen in Wahrheit die Mitglieder eines Insider-Clübchens die Strippen hinter den Kulissen? Befand sich die Macht zahlreicher Länder in Freimaurer-Händen? Lenkten sie nicht in Wirklichkeit die Geschicke, unsichtbar, schattenhaft, während nach außen hin nur ein Affentheater veranstaltet wurde? Wenn selbst Italien zur Gänze von Freimaurern unterwandert war, wo doch immerhin der Papst regelmäßig gegen die Freimaurerei seine Stimme erhob und seine Blitze gegen sie schleuderte, was, um Gottes Willen, spielte sich dann erst in anderen Ländern ab? Ja, es kam automatisch die Frage auf, ob nicht überall Politik, Medien und Big Business schamlos manipuliert wurden. Vielleicht lebte Otto Normalbürger nur in einer Schein-Realität und wusste nicht, was sich hinter den Kulissen abspielte. Gab es verschiedene Realitätsebenen? Wurden Spitzenpolitiker wie Hampelmänner am Gängelband geführt? Zog jemand hinter dem Vorhang die Fäden dieser Polit-Marionetten? Tanzten die öligen Politiker, die sich immer so perfekt im TV darstellten, nach einer Melodie, die andere vorgaben? Offenbar trafen ganz andere Personen als bisher angenommen alle wichtigen Entscheidungen. Nicht Volkes Stimme zählte. Vielleicht waren sogar die Wahlen nur ein Zirkus, mit dem man dem „Pöbel" Sand in die Augen streute, um die Illusion der Demokratie aufrechtzuerhalten.

Fest steht: Einige Hochgradfreimaurer und mit ihnen die einflussreichen Meister des Stuhls, unter anderem die Chefs der Großlogen in England und in den USA, schliefen einige Nächte lang sehr schlecht – speziell, weil einige Verbindungen der P2 bis in die höchsten Kreise der Vereinigten Staaten von Amerika reichten, bis hin zum US-amerikanischen Außenministerium und der CIA. Das Geheimnis aller Geheimnisse drohte weltweit aufzufliegen. Nicht auszudenken, was passieren würde, wenn jedermann erfuhr, WER sich in den hochgeheimen Freimaurer-Zirkeln tummelte und VON WEM letztlich die global wichtigen Entscheidungen getroffen wurden!

Jedenfalls war die italienisch-freimaurerische Machtzusammenballung ans Licht gekommen. Der Vorwurf lautete konkret: Die P2-Logenmitglieder seien in eine Verschwörung verstrickt, die das Ziel verfolgte, ganz Italien in ihre Tasche zu stecken.

UMSTURZPLÄNE UND TERROR

Ein Coup d'Etat oder ein Umsturz ist keine Bagatelle, sondern Hochverrat. Zu vielen Zeiten stand hierauf die Todesstrafe.

Bei genauerer Untersuchung der Loge P2 stellte sich heraus, dass es sich tatsächlich um ein konspiratives Netzwerk handelte. Führungspersonal der Polizei und des Militärs, Bosse aus Wirtschaft und Politik, Mafiosi und die Spitzen der Geheimdienste hatten Pläne für einen Staatsstreich entwickelt. Sie lagen bereits in der Schublade. Das Ziel war, ganz Italien zu übernehmen. Italien sollte in die Hand eines einzigen Mannes, eines Freimaurers, gebracht werden. Ein Coup wurde unter der Decke vorbereitet.

Noch einmal: Ein europäisches Land sollte komplett geschluckt werden – mit Gewalt. Der Plan sah vor, zunächst für so viel Unruhe und Terror zu sorgen, dass die Menschen förmlich nach einem „starken Mann" schrien.

Der Ruf nach einem „starken Mann" ist immer die Lösung für politisches Chaos, das lehrt die Geschichte. Als zum Beispiel während der Weimarer Republik (1918–1933) rechte und linke Krakeeler versuchten, den deutschen Staat in ihre Gewalt zu bringen, sorgten sie für den Terror auf der Straße, für öffentliche Morde und Tumult. Die Berechnung dahinter: Eine völlig verunsicherte und in Angst und Schrecken versetzte Bevölkerung wird nur allzu bereitwillig zustimmen, dass ein „starker Mann" das Ruder ergreift. Im Falle der Weimarer Republik waren das Ergebnis Hitler sowie der Zweite Weltkrieg und rund 60 Millionen Tote.

Es handelte und handelt sich also um ein Stück „schwarzes politisches Know-how", wie man das nennen könnte. Man braucht ein Land nur ordentlich durchzuschütteln und schon kann man seine eigentlichen politischen Ziele ungehindert verfolgen. Denn die dummen, verunsicherten Massen werden jetzt nach einem „starken Mann" verlangen – gleichgültig, ob es sich um einen Diktator handelt oder um einen Militär. Ein letztes Mal: Geniale Verbrecherhirne sorgen zunächst für Chaos – um sich dann selbst als die ideale Lösung für das Chaos zu präsentieren. Nur am Rande: Wäre dieses Stückchen schwarzes politisches Know-how bekannter, könnte man viele Diktaturen verhindern.

Genau auf diese Vorgehensweise setzte jedenfalls die P2. Wie ging sie konkret vor? Nun, der Chef der Propaganda Due, ein Gangster namens Licio Gelli, finanzierte nach bewährtem Muster zunächst aktiv den Terror. Er bezahlte Terrorbanden und sorgte systematisch für Chaos, während die Mitglieder seiner Loge gleichzeitig unablässig den Staatsapparat unterwanderten. P2-Logenbrüder schlichen sich in höchste Positionen ein – in Politik, Wirtschaft und in der Top-Administration, kurz: überall, wo das Geld und die Macht zu Hause waren. In aller Heimlichkeit wurde gleichzeitig alles für einen Staatsstreich und die Machtübernahme in Italien vorbereitet. Während also nach außen hin „unerklärlicherweise" gewisse Banden systematisch die italienische Bevölkerung terrorisierten, hievten innerhalb der bestehenden staatlichen Ordnung hochrangige P2-Mitglieder neue Logenbrüder auf lukrative und einflussreiche Pöstchen. Und so wurde Italien jahrelang von einer Terrorwelle nach der anderen überrollt.

Nur zwei spektakuläre Beispiele, die uns das Blut in den Adern gefrieren lassen:

DER ANSCHLAG VON BOLOGNA

Bologna ist eine hübsche Stadt in Oberitalien, ein Verkehrsknotenpunkt. 1980 wird ein Koffer in einem überfüllten Wartesaal des städtischen Bahnhofs abgestellt. In ihm befindet sich eine Zeitbombe. Der Sprengsatz besteht unter anderem aus TNT. Die Bombe detoniert und zerfetzt alles in ihrer Umgebung, Gebäudeteile und Menschen. Der westliche Bahnhofflügel wird komplett zerstört, sogar ein Zug wird beschädigt. Die Explosion ist kilometerweit zu hören. Das Dach des Wartesaales stürzt ein. 85 Menschen sterben, 200 werden verletzt. Die gesamte Stadt gerät in Panik – ein Umstand, den die Verschwörer begrüßen. Krankenwagen rasen mit Blaulicht und unter ohrenbetäubendem Sirenengeheul heran. Busse und Taxis helfen beim Transport der Verletzten. Das Chaos ist perfekt.

Freimaurerboss Licio Gelli reibt sich die Hände. Die Presse überschlägt sich. Wer hat diese barbarische Tat zu verantworten? Jeder rätselt. Geschickt wird der Verdacht auf die linksextremen Roten Brigaden gelenkt; in den Medien werden sie beschuldigt. Die Roten Brigaden sind eine kommunistische italienische Untergrundorganisation, die seit 1970 existiert. Die Organisation selbst sieht sich als eine Art Stadtguerilla. Sie verübte nachweislich schon in der Vergangenheit Mordanschläge, organisierte zahlreiche Entführungen und überfiel viele Banken. Ein gefundenes Fressen!

Die P2 und die von ihr kontrollierte Presse schieben den Anschlag in Bologna den Roten Brigaden in die Schuhe. Ein weiteres Stück „schwarzes politisches Know-how". Es besteht darin, einen Gegner exakt der Sünden und Vergehen zu beschuldigen, die man selbst begangen hat – wir haben in der Einleitung dieses Buches bereits darauf aufmerksam gemacht.

Die Behörden ermitteln fieberhaft. Allenthalben fahndet man nach den Schuldigen. Die Bevölkerung verlangt lautstark nach Aufklärung.

Die Ermittlungen verlaufen jedoch zunächst im Sande, ja werden von unbekannter Quelle sogar behindert. Ein Gerichtsverfahren wird eingeleitet. Die Konfusion ist perfekt. Schließlich kann ein mutiger italienischer Untersuchungsrichter nachweisen, dass hinter der Tat die „Rechten" stehen, nicht die „Linken", nicht die Roten Brigaden. Die (rechtslastige) neofaschistische, terroristische Organisation *Ordine Nuovo* ist offenbar der Drahtzieher. Die Ordine Nuovo (ital. = neue Ordnung) ist ein Kampfbund in der Tradition von Hitlers Waffen-SS. Bombenattentate sind die Spezialität der Organisation. Schon in Mailand und in Rom ermordeten sie früher kaltblütig Menschen. Die Organisation operiert mit Autobomben, Handgranaten und allen möglichen Waffen. Ein Ableger der Ordine Nuovo, so stellt sich plötzlich heraus, hat die Bombe in Bolognas Bahnhof gezündet.

Aber die Ermittler geben keine Ruhe. Sie gehen weiteren Spuren nach. Einige werden immer heißer. Sie drehen einen Stein nach dem anderen um. Es stellt sich heraus, dass ein ganzes Netzwerk für diesen Bombenanschlag verantwortlich ist. Fast fiebrig treiben Staatsanwälte die Nachforschungen voran. Mehrere Gerichtsverfahren und parlamentarische Untersuchungen werden anberaumt. Als Finanzier und Auftraggeber geraten schließlich die P2 und ihr Logenmeister, Licio Gelli, in den Blickpunkt. Handfeste Beweise fehlen allerdings. Es gibt bestenfalls Indizien.

Gleichzeitig werden weitere Enthüllungen laut. Mit Sicherheit steckt hinter dem Anschlag auch die Geheimorganisation *Gladio* (ital. = Kurzschwert). Gladio ist der Deckname einer geheimen paramilitärischen NATO-Einheit in Italien. Im Fall einer russischen Invasion oder einer Invasion deren Verbündeten soll sie Sabotageakte gegen die Eindringlinge verüben. Offenbar fürchtet man in den höchsten US-Zirkeln eine feindliche kommunistische Übernahme Italiens. Denn die kommunistischen Parteien sind in ganz Europa auf dem Vormarsch. Der Kalte Krieg tobt. In den USA wollen führende Kreise vermeiden, dass wichtige europäische Länder von den kommunistischen Staaten geschluckt werden. Auch Gladio beteiligt sich nachweislich an Terroranschlägen in Italien. Im Rahmen dieser geheimen paramilitärischen Einheit werden Truppen ausgebildet und illegale Waffendepots angelegt. Gladio ist also eine Art Untergrund-Armee mit einer rechten politischen Ausrichtung, von der nur wenige Spitzenmilitärs und nur ein kleiner Kreis von Regierungsmitgliedern wissen. Die NATO ist der übergeordnete Befehlshaber. Gladio-Soldaten trainieren gemeinsam mit US-Truppen und bereiten sich auf den Ernstfall vor. Die CIA, aber auch der MI6 (der englische *Military Intelligence, Section 6*) versorgen Gladio mit Maschinengewehren und Sprengstoff, mit Munition und Funkgeräten. Die Ausrüstungen werden in der Erde verbuddelt und versteckt, gewöhnlich in Waldgebieten, aber auch in unterirdischen Bunkern gelagert.

Die Geheimtruppe Gladio hat unter anderem den Auftrag, in Italien die Regierungsteilnahme der kommunistischen Partei zu verhindern, die gerade kurz davorsteht, sich in den höchsten politischen Entscheidungsgremien zu etablieren. Der Kommunismus streckt seine Polypenarme in alle Richtungen aus, längst gibt es erfolgreiche Kommunistische Parteien in Frankreich, Deutschland und in Italien. Also verübt Gladio ebenfalls Terroranschläge, die nach bewährtem Muster rasch den „Linken" und den „Roten" in die Schuhe geschoben werden. Zusammen mit dem italienischen Militärgeheimdienst, der mit von der Partie ist, stellt man eine starke Truppe dar, zumal auch in den Behörden „rechtslastige" Sympathisanten sitzen, ja regelrechte „Buddies", Kumpel, compagni, Kameraden, Mitverschwörer, Freimaurer.

All diese „rechten" Gruppierungen verfolgen geradezu lustvoll linksradikale Personen und Gruppierungen. Man wird es den verdammten Russen in Moskau schon zeigen und den Kommunisten in Italien sowieso. „Beweismaterial" wird zusammengefälscht. Die Kommunistische Partei Italiens muss unter allen Umständen geschwächt werden. Der Anschlag auf Bologna ist ein Schritt in die „richtige" Richtung.

Der Staatsapparat selbst deckt die illegalen Aktionen – eine Weile zumindest.

Wiederholen wir, damit wir nicht die Übersicht verlieren: Der Anschlag in Bologna ist ausschließlich auf „rechtslastige" Gruppierungen zurückzuführen:

• auf die P2 und Gelli, Freimaurer also,
• auf einen Ableger der Ordine Nuovo, einer neofaschistischen Terrororganisation,
• auf die (rechtsgerichtete) Geheimorganisation Gladio, eine Untergrundarmee, die der NATO untersteht, und auf
• den italienischen militärischen Geheimdienst, der ebenfalls der „rechten" Seite zuneigt.
• (Rechtslastige) Behörden (P2-Logen-Mitglieder) decken die Hintermänner.

In einem aufsehenerregenden Prozess im Jahre 1984 „singt" schließlich ein Rechtsextremist der Ordine Nuovo. Er packt aus. Er beschreibt seine Aufgabe folgendermaßen:

„Man musste Zivilisten angreifen, Männer, Frauen, Kinder, unschuldige Menschen, unbekannte Menschen, die weit weg vom politischen Spiel waren. Der Grund dafür war einfach. Die Anschläge sollten das italienische Volk dazu bringen, den Staat um größere Sicherheit zu bitten. […] Diese politische Logik liegt all den Massakern und Terroranschlägen zugrunde …"[2]

Das richterliche Ergebnis: Es hagelt Gefängnisstrafen. Der Vorsitzende der Propaganda Due, Licio Gelli, wird jedoch nur wegen Behinderung der Ermittlungsarbeiten verurteilt. Immerhin! Fest stehen jetzt seine Verbindungen zur Ordine Nuovo und zu Gladio und damit zur NATO sowie zum italienischen Militärgeheimdienst, denn auch einige hochranginge Geheimdienstler sind Mitglieder seiner Loge. Weiter wird verfügt, dass der Staat an die Hinterbliebenen 2,13 Milliarden Euro bezahlen muss.

SYSTEMATISCHER TERROR

Aber gehen wir chronologisch gesehen noch einmal einen Schritt zurück. Verschiedene italienische Städte werden vom Terror überzogen. 1969 detoniert in einer Mailander Bank eine Bombe in einer Aktentasche, die zuvor eine mysteriöse Person unter einem Tisch abgestellt hat. Acht Kilogramm Sprengstoff lassen Leiber durch die Luft fliegen, ein Körper saust über einen Bankschalter. 14 Menschen sterben. 4000 Verdächtige werden verhört. 4000! Die Behörden sind ratlos.

Sehr viel später stellt sich heraus, dass der Mailänder Bombenanschlag ebenfalls auf eine Geheimloge namens P2 zurückzuführen ist. Langsam beginnen die Fahnder, zwei und zwei zusammenzuzählen.

DER FALL ALDO MORO

Der geheimnisvolle Logenmeister Licio Gelli zieht offenbar überall hinter den Kulissen die Strippen.

Erinnern wir uns an den Fall Aldo Moro (1916–1978), der die Gazetten in ganz Europa beschäftigte. Moro, ein Hochkaräter der christlichen Partei, tritt für einen „historischen Kompromiss" ein, für einen Pakt zwischen den Eurokommunisten und seiner christdemokratischen Partei, um Herr der Wirtschaftskrise zu werden, die 1973 Italien durchschüttelt. Hochrangige US-Politiker warnen ihn mehr als einmal. Moro ignoriert die Warnung. 1978 wird er entführt, seine fünf Leibwächter werden erschossen. Nach 55-tägiger Geiselhaft findet man ihn tot im Kofferraum eines roten Renault. Eine Untersuchung bestätigt: Er wurde mit acht Schüssen ermordet.

Doch von wem?

Offensichtlich von den „Linken". Ein Journalist bringt den Mord an Moro allerdings mit der NATO/CIA und mit Gladio in Verbindung. In diesem Lager ist man an einem „historischen Kompromiss" mit den Kommunisten nicht interessiert, man hasst sie wie die Pest. 1979 wird dieser Journalist in Rom ebenfalls ermordet.

2006 kommt der Senat in Italien/Rom zu dem Ergebnis, dass auch Geheimdienste bei der Entführung Moros ihre Finger im Spiel hatten. Die Spitzen der italienischen Geheimdienste befinden sich jedoch … in Gellis Geheimloge. Gerüchte, dass auch in diesem Fall Gelli seine Finger im Spiel hatte, sind bis heute nicht verstummt.

NOCH EINMAL: UMSTURZPLÄNE

Und so könnte man in dieser Zeit verschiedene Terroranschläge in Italien untersuchen und käme doch immer zum selben Ergebnis: Durch spektakuläre Morde soll die Bevölkerung weichgekocht werden, sodass schließlich der Ruf nach einem „starken Mann" laut wird. Insgesamt werden in dieser Phase rund 500 Menschen getötet und Tausende von Unschuldigen verletzt.

Was auch immer Gelli angelastet werden kann und was nicht, unzweifelhaft deuten die Papiere, die bei der Durchsuchung eines seiner Domizile gefunden werden, auf einen Umsturz hin. Dafür ist der Terror nur das Vorspiel. Die Mitgliederliste in Gellis Landhaus verrät, dass 962 Personen der Hochfinanz angehören sowie den obersten Zirkeln der Politik und des Militärs. Wiederholen wir: Selbst der Leiter des italienischen Militärgeheimdienstes ist ein Freimaurer, außerdem der amtierende Premierminister, der Sohn des letzten italienischen Königs, zahlreiche namhafte Bürgermeister und so fort.

Eine parlamentarische Untersuchungskommission urteilt schließlich, man könne Gelli kein unmittelbares juristisches Vergehen anlasten. Sie findet jedoch auch heraus, dass das Ziel seiner Loge die Unterwanderung der Regierung und eine Umgestaltung der Politik ist.

Das Schwurgericht von Bologna stellt zudem fest, dass die Loge P2 Kriminelle angestiftet, bewaffnet und finanziert hat, um den Staat durch Terror zu unterminieren und um die Vorbedingung für einen Staatsstreich zu schaffen. Viele P2-Mitglieder sind direkt oder indirekt an zahlreichen Attentaten und terroristischen Aktionen beteiligt – nach Meinung dieses Gerichts.

Aber fragen wir uns endlich: Wer war Licio Gelli, der mysteriöse Logenvorsitzende?

OHNE MASKE: LICIO GELLI

Richten wir das Scheinwerferlicht auf den Drahtzieher all dieser Verbrechen: Licio Gelli (1919–2015) ist kurz gesagt mit Haut und Haaren ein Faschist. Das heißt, er ist ein zorniger, brutaler, gewissenloser Mörder und Totschläger, aber gleichzeitig auch ein listiger, begabter, intriganter Strippenzieher. Er beginnt seine Karriere als Freiwilliger der sogenannten Schwarzhemden – also Kämpfern, die von dem Erzfaschisten Mussolini nach Spanien geschickt werden, um dem Militaristen und Massenmörder Franco den Rücken zu stärken. Er versucht nämlich gerade, in Spanien die Macht an sich zu reißen. Gelli steigt zu einem Verbindungsoffizier der Schwarzhemden auf. Er soll Kontakt zu den Nazis halten, konkret zu Hermann Göring, nach Hitler dem zweitmächtigsten Mann in Deutschland.

Mussolini, Hitler und Franco, die drei großen Faschisten dieser Epoche, sind alle aus dem gleichen Holz geschnitzt. Ihnen geht es allein um die brutale Macht. Man unterstützt sich gegenseitig. Gelli, der Mussolini glühend verehrt, ist dem *Duce* in unverbrüchlicher Treue verbunden. Und so steigt er höher und höher und wird sogar zum SS-Offizier befördert – er, der Italiener! Er tanzt demnach auf verschiedenen (faschistischen) Hochzeiten in Italien, Spanien und Deutschland.

Als Hitler den Zweiten Weltkrieg verliert und der Faschismus erst in Italien, dann in Deutschland und später in Spanien zusammenbricht, merkt Gelli schnell, dass der Wind aus einer anderen Richtung weht. Wie ein Wetterhahn ändert Gelli seine Position, nicht nur in Bezug auf den Ort, sondern auch was seine Gesinnung angeht. Er eilt zurück nach Italien. Dort gibt er den Kommunisten, die er bislang bis aufs Messer bekämpft hat, unter der Hand Tipps, wie sie sich einiger Faschisten entledigen können. Er verrät mit anderen Worten ein paar frühere Kumpels. Rasch wechselt er die Seiten, um den eigenen Hals zu retten. Das Ergebnis: „Der Verbindungsoffizier zu den deutschen Nazis [= Gelli] entgeht dank Protektion eines führenden Kommunisten einem Erschießungskommando."[3]

Für Gelli geht es nach 1945 ums nackte Überleben. Es gelingt ihm, Kontakt zu einigen westlichen Geheimdiensten zu knüpfen. Vielleicht kann er seine Kenntnisse meistbietend an die neuen Machthaber verscherbeln?

Doch zunächst taucht er unter, der Boden ist zu heiß geworden. Von einem alten, abgehalfterten Faschisten nimmt im Moment kein Hund mehr ein Stück Brot. Gelli setzt sich wie viele Nazis nach Südamerika ab. Hier macht er sich als Waffenhändler einen Namen, verschiebt Gelder und Waffen zwischen Europa und Argentinien. Seine alten Kontakte sind dabei unbezahlbar. Er verdient Unsummen.

Als die Faschistenfurcht in Italien abflaut, kehrt er in sein Heimatland zurück, die Taschen voller Geld. Er tarnt sich zunächst als Unternehmer und produziert Matratzen. Doch die Politik lässt ihn nicht los. Er wird Abgeordneter der rechtsradikalen Gruppierung *Movimento Sociale Italiano*. Gelli kann seine Wurzeln nicht verleugnen, der Faschismus steckt in ihm. Sein geheimes Ziel: ganz Italien in seine Tasche zu stecken. Gelli hat gelernt, über Leichen zu gehen, um ein so hochgestecktes Ziel zu erreichen. Und er braucht neue, gut geschmierte Beziehungen.

1963 tritt er deshalb der Freimaurerei bei. Tatsächlich ist er Mitglied in mehreren Logen. Zunächst bleiben ihm die höheren Weihen versagt, seine Vergangenheit und sein Kampf an der Seite Mussolinis, Francos und Hitlers holen ihn ein. Man begegnet ihm mit Misstrauen. Aber einige Jahre später gewinnt Gelli einen mächtigen Verbündeten: den Vorsitzenden der italienischen Großloge. Dieser möchte der Freimaurerei, die von Hitler und Mussolini unterdrückt worden war, unbedingt wieder zu neuem Ansehen verhelfen. Gelli scheint ihm der richtige Mann für sein Vorhaben zu sein, denn er kann reden und überzeugen. P2 wird geboren, die Loge *Propaganda Due*. Propaganda – Verbreitung – trifft den Kern der Sache. Man benötigt neue Mitglieder. Gelli verfügt noch immer über ausgezeichnete Verbindungen und wird angeheuert. Viele alte Nazis konnten einst ihr Geld retten und haben nach wie vor enormen Einfluss. Und auch viele alte Mussolini-Schergen stehen in den Startlöchern und warten nur auf eine neue Gelegenheit. Gelli kontaktiert die alten Seilschaften. Er avanciert zum Star in der Mitgliederwerbung. Nun lässt ihn die Großloge gnädig die verschiedenen Freimaurer-Stufen nach oben wandern. Gelli wird zum Meister des Stuhls der P2-Loge gekürt.

Die P2 ist eine Geheimloge. Ihre Anziehungskraft besteht darin, dass sie schon früh über hochrangige Mitglieder verfügt. Außerdem ist man nicht zimperlich, wenn es darum geht, eine Sache durchzupauken.

Ein paar kleine, „notwendige" Morde gehören selbstverständlich zum Repertoire. Man fackelt nicht lange.

Trotz erster Erfolge innerhalb der Freimaurerei kommt es zu einem Machtkampf hinter den Kulissen. Nicht alle Logenbrüder sind mit der Operationsweise der P2 einverstanden. Ein hohes P2-Mitglied wird wegen Drogenhandels und Entführung verhaftet – ein Fingerzeig dafür, dass auch Gelli völlig skrupellos an allen Ecken und Enden Geld abschöpft. Offiziell wird die P2 in eine „normale" Loge umgewandelt. Doch Gelli, ein Rattenkönig der Intrige, kann seine Gegenspieler in den Logen an die Wand spielen – vielleicht durch Erpressung, vielleicht durch Drohungen. Mit ihm ist nicht zu spaßen. Es wird ihm erlaubt, die P2-Loge wieder im Verborgenen operieren zu lassen, nachdem sie dem Anschein nach aufgelöst wurde, um ein paar Kritikern das Maul zu stopfen und eine falsche Fährte zu legen. Doch das war nur eine Täuschung, eine Finte. Zahlreiche neue, einflussreiche Logenbrüder werden aufgenommen, die P2 ist so aktiv wie nie.

Gelli verfügt über eine Geheimwaffe, um die ihn jeder Gangster glühend beneidet: Er hält herrliches Erpressungsmaterial in Händen. Der Hintergrund: Eine seiner „Erwerbungen", einer seiner Neuzugänge ist der ehemalige Chef des italienischen Militärgeheimdienstes. 157 000 Dokumente – das Werk von 7000 Agenten, wie uns der Historiker Daniele Ganser versichert – befinden sich seit 1967 im Besitz des Logenmeisters. Ein Festbraten! Die Informationen wurden zwar größtenteils illegal gewonnen, aber wen schert das? Die bedeutendsten Persönlichkeiten aus Politik, Kirche und Wirtschaft wurden ausgespäht. Alle kleinen und großen Verfehlungen, sexuelle Fehltritte, sexuelle Ausrichtungen, die Verschiebung von Geldern, alles ist in diesen Dokumenten festgehalten. Nein, das ist kein Festbraten, das ist ein Goldschatz. Damit kann man die Welt aus den Angeln heben. Mit diesem Erpressungsmaterial kann man zahlreichen Persönlichkeiten des öffentlichen Lebens an den Karren fahren, wenn sie nicht spuren und gehorchen. Und wer ist schon ohne Sünde? Es gibt doch keinen besseren Leckerbissen als ein Priesterlein, das heimlich mit einem Frauenzimmer die Freuden der Liebe genießt. Oder einen Minister in einer „guten, glücklichen Ehe", der sich zwei bis drei Mätressen hält und sich auf Reisen zudem von einem Escort-Service verwöhnen lässt. Gelli hat einfach jeden in der Tasche. Es ist eine Freude zu leben. Diese 157 000 Seiten sind eine Waffe, die 100 Tonnen TNT gleichkommt.

Spätestens jetzt unterwandert die P2 systematisch den Staat. Der Alleinherrscher ist unumstritten Licio Gelli. Seine Macht wächst unaufhörlich. Er rekrutiert in unvorstellbarem Ausmaß neue, hochkarätige Mitglieder, während ein anderer Arm der P2-Loge der Gewalt huldigt und weiter für Terrormaßnahmen sorgt. Die Zahl der Logenbrüder steigt früh auf 1500 Mitglieder an, später noch auf sehr viel mehr.[4]

Gelli rekrutiert nach wie vor alte einflussreiche Mussolini-Faschisten, denn Italien wurde nie „entnazifiziert" wie Deutschland. Gelli kennt die alten Schwarzhemden, er kennt die Nationalisten und alle „rechten" Gruppierungen, selbstverständlich Gladio, selbstverständlich Ordine Nuovo, er ist bestens vernetzt.

Die P2 residiert nun „in der Suite Nr. 127 des Nobelhotels Exzelsior in Rom. Die luxuriös eingerichteten Zimmer kosten Licio Gelli umgerechnet rund 25 000 Euro im Monat", weiß die Autorin Graichen. Aber Gelli schwimmt im Geld, Geld ist nicht das Problem. Er steigt auf zum heimlichen Herrscher Italiens und führt das Leben eines Machthabers. „Wer bei Gelli vorgelassen wird, huldigt dem Logenmeister unterwürfig."[5] Vor Gelli verbeugt man sich. Wer ganz große Karriere in Italien machen will, kommt an dem Logenmeister nicht mehr vorbei. Von allen lässt er sich bezahlen, nur er verfügt ja über die notwendigen, geheimen Informationen und Drähte, die bis in die höchsten Kreise reichen. Gelli kennt und manipuliert alles und jeden. Immer mächtigere Männer suchen den Kontakt zu seiner Loge und die Mitgliedschaft. Es werden nur Personen in höchsten Positionen akzeptiert, man kann es sich inzwischen erlauben, wählerisch zu sein. Minister, Kommandanten, die Chefs der Carabinieri – alles, was Rang und Namen hat, drängt in seine Loge.

Bei Gelli laufen die Fäden zusammen. Hier wird das ganz große Geld gescheffelt, hier treffen sich die Finanzhaie und die Finanzpiraten Italiens. In seinen Salons wird große Politik gemacht. Hier wird ausgekungelt, wer auf die wichtigsten Pöstchen gehoben wird. Im Gegenzug wird Loyalität, Geld und „Glauben" an die P2 eingefordert sowie Treue zu ihrem Logenmeister Licio Gelli.

Industrielle und Regierungsbeamte küssen ihm wie einem Mafiapaten den Ring, wenn sie vorgelassen werden. Selbst führende Bankiers, wie Michele Sindona oder Roberto Calvi, befinden sich in seinem „Club". Ein Beweis dafür, wie mächtig die Geheimloge inzwischen ist. Der Sizilianer Michele Sindona (1920–1986) ist der Bankier der Mafia, Roberto Calvi (1920–1982) der Präsident einer bedeutenden italienischen Bank und spezialisiert auf die Geldwäsche von Drogengeldern, aber auch zuständig für geheime Finanztransaktionen des Vatikans. Von den Medien wird er als „Bankier Gottes" bezeichnet.

Die Mitglieder der P2 sind erlauchte Gestalten, es handelt sich um einen hochkarätigen, feinen Gangsterclub. Und alle beugen sie ihr Knie vor dem Logenmeister.

In den 1980er-Jahren leitet Gelli einen Strategiewechsel ein. Der Staatsputsch, obwohl in allen Details geplant, wird überflüssig. Die Unterwanderung ist längst so weit gediehen, dass er inzwischen eine Art ungekrönter König Italiens ist, eine Art neuer *Duce*. Gelli ist auch ohne Staatsreich der mächtigste Mann Italiens.

Das Tüpfelchen auf dem i sind seine Kontakte zur Weltmacht Nr. 1, zu den USA, speziell zur CIA und zu namhaften Politikern der USA. Graben wir auch in dieser Beziehung tiefer.

GEHEIME KONTAKTE ZUR WELTMACHT NR. 1

Natürlich könnte Gelli nicht so unverfroren in Italien vorgehen, wenn er nicht den mächtigsten Verbündeten der Welt hinter sich wüsste: die Vereinigten Staaten von Amerika. Gelli ist Stammgast in Washington, er geht dort ein und aus. In der Hauptstadt der Welt geht es zu wie in einem Taubenschlag. Der Logenmeister der mächtigen P2 wird regelmäßig zu den höchsten Festivitäten geladen, egal ob Ronald Reagan, Gerald Ford oder Jimmy Carter gerade Präsident ist. „Rechts" und „links" sind nur dumme Vokabeln, mit denen das Volk in die Irre geführt wird. *Über* den Parteien thronen die Freimaurer und die CIA. Die Demokratie ist nur eine hübsche Illusion, mit der man das Volk an der Nase herumführt.

Die CIA, immer ausgestattet mit Unsummen Geldes, stopft Gelli Monat für Monat Millionen Dollar in den Rachen. Insider sprechen von zehn Millionen Dollar pro Monat (Graichen). Der Mann ist zu wertvoll, man muss ihn sich warm halten.

Auf einer höheren Ebene stellt sich das Spiel ganz anders dar. Italien hat fast keine Bedeutung, in Wahrheit geht es um die Weltherrschaft. Zwei Pole stehen sich gegenüber: die UdSSR und die USA.

In den USA greift während des Kalten Krieges (1947–1989) eine unvorstellbare Kommunistenfurcht um sich. Vielleicht wird sie systematisch geschürt, vielleicht geht es nur um einträgliche Waffengeschäfte, die immer dann gerechtfertigt werden können, wenn das Volk in Angst und Schrecken ist. Das Muster ist immer das gleiche: Man lässt ein paar Anschläge verüben, bei denen auf besonders üble, brutale Art Menschen umkommen, und sorgt für genügend Chaos. Oder man lanciert in den Medien die schrecklichsten Horrornachrichten, über die Russen zum Beispiel. Sofort erhebt sich Volkes Stimme und fordert Sicherheit. In der Folge kann man, unterstützt von der „öffentlichen Meinung", mehr Geld vom Staat abgreifen und die Geheimdienste und das Militär aufrüsten. Waffenhändler verdienen jetzt Unsummen und tanzen vor Freude auf ihren Tischen. Die Chaos-Händler reiben sich die Hände. Sie schenken sich Champagner ein, prosten sich zu und halten sich den Bauch vor Lachen. Das törichte Volk bemerkt nicht, dass es wieder einmal zum Narren gehalten worden ist.

Und die Medien? Nun auch die Presse wird längst nach Strich und Faden manipuliert. In den Medien macht niemand Karriere, der nicht nach der Pfeife der heimlichen Herrscher tanzt. Die Gleichung lautet: Je gefährlicher die Umwelt dargestellt wird, desto besser laufen die Geschäfte. Sie laufen wie geschmiert, wenn eine Bedrohung nur richtig aufgeblasen wird. Dabei kommt es nicht darauf an, ob der „Gegner" die Russen sind, die Chinesen oder syrische oder iranische Terroristen. Furcht öffnet den Geldbeutel.

So sieht schwarzes politisches Know-how aus.

Die größte „Gefahr" während des Kalten Krieges sind die Russen. Die Kommunistenfurcht wird in den US-Medien regelrecht hochgepeitscht. Senator Joseph McCarthys (1908–1957) Wahnsinn in puncto Kommunismus wirkt ansteckend. McCarthy löst eine Hysterie aus. Im Zuge des Kalten Krieges gegen die Sowjetunion überschlägt sich die amerikanische Presse vor Hass. Und der Hass schürt die Angst. Die Kommunistenfurcht führt zu schrecklichen Kriegen. Im Koreakrieg (1950–1953) sterben allein drei Millionen Menschen von der Zivilbevölkerung sowie rund 1,3 Millionen Soldaten. Der elende Vietnamkrieg (1964–1975) schlägt mit rund fünf Millionen Toten zu Buche. In der Mc-Carthy-Ära werden „unamerikanische Umtriebe" rigoros verfolgt. Man verdächtigt Regisseure und Schauspieler, Schriftsteller und Politiker, Künstler und Militärs, mit den Kommunisten unter einer Decke zu stecken. Es hagelt Berufsverbote. Öffentliche Anhörungen werden im Fernsehen übertragen. Die Denunziation blüht.

Dabei sieht die Wahrheit ganz anders aus. Innerlich verfault die Sowjetunion längst, sie verblutet. Das hastig zusammengeschusterte

Riesenreich zeigt deutliche Anzeichen des Verfalls. Eine völlig überalterte kommunistische Politclique hält in Moskau die Zügel in der Hand. Die Greise wissen längst, dass sie den Wettlauf gegen die freie Welt nicht gewinnen können. Dennoch benutzen sie die mit russischem Öl und Gas erwirtschafteten Milliarden dazu, das Militär bis an die Zähne zu bewaffnen. Während das russische Volk darbt und hungert und vielerorts nichts zu beißen hat, von dem Mangel an Gütern ganz zu schweigen. Lange kann das Spiel nicht weitergehen. Die Sowjetunion ist ein Potemkinsches Dorf, ein sterbender, todkranker Riese.

Doch in Amerika wird die Kommunistenfurcht systematisch bis an den Siedepunkt hochgekocht. Immerhin, so argumentiert man, haben die verdammten Kommunisten weltweit rund 100 Millionen Tote auf dem Gewissen. Was nicht laut gesagt wird: Mit solchen, nicht einmal falschen Argumenten lassen sich prächtige Waffengeschäfte abschließen. Man kann aufrüsten. Dabei geht es um milliarden-, ja billionenschwere Geschäfte. Das ist nichts für zarte Gemüter. In den höchsten Regierungskreisen der USA zwinkern sich die Gangster zu. Wie fabelhaft, dass man einen so mächtigen Feind hat! Kriege können abgesegnet werden. Und man kann sich die Taschen bis an den Rand füllen.

Um all diese Details weiß Gelli, er ist ja selbst ein alter Waffenhändler. Die Stimmung passt hervorragend in sein Konzept. Die USA und die CIA dagegen glauben, sie führten ihn an ihrem Gängelband und er sei nur ein Bauer in ihrem Schachspiel.

Jedenfalls wird Gelli von den mächtigsten Männern der Welt unterstützt. Auch in den Vereinigten Staaten von Amerika sitzen Freimaurer an wichtigen Schalthebeln der Macht. Wer würde etwas anderes erwarten?

Kein geringerer als Ted Shackly, in den 1970er-Jahren Direktor aller verdeckten CIA-Operationen in Italien, bringt zwei politische Schwergewichte ins Spiel: Alexander Haig und Henry Kissinger. Gelli wird beiden vorgestellt.

Wer sind diese beiden Puppenspieler?

BIOGRAFISCHE RANDNOTIZEN
ODER DUNKELMÄNNER

Alexander Haig (1924–2010) ist ein General der US-Army und NATO-Oberbefehlshaber in Europa. Er diente zuvor dem Großbetrüger Richard Nixon als Stabschef, war aber auch Außenminister unter Ronald Reagan. Er kennt die Weltpolitik wie seine Westentasche. Autor Guido Brandt behauptet, Alexander Haig sei Freimaurer, die Pro-Freimaurer-Literatur widerspricht.[6] Fest steht, Haig weiß um die (rechtsgerichtete) Geheimorganisation Gladio, die Untergrundarmee. Denn sie untersteht der NATO und damit ihm. Er muss auch um die scheußlichen Terroranschläge in Italien wissen und ist damit mitverantwortlich.

Und Henry Kissinger? Kaum ein Außenminister ist mysteriöser und undurchsichtiger als er. Henry Kissinger, geboren 1923, ist Deutschamerikaner und lange der Marionettenmeister in den USA, speziell zwischen 1969 und 1977. Er ist Mitglied der Denkfabrik *Council of Foreign Relations* (CFR), also des Rates für auswärtige Beziehungen. Der CFR ist nach Meinung von Verschwörungstheoretikern weit mehr als nur ein Rat, hier laufen die heißesten Drähte zusammen.[7] Fest steht: Einige Autoren bezeichnen Kissinger als Kriegsverbrecher. Eine Gruppe von Juristen versuchte tatsächlich, Kissinger vor den Internationalen Strafgerichtshof in Den Haag zu zitieren. Und so viel ist richtig: In Vietnam, Kambodscha, Chile und anderen Ländern gab es zuhauf illegale Machenschaften und Menschenrechtsverletzungen, für die Kissinger die Verantwortung trägt. Kissinger unterstützte unzweifelhaft Militärputsche und Diktaturen, nicht nur in Lateinamerika, sondern auch in Indonesien und Fernost. Die Anti-Kissinger-Literatur, die so umfangreich ist wie eine kleine Bibliothek, weist ihn als Freimaurer aus.[8]

Wie auch immer die Wahrheit aussieht, ganz sicher bestehen „gute Verbindungen" zwischen Celli, der CIA, Haig und Kissinger. Von einem übergeordneten geopolitischen USA-Standpunkt aus ist es also nur „logisch", Licio Gelli mit allen Mitteln zu unterstützen.

DER STURZ

Aber alle transatlantischen Konnexionen nutzen Gelli nichts. Als das feingesponnene Netz in Italien zerreißt, können auch die besten Beziehungen zu den mächtigsten Männern der Welt den Karren nicht mehr aus dem Dreck ziehen.

In den 1980er-Jahren wird das ganze Ausmaß der Verschwörung bekannt. Die Villa des P2-Chefs wird durchsucht. Die Fahnder und mit ihnen die Staatsanwälte fallen fast von ihren Stühlen: 52 Carabinieri, 50 Armeeoffiziere, 29 Marineoffiziere, elf Polizeipräsidenten, zehn Bankpräsidenten, fünf amtierende und ehemalige Minister, 38 Abgeordnete, 14 Richter und Staatsanwälte und 80 Großunternehmer sind Mitglieder der P2 (Graichen, Ganser).

Selbst die Großloge *Grande Oriente d'Italia* ist hilflos. Der Großmeister dieser Loge, der angeblich einst Gelli den Auftrag erteilte, den italienischen Logen neue Mitglieder zuzuführen, schlägt die Hände über dem Kopf zusammen, als der P2-Skandal publik wird. Den Freimaurern droht der Herzinfarkt. Ein Geheimnis, das gelüftet worden ist, verliert nicht nur augenblicklich seine Kraft, es mutiert sogar zu einem Rohrkrepierer.

Das Beweismaterial gegen Gelli ist erdrückend. Selbst er, der hochbegabte Intrigant und eiskalte Killer, kann sich nicht mehr herauswinden. Alle fantastischen Verbindungen, gestern noch Gold, verwandeln sich in Blei – die Alchemie, die sonst den umgekehrten Weg geht, wird auf den Kopf gestellt. Schließlich stehen die Mitglieder seiner Loge selbst unter Beobachtung. Der Logenmeister vermag keinen Joker mehr aus dem Ärmel zu ziehen. Der Skandal erfasst die gesamte italienische Nation und schlägt zudem in vielen anderen Ländern hohe Wellen. Einige Gefolgsleute Gellis, die hohe und höchste Pöstchen innehaben, müssen ihren Hut nehmen. Die „Supermacht" der P2 zerplatzt wie eine Seifenblase.

Längst ist der Kontakt zu Gladio erwiesen, die terroristischer Bombenanschläge überführt worden ist. Weiter vermuten die Behörden, dass Gelli mitschuldig ist an dem Zusammenbruch eines Mailänder Kreditinstituts, in dessen Folge sich eine Milliarde Euro in Luft auflösen und der Bankenchef (Roberto Calvi) ermordet wird. Hat Gelli den Auftragsmörder angeheuert? Der Meister vom Stuhl sitzt in der Tinte.

1991 werden Gelli und 20 P2-Mitglieder wegen Verschwörung wider den Staat, wegen der Mitgliedschaft in einer verbrecherischen Organisation und wegen Korruption offiziell angeklagt. Licio Gelli verkriecht sich. Einmal flieht er nach Südamerika, dann in die Schweiz. Hier wird er verhaftet, kann aber in einer abenteuerlichen Flucht aus der Schweizer Haft entkommen. Er taucht unter, Kontakte besitzt er genug. Und den Gerichten fällt es schwer, handfeste Beweise zu erbringen.

Nach der Verfolgungsverjährung kehrt Gelli frech in sein Heimatland zurück und genießt die warme italienische Sonne. Gelli versucht jedoch fortan, keine Aufmerksamkeit mehr zu erregen. Aus Sicht der Freimaurerei ist mit ihm kein Staat mehr zu machen, in politischer Hinsicht ist er tot. Der alternde Gelli fängt an zu schriftstellern und bemüht sich, unter dem Radar zu bleiben.

2013 gerät er jedoch erneut ins Visier der Behörden. Aufgrund eines Steuerbetrugs beschlagnahmen die Finanzbehörden abermals wichtige Papiere in seiner Villa. Der Gangster kann die Finger nicht von den Betrügereien lassen. Aber er kommt auch diesmal ungeschoren davon.

Gelli stirbt im Jahre 2015 in Italien, 96 Jahre alt, beinahe hundertjährig. Licio Gelli – Mussolini-Anhänger, Mitglied der Schwarzhemden, Erzfaschist, Killer, SS-Offizier, Militarist, begabter Intrigant, Waffendealer, Erpresser, Unterstützer des Terrors, Umstürzler, Verschwörer, Chaoshändler, kurz eines der intelligentesten Verbrechergehirne des 20. Jahrhunderts und eine der schändlichsten, schillerndsten Figuren, die die Geschichte kennt – der allmächtige Gelli ist tot.

DIE VERSCHWÖRUNG FLIEGT AUF

Bevor wir zu einer endgültigen Auswertung kommen, ist es notwendig, noch einige Fakten nachzutragen. Fragen wir uns noch einmal: Wie konnte es überhaupt dazu kommen, dass die Aktivitäten der P2 aufflogen?

Es war zunächst nicht die Mitgliederliste, die Licio Gelli ins Fadenkreuz der Fahnder rückte, sondern ein ganz anderer Umstand. Der Auslöser für all die Probleme war der Kollaps einer Mailänder Bank, an dessen Spitze Roberto Calvi stand – ein Mitglied der P2. Fahnder, die diesem Skandal auf den Grund zu gehen suchten, stießen geradezu zufällig auf die Loge. Weiter deutete der Bombenanschlag in Bologna in Richtung der Geheimloge. Erst danach begann die Wühlarbeit der Polizei und der Justiz, die eben nicht hundertprozentig unterwandert war.

Grundsätzlich gab es zwei Schlüsselfiguren, denen die Ermittler auf den Fersen waren. Eine davon war der bereits erwähnte Roberto Calvi. Es ist notwendig, dass wir auch in diesem Fall noch etwas Fleisch auf die Knochen tun. Roberto Calvi, der „Bankier Gottes", der an geheimen Finanztransaktionen des Vatikans satt verdiente, war ein Früchtchen ganz eigener Klasse. Er verschob gleichzeitig die Gelder politischer Parteien, war der Geldwäscher von Drogengeldern und unterhielt gute Kontakte zur Mafia. Er kümmerte sich auch um die Finanzen der P2. Kurz gesagt war er ein Helfershelfer Gellis, ein Schuft vor dem Herrn, der seine gierigen Finger in allen möglichen Gruppierungen hatte. In der zwielichtigen Welt der Banken hatte er sich bereits als „ehrlicher Schurke" bewährt. Als er 1974 Präsident eines renommierten Mailänder Bankhauses wurde, verfügte dieses bereits über zahlreiche Briefkasten- und Scheinfirmen. Calvi weitete dieses Geschäftsfeld noch aus. Er gründete zusätzlich Banken in Panama und auf den Bahamas und wusch hier

Gelder aus dem südamerikanischen Kokain-Handel, teilweise mithilfe hoher Herren der Vatikanbank, behaupten jedenfalls einige Quellen.[9]

Als Calvi jedoch aufgrund eines illegalen Auslandstransfers von 27 Milliarden Lire in Untersuchungshaft landete, war das der Anfang vom Ende. Da seine Bank auch noch Konkurs anmelden musste – sie hatte rund eine Milliarde US-Dollar Schulden angehäuft –, war das der Grund genug für die Fahnder, tiefer zu bohren. Mit anderen Worten: Calvi hatte Riesensummen veruntreut und sie sich möglicherweise selbst unter den Nagel gerissen. Der Vatikan gab später an, er habe durch Calvis Missmanagement drei Milliarden Euro abschreiben müssen. Auch der Leiter der Vatikanbank hatte über Calvis Scheinfirmen Gelder ins Ausland transferiert – der „Bankier Gottes" hatte selbst Gott betrogen.

Mit den Kirchengeldern wurde unter anderem *Solidarnosc* finanziert, die berühmte freie polnische Gewerkschaft. Sie war hauptverantwortlich dafür, dass 1989 die Kommunisten in Polen zum Teufel gejagt wurden. Auch der Vatikan hatte also keine weiße Weste.

Zudem fuhr die Mafia durch Calvis Bankrott Riesenverluste ein. Aber der Höhepunkt des Skandals war, dass das Netz der Freimaurerei zerrissen wurde.

Calvi wurde jedenfalls im Jahre 1982 erhängt unter einer Londoner Themsebrücke aufgefunden. Wer ihn ermordet hat, ist bis heute nicht geklärt. Die Mafia? Die Freimaurerei, deren Hauptquartier sich nicht allzu weit von dem schaurigen Schauplatz des Mordes befindet? Es gibt auch andere Spuren. Spätere Nachforschungen ergaben, dass Calvi im letzten Augenblick durch Erpressung hochrangiger Politiker seinen Hals zu retten suchte. Hatten sie bei dem Mord ihre Hände im Spiel? Oder versuchte Calvi, Gelli zu erpressen, und musste er deshalb sterben? Immer wieder kam das Gerücht auf, dass Calvi beiseitegeschafft wurde, weil er „unzuverlässig" war bei der Betreuung von Drogengeldern. Also doch die Mafia? Auch der Vatikan geriet ins Zwielicht. Wer will hier verlässlich urteilen?

Calvis größtes „Vergehen" war sicherlich, dass Spuren bis zur P2 führten. Er, der doch als Banker mit Zahlen so gut umgehen konnte, verkalkulierte sich völlig, als er auf Nachsicht hoffte. In den Kreisen, in denen er verkehrte, gibt es keine Gnade.

Am selben Tag, an dem Calvis Leiche gefunden wurde, stürzte seine Sekretärin aus einem Fenster seiner Bank im vierten Stock. Sie war sofort tot. Ein weiterer Mord.

Die Öffentlichkeit war entsetzt und verlangte nach Antworten. Die Suche und die Hatz gingen los, die Hunde wurden von der Leine gelassen.

Auch der Name Michele Sindona führte zur Geheimloge P2. Alle Wege führten nach Rom, wie schon das geflügelte Wort weiß. Doch was hatte es nun mit dem Fall Sindona auf sich?

Auch Sindona, ein zweiter Superbanker, zahlte einen hohen Preis. Er, der Sizilianer, der Mafioso, der Calvi unter seinem Schatten hatte großwerden lassen, besaß mehrere eigene Banken, verschiedene Unternehmen und eine eigene Zeitung. Das *Time-Magazin* bezeichnete ihn auf der Höhe seines Erfolgs als „den erfolgreichsten Italiener seit Mussolini" – ein zweifelhaftes Kompliment, wenn man das Vergleichsmoment genauer in Augenschein nimmt. Als Sindona jedoch versuchte, eine Holding über seinen zahlreichen Unternehmen zu gründen, übernahm er sich und musste ebenfalls Bankrott anmelden.

Nichts verzeiht diese Welt so wenig wie ein finanzielles Desaster, selten reagiert sie grimmiger.

Sein Bankrott löste eine regelrechte Hetzjagd aus. Seine Verbindungen zur „ehrenwerten Gesellschaft", zur *Cosa Nostra,* wurden entdeckt, außerdem rückte erneut die P2 ins Scheinwerferlicht.

Seine Verhaftung löste viele Ermittlungen aus. Sie ergaben ohne Wenn und Aber seine Verbindungen zur Vatikanbank, zur Mafia und zu Gelli. Sindona versuchte verzweifelt, „mithilfe der Mafia und Teilen der sizilianischen Freimaurer"[10] eine Entführung durch linksterroristische Gruppen vorzutäuschen, um sein Leben zu retten; aber das Unternehmen schlug fehl. Sindona wurde im Ausland geschnappt und nach Italien zurückgeschickt. 1984 wurde er des Auftrages zum Mord überführt und zu 25 Jahren Haft verurteilt.

Nachdem Sindona einem Journalisten mehrere Interviews gegeben hatte, in denen er einige gefährliche Andeutungen machte, wurde er in seinem Hochsicherheitsgefängnis mit Zyanid vergiftet, das seinem Espresso beigemischt worden war.

Ein Liquidator, der sich mit den Überresten von Sindonas Banken beschäftigte, wurde ebenfalls ermordet – von einem US-amerikanischen Auftragskiller.

In diesen Kreisen gehörten Mord und Totschlag zum Standardrepertoire.

Spuren wurden möglichst sorgfältig beseitigt und mögliche unangenehme Zeugen zum Schweigen gebracht.

RECHTFERTIGUNGSVERSUCHE UND FALSCHE FÄHRTEN

Natürlich gab es zahlreiche Rechtfertigungsversuche vonseiten der Logen. Eilig wurden falsche Fährten gelegt, und man sorgte für Schadensbegrenzung.

Grundsätzlich distanziert man sich: Mit diesen Schurken, Schuften und Schandbuben hatte die Freimaurerei nicht das Geringste zu tun. Die Verbindungen zur CIA wurden abgestritten und die Spuren, die nach Washington führten, schnell verwischt. Die italienische Großloge wusch ihre Hände in Unschuld, angeblich hatte man von Gellis verbrecherischen Aktivitäten nichts gewusst.

Der Großloge in England konnte ohnehin nichts nachgewiesen werden. Was bewies schon ein toter Freimaurer, der über der Themse im Wind baumelte?

Schließlich verwies man eilfertig auf die Existenz der „wilden Logen", wie der Fachausdruck lautet. Unter einer „wilden Loge" oder einer „Winkelloge" versteht man eine Freimaurer-Loge, die sich der Kontrolle durch eine Großloge entzieht und einfach den Begriff Freimaurer-Loge benutzt, der gesetzlich nicht geschützt ist. Großlogen können „Patente" für Logen vergeben, viele Logen entziehen sich allerdings diesem Diktat. Die Freimaurer argumentierten jedenfalls, dass es sich bei der P2 um eine wilde Loge gehandelt habe oder zumindest um eine Loge, die außer Kontrolle geraten war und mit den wahren Zielen der Freimaurer nichts zu tun hatte.

Aber ist das wirklich genug, um die Freimaurerei zur Gänze reinzuwaschen?

WAS NICHT VOM TISCH ZU WISCHEN IST

Als Ergebnis bleiben mindestens vier einschneidende Erkenntnisse:

1. Die Freimaurerei beherbergte im Laufe der Geschichte in ihrem Schoß eine ganze Reihe höchst zweifelhafter Figuren, manchmal sogar Großverbrecher und Kriminelle. Das brachte alle Logen in Verruf, es diskreditierte (und diskreditiert bis heute) das Freimaurertum.

2. Die Freimaurerei suchte ganz bestimmt nicht nur im Falle der P2 Einfluss auf die Gesellschaft zu nehmen – in der Politik, in der Wirtschaft und so fort. Das bedeutet: Ihr Einfluss war und ist gewaltig und wird üblicherweise völlig unterschätzt. Es gab (und gibt) Kreuz- und Querverbindungen zu hohen und höchsten Kreisen, wodurch ganze Netzwerke mit ungeheurer Macht entstehen. Etwas anderes zu behaupten ist naiv und widerspricht jeder historischen Forschung.

3. Zumindest einige Logen bedienten sich „schwarzen politischen Know-hows", wie wir das genannt haben. Das erlaubt es, Politik und Öffentlichkeit zu manipulieren und zum Narren zu halten. Dazu gehören unter anderem die Unterwanderung, das komplette Know-how der Spionage und Gegenspionage, die Existenz von Doppelspionen sowie Terrorakte, die fälschlicherweise anderen in die Schuhe geschoben werden. Die Desinformation ist ebenfalls Teil dieses schwarzen politischen Know-hows genauso wie alle Methoden der Verleumdung, der irreführenden Propaganda, der Erpressung und der Bestechung.

4. Mehr als enthüllend ist, dass Anschläge, Chaos und sogar Kriege dazu dienen können, dem Militär und den Geheimdiensten noch mehr Geld (sowie Macht und Einfluss) zuzuschanzen, obwohl die Ausgaben für die Verteidigung, sprich fürs Militär und für die Geheimdienste, in vielen Ländern bereits einen Großteil der Steuereinnahmen verschlingen.

Terror ist auch ein Manipulationsinstrument, mit dem man sogar ehrenwerte, gute Demokraten hinters Licht führen kann. Die Chaoshändler (also die Medien) arbeiten den Terroristen in die Hände, indem sie bei einem Anschlag oder einer scheinbaren Kriegsgefahr Zeter und Mordio schreien, woraufhin Militärs und Geheimdienste umgehend nach mehr Kontrolle (und höheren Budgets) verlangen. Terror und Bedrohungen kommen also bestimmten Kreisen sehr gelegen. Deshalb sollten wir Geldforderungen des Militärs und der Geheimdienste in Zukunft mit viel größerem Misstrauen begegnen. Die intelligente

266

Frage lautet, WEM Terrorakte und Kriege dienen und WER dadurch Vorteile ergattert.

So weit unsere Ausbeute, die so gering nicht ist.

Fragen wir uns zu guter Letzt, was passierte, nachdem die P2 aufgeflogen war?

GELÖSTE UND UNGELÖSTE RÄTSEL

Nun, der tatsächliche Einfluss der P2 ist bis heute nicht endgültig geklärt. Viele Mitglieder wurden nämlich nie enttarnt, Gellis Mitgliederliste enthielt nicht alle Namen.

Der vielleicht beste Kenner des P2-Skandals, der Historiker Daniele Ganser, behauptete später, hinter dem ganzen Schlamassel stecke letztlich die CIA. Sie habe Gelli beauftragt, ein Netzwerk aufzubauen, die italienische Großloge habe nur eine untergeordnete Rolle gespielt. Ganser bezieht sich auf ein ominöses US-Geheimpapier mit dem Kürzel FM 30-31B. Die CIA wies derartige Behauptungen jedoch zurück und erklärte, bei dem Dokument FM 30-31B handele es sich um eine Fälschung der Sowjets.[11]

Doch auch andere Quellen bezeichneten die Loge P2 als einen amerikanischen Import. Haig und Kissinger erteilten Gelli angeblich persönlich die Erlaubnis, italienische Offiziere sowie NATO-Offiziere zu rekrutieren.[12] Die wahren Drahtzieher waren demnach freimaurerische Kreise in der US-Regierung.

Und wie ging der Polit-Krimi in Italien weiter?

Nun, Berlusconi bestritt lange seine Mitgliedschaft in der P2-Loge, ja er bekräftigte das sogar mit einem Meineid. Obwohl ihm die Mitgliedschaft später schriftlich nachgewiesen werden konnte, hinderte ihn das nicht daran, sehr hoch aufzusteigen. Der frühere Staubsaugervertreter und Nachtclubsänger erwirtschaftete ein Vermögen von rund acht Milliarden Dollar und wurde viermal zum Ministerpräsidenten Italiens gewählt. Das von Licio Gelli einst aufgestellte Programm enthielt unter anderem eine Anleitung zur Unterdrückung der Linksparteien und zum Aufbau eines privaten Fernsehsystems – Programmpunkte, die Silvio Berlusconi Schritt für Schritt in die Tat umsetzte. Als der schöne Silvio das erste Mal die Macht in Italien übernahm, waren sieben Minister ehemalige Mitglieder der P2-Loge.

Die P2 – die nebenbei bemerkt auch in Argentinien, Uruguay und anderen südamerikanischen Ländern aktiv war – wurde 1982 offiziell aufgelöst und verboten. Kritiker monierten allerdings, dass die Geheimloge trotz des Verbotes noch immer existierte.

Ab 2008 bemühte sich der italienische Staat verstärkt darum, die Logen strenger zu überwachen. Da nicht alle P2-Mitglieder enttarnt worden waren, vermutete man, dass immer noch hochrangige Persönlichkeiten Verbindungen zur ehemaligen Propaganda Due besaßen.

Tatsächlich gab es eine Nachfolgeorganisation namens P3. Sie wurde 2010 von den italienischen Behörden ebenfalls aufgelöst.

Kurz darauf wurde die P4 gegründet, die *Propaganda Quattro.*

2011 hörten Ermittler die Loge P4 systematisch ab. Alles deutete nämlich erneut auf Erpressungsvorgänge hin. Der Kopf der P4 war ein ehemaliger Logenbruder Gellis!

Die P2 existiert also immer noch, geändert hat sich lediglich die Nummerierung.

Das aber führt uns zu unserem letzten und spannendsten Kapitel dieses Buches, das sich erneut mit der Freimaurerei beschäftigt, der mächtigsten geheimen Bruderschaft in der Geschichte und in der Gegenwart.

11.
WAS ÜBER DIE FREIMAURE-
REI NICHT GESAGT WERDEN
DARF: GERÜCHTE, GEHEIMNISSE,
GESCHICHTE UND GEGENWART

Versuchen wir nun, in diesem letzten Kapitel die Freimaurerei insgesamt zu erfassen – ein lohnendes und hochspannendes Unterfangen.

Erlauben Sie jedoch zunächst eine persönliche Bemerkung, der Ku-
riosität halber: Als wir vor einiger Zeit von einem großen deutschen
Verlag gebeten wurden, eine „Geschichte der Freimaurerei" zu schreiben, lehnten wir das Angebot ab. Warum? Nicht etwa, weil das Thema
zu brisant war, sondern weil eine „Geschichte der Freimaurerei" nicht
geschrieben werden *kann*. Es handelt sich bei der Freimaurerei ja per
definitionem um einen Geheimbund, dessen Zirkel systematisch daran
arbeiten, dass die Wahrheit eben nicht ans Tageslicht kommt. Und wie
soll man eine „Geschichte der Freimaurerei" verfassen, wenn die notwendigen Dokumente, die man einsehen müsste, nicht zur Verfügung
stehen, wenn die Auskünfte spärlich sind, wenn kurz gesagt alles nur
hinter vorgehaltener Hand weitergegeben und peinlichst darauf geach-
tet wird, nichts von Bedeutung preiszugeben? Das ist unmöglich.

Ein paar Jahre später kamen wir mit dem Thema erneut in Berührung, es drängte sich geradezu auf – als wir versuchten, die (Welt-)Geschichte und die übergeordneten Zusammenhänge einfach und logisch darzustellen. Es entstanden einige Bestseller wie *Die größten Lügen der Geschichte, Die geheim gehaltene Geschichte Deutschlands, Was wir aus 10.000 Jahren Geschichte lernen können* und so weiter, rund 15 Bücher bis dato.[1]

Bei zahlreichen unserer Recherchen tauchten immer wieder diese „verdammten" Freimaurer auf. Wir, also ein ganzes Rechercheteam, kamen nicht drumherum, uns mit Freimaurern und geheimen Bruderschaften viel genauer auseinanderzusetzen. Die intellektuelle Fairness, die Sache selbst forderte es ein, wollten wir der geschichtlichen „Wahrheit" auch nur halbwegs auf die Spur kommen.

EINSICHT NR. 1

Will man Geschichte auch nur ansatzweise verstehen, darf man weder das Thema Freimaurer noch frühere Geheimbünde ignorieren. Die Freimaurer bewegten einfach zu viel, wie wir bereits gesehen und punktuell dargestellt haben, besonders in der neueren Geschichte. An allen Ecken und Enden hatten die Freimaurer in der hohen Politik ihre Finger im Spiel. Spätestens ab dem 18. Jahrhundert lässt sich die Geschichte von US-Amerika, Frankreich, England, Italien oder Deutschland gar nicht mehr verstehen beziehungsweise kann nur unzureichend dargestellt werden, wenn man das Freimaurertum nicht miteinbezieht. Mit anderen Worten: Unsere „normale" Geschichtsschreibung ist lückenhaft, oder deutlicher gesagt: Es handelt sich hierbei oft um Lügen, da ja auch die Auslassung eine Spielart der Lüge ist. Der Auslassung oder der Marginalisierung der Freimaurerei sind viele Historiker schuldig zu sprechen. Der Geheimbund der Freimaurer bewegte – ungesehen, hinter den Kulissen, schattenhaft – erstaunlich viel.

Wir sollten vor einer Geschichtsschreibung, die zwar anscheinend objektiv daherkommt, aber Geheimbünde ignoriert, ein wenig den Respekt verlieren. Sie verzichtet nämlich darauf, die wahren Verursacher und Strippenzieher ins Scheinwerferlicht zu rücken, und stellt Geschichte als ein „zufälliges" Sammelsurium von Fakten dar. In dieser Art von Geschichtsschreibung wird „Gott Zufall" angebetet, ja „Chaos" oder „Willkür" werden sogar zur Geschichtsphilosophie erhoben. Ein anderes populäres Fazit lautet: „Massen machen Geschichte."

Sowohl die „Zufalls-Theorie" als auch die „Massen-Theorie" sind jedoch ausnahmslos Fehlurteile. In Wahrheit wurde einfach nicht sorgfältig genug recherchiert, wurde nicht herausgefunden, WER die „Massen" in einer bestimmten Epoche in Bewegung setzte oder WER für einen scheinbaren „Zufall" verantwortlich war. Man kommt zu einer falschen Geschichtsphilosophie, wenn man wichtige Daten auslässt.

Die Wahrheit ist: Massen bewegen gar nichts, sofern sie nicht vorher motiviert worden sind. Massen sind unvorstellbar träge und faul – nicht anders als eine physikalisch ruhende Masse, auf die erst Einfluss genommen werden muss, bevor sie sich vom Fleck rührt. Wer dagegen tatsächlich etwas bewegt, wer wühlt, agiert und agitiert, oft im Hintergrund, sind Individuen. Das können innerhalb des Freimaurertums Logenmeister sein, die zunächst ihre Brüder einweihen und aktivieren – die wiederum in der Folge die „Massen" bewegen. Individuen, die die Geschichte veränderten, bedienten sich sehr häufig der Macht von Geheimbünden oder Elitezirkeln.

Die gesamte marxistische Geschichtsphilosophie kann man deshalb ruhig auf den Misthaufen werfen, sie ist oberflächlich und unzulänglich. Sofern man allerdings konsequent den Einfluss der Freimaurerei (sowie vieler Geheimdienste) in Rechnung stellt, erkennt man sehr schnell,

WARUM sich etwas in eine bestimmte Richtung bewegte und dass es immer konkrete Drahtzieher gab. Sie alle hatten einen Namen und eine konkrete Identität und agierten zu einer sehr präzisen Zeit an einem ganz bestimmten Ort. Gern bedienten sie sich wie gesagt bestimmter Geheim- und Elitezirkel. Die Geschichte der Französischen Revolution, der US-amerikanischen Revolution, der Rosenkreuzer, der Illuminaten und der P2 beweisen das hinlänglich. Nichts geschieht „zufällig".

Und so kommt man zu einer völlig neuen Geschichtsphilosophie. Sie lautet:

Individuen, nicht Massen machen Geschichte.

Und weiter:

Die machtvollsten Waffen eines Individuums, den Lauf der Geschichte zu verändern, liegen erstens in der Rede (und der Fähigkeit, gekonnt schriftlich zu formulieren) und zweitens in der Bildung eines verschworenen, loyalen Zirkels oder einer Elitegruppe.

EINSICHT NR. 2

Sobald man dem Aberglauben abgeschworen hat, dass die anonyme, dumpfe „Masse" etwas vorantreibt oder der „Zufall", lässt sich scheinbar „objektive" Geschichte unversehens erheblich besser verstehen. Sie wird plötzlich „subjektiv". Man erkennt ohne Wenn und Aber, dass man die Hintermänner und Verursacher ausmachen muss, die „Beweger". Öfter als es normalerweise zugegeben wird, waren wie gesagt die Freimaurer die Verursacher einer „Bewegung". Die letztendlichen Strippenzieher waren die Meister vom Stuhl und die Hochgradfreimaurer – und sie sind es bis heute.

Doch eine Bewegung ruft gewöhnlich eine Gegenbewegung hervor, auch im politischen Raum – eine weitere Parallele zur Physik. Deshalb verschleierten diese Meister ihre Identität. Sie wollten nicht ins Rampenlicht gerückt werden, sie fürchteten den Rückstoß eben dieser Gegenbewegung. Ja, sie verbargen sogar die Rolle und die Existenz ihres Geheimzirkels. Ihre Bewegung, so kalkulierten sie, war umso machtvoller, je unbekannter sie blieb. Also gaben sie weder ihre Identität und ihren Namen preis noch ließen sie allzu viel über die Existenz ihres Geheimbundes nach außen dringen.

Wir lernen:

Viele Strippenzieher/Verursacher/„Beweger" tun alles dafür, dass sie selbst und ihre Gruppe unentdeckt bleiben.

Aus diesem Grund ist die „normale" Geschichtsschreibung oft nicht in der Lage, sie zu identifizieren, und deshalb werden nur die äußeren Handlungsabläufe sichtbar.

Wagen wir es nun, trotz aller Einwände und Probleme, auch die „Geschichte der Freimaurerei" zu erfassen, zumindest so weit sie uns zugänglich ist. Und machen wir uns dabei auf einige Überraschungen gefasst. Denn wir betreten hier das denkbar heißeste Pflaster. Wagen wir es auch, ein Urteil über die Freimaurerei abzugeben, die so umstritten ist wie vielleicht keine andere Gruppierung der Welt.

DIE ENTSTEHUNG DER FREIMAUREREI

Zahlreichen Gerüchten zufolge ist die Freimaurerei uralt. Einige Autoren behaupten, sie gehe auf den Isis- und Osiriskult (= Götter des alten Ägyptens) zurück, andere verweisen auf die persische Religion, wieder andere auf eine alte jüdische Sekte, die Essener (= eine geheime Bruderschaft, die sich „Söhne des Lichts" nannten). Wieder andere nennen den Israeliten Hiram, einen Baumeister unter König Salomon, den Gründer, wieder andere deuten auf eine protestantische Herkunft. Auch auf die Templer wird gerne verwiesen, ein militanter Orden, der – erinnern wir uns – einst für Pilger den Weg ins Heilige Land sichern sollte. Der Orden wurde dabei unermesslich reich, aber aufgrund dieses Reichtums von einem französischen König bestohlen und nahezu ausgerottet – woraufhin sich die Reste der Templer in alle Winde zerstreuten. Angeblich flohen einige Ritter nach Schottland, wo sie gemäß einiger Autoren die Freimaurerei begründeten …

Ägypten – Persien – Israel – Schottland: jede Menge Gerüchte, hübsch für einen Roman, historisch zu beweisen ist nichts. Lediglich die Inspiration durch den Templerorden lässt sich aufgrund vieler Gemeinsamkeiten beider Geheimbünde nicht leugnen. In diesem Fall wären die Großmeister der Tempelritter die Urväter und Vorbilder der heutigen Meister vom Stuhl.

Die Ähnlichkeiten zwischen beiden Geheimbünden sind in der Tat frappierend: Der Kopf aller Templer war der sogenannte Großmeister – es sind genaue Namenslisten überliefert. Auf Hugo von Payens (1118–1136) folgte Robert der Burgunder (1136–1147), der wiederum von Eberhard de Barres (1147–1150) und Hugo de Jofre (1150–1152) abgelöst wurde und so fort. Auch die Freimaurer haben einen allmächtigen Großmeister an der Spitze. Es gab und gibt zudem bei den Freimaurern Großlogen, die über andere Logen herrschen. Die mächtigste Großloge befindet sich in England, zumindest einigen Quellen zufolge.[2]

Dem Großmeister bei den Templern unterstanden alle Templer-Provinzen. In Europa gab es zur Zeit der größten Machtentfaltung dieses Mönchsritterordens unter anderem Provinzen in Spanien, Frankreich, England, Schottland, Irland, Deutschland, Ungarn und Italien, aber auch in Vorderasien; wir haben bereits darauf hingewiesen. Das Templerwesen agierte also international, genau wie die Freimaurer heutzutage.

Außerdem waren die Templer streng hierarchisch gegliedert, absoluter Gehorsam wurde eingefordert – eine weitere Gemeinsamkeit mit den Freimaurern.

Jede Templer-Provinz unterteilte sich in Unterprovinzen. Innerhalb der Provinzen gab es verschiedene Komtureien (= Häuser), die Grundzellen der Templer-Orden. Ihnen stand ein Komtur vor, der auch Commandeur, Commendator oder Kommendator genannt wurde, manchmal Präzeptor oder Prior. Diesem unterstanden die Tempelritter, denen wiederum die Knappen und so weiter. Die Templer hatten eine ganz genaue, penible Rangordnung und ein Stufensystem, das von unten nach oben führte – ganz wie bei den Freimaurern heute.

Weiter fanden bei den Templern „Einweihungen" statt, die wir in unserem Buch *Die Geheimmission des Tempelritters*[3] enthüllt haben und auf die wir an dieser Stelle nicht näher einzugehen brauchen. Wer dem Orden der Tempelritter beitreten wollte, musste sich bestimmter geheimer Einweihungsrituale unterziehen.

Generell gab es viele „Geheimnisse" bei den Templern, auch religiöser Art, es gab Geheimzeichen und geheime Symbole. Und die Freimaurer traten auch in dieser Beziehung in die Fußstapfen der Templer.

Die ungeheure Machtentfaltung der Templer ist ein weiteres Vergleichsmoment, die Parallelen zu den Freimaurern sind eklatant.

Schließlich waren die Templer geradezu unverschämt geschäftstüchtig, wie wir bereits ausgeführt haben. Einige Autoren führen sogar das heutige Bankensystem auf die Templer zurück, die raffiniert genug waren, „Wertpapiere" auszustellen, lange bevor die klugen Holländer und Engländer darauf verfielen, mit „Aktien" zu jonglieren. Die ersten Bankiers der Geschichte waren Templer. Auf diese Art häuften die Templer sagenhafte Reichtümer an. Sie konnten „frisches Geld" sozusagen aus dem Nichts erschaffen. Weiter nutzten die Templer die Magie des Zinses und Zinseszinses.[4]

Auch den Freimaurern sagt man eine hohe Affinität zum Geld nach, der Graf von Saint Germain, die späten Rosenkreuzer oder Licio Gelli können hierfür in den Zeugenstand gerufen werden. Die Einkommensquellen der Freimaurer waren und sind höchst „kreativ", denken wir erneut an die P2 und den Raffzahn Gelli.

Und so muss man festhalten, dass die Freimaurer viele Gemeinsamkeiten mit den Tempelrittern haben.

Die Freimaurer traten das Erbe der Templer an.

Und wie schrieb sich ihre Geschichte fort?

DIE ENTSTEHUNG EINES GEHEIMKULTES

Unbestritten fußen die Freimaurer, wie wir sie heute kennen, auch auf den Maurerkorporationen des Mittelalters – eine zweite Säule, wenn man so will. Und in diesem Zusammenhang erklärt folgender Umstand viele „Geheimnisse" der Freimaurer unmittelbar: Die damaligen Maurer, Architekten, Bauleute und Handwerker – zu ihrer Zeit hochgeachtete Zeitgenossen, weil sie Kirchen und Kathedralen bauten und um manches mathematisch-physikalische Geheimnis wussten – hatten ein Problem: Sie mussten diese (Berufs-)Geheimnisse an ihre Gesellen und an neue Mitglieder weitergeben, das Wissen durfte nicht verlorengehen. Allerdings gab es im Mittelalter noch keinen Buchdruck, und etwas handschriftlich festzuhalten war zu gefährlich. Wie leicht konnte ein Geheimnis in die falschen Hände geraten! Zudem verboten es die Satzungen, Berufsgeheimnisse niederzuschreiben. Also sahen sich die Maurer gezwungen, ihr geheimes Know-how irgendwie anders weiterzugeben. Nur wie? Es bildeten sich Maurerkorporationen aus, innerhalb derer sichergestellt war, dass in diese Geheimnisse nur (in das Bauhandwerk) eingeweihte Personen Einblick erhielten. Schon bald gab es innerhalb dieser Korporationen regelrechte Hierarchien und Stufen, sprich verschiedene Maurergrade, Riten, Gesetze und Aufnahmebedingungen. Einfach alles wurde unternommen, um die Berufsgeheimnisse der Maurer zu wahren. Es gab Geheimworte (welche die Legitimation eines Maurers bestätigten), Passwörter (die notwendig waren, wenn ein Maurer zum Beispiel in einem anderen Land arbeiten wollte) und Geheimsymbole (die auf einen Blick die Zugehörigkeit zum Maurerbund verrieten). Ein regelrechter Geheimkult entstand. Etwas durfte nur *mündlich* innerhalb dieser Hierarchien weitergegeben werden.

Als Erkennungsmerkmale der Maurer untereinander dienten zunächst Winkelmaß, Wasserwaage und Zirkel. Sie wurden als Erkennungszeichen und Ausweiszeichen benutzt. Später entwickelte sich ein kompliziertes System von Hand- und Fußzeichen: Standen die Füße in einem bestimmten Winkel zueinander, verriet das den Maurer, ja sogar dessen Stellung innerhalb der Maurerei. Die Maurer trafen sich in einer *Loge,* was wörtlich übersetzt „Versammlungsort" bedeutet. Strenge Vorschriften garantierten, dass das Geheimwissen (= die Berufsgeheimnisse) nicht weitergegeben wurde.

Man unterschied anfänglich zwischen dem einfachen Maurer, der nur den *roughstone* (= den rohen, unbehauenen, groben Stein) bearbeiten durfte *(roughstone mason),* und dem hoch angesehenen Steinmetz *(freestone mason),* der einen Stein in ein Kunstwerk verwandeln konnten. Nur der *freestone mason* konnte einen Stein ornamental verzieren oder so exakt bearbeiten, dass er zum Beispiel millimetergenau in einen Rundbogen passte. Nur er konnte eine Skulptur und eine komplette Figur aus einem Stein hauen. Die *freestone masons* waren die Elite, die echten Cracks! Hieraus entwickelte sich später das Wort Freemason oder Freimaurer.

An der Spitze aller Maurer stand der Baumeister, eine Art Architekt und Ingenieur zugleich, modern ausgedrückt. Diese Baumeister bildeten die Führung der Elite. Der *master mason* war eine Art Vorläufer für den späteren Meister vom Stuhl. Er war hochgebildet und wusste um alle „Geheimnisse", wie man etwa ein so kompliziertes Bauwerk einer Kathedrale errichten konnte. Das erforderte tatsächlich ein enormes bautechnisches und mathematisches Know-how, ja ein regelrechtes „Geheimwissen". Man betrachte nur die mächtigen, Ehrfurcht gebietenden, himmels stürzenden Kirchenbauten und Dome aus dieser Zeit! Man kommt aus dem Staunen nicht heraus.

Die *master masons* waren hochbegabte Spezialisten, sie waren die Köpfe aller Handwerker, aller *freestone masons*. Sie verkehrten mit den mächtigsten Kirchenvertretern sowie dem Adel und Hochadel. Intelligenz und Wissen, Kenntnisse und Know-how waren schon immer die Methoden, um ganz nach oben aufzusteigen und in den höchsten Rängen mitzumischen. Kennzeichen dieser *master masons* und auch der *freemasons* war ein ausgeprägtes Selbstbewusstsein. Niemand konnte an ihren Fähigkeiten herumdeuteln. Sie stellten mehr auf die Beine als die verdammten Adligen und die Kirchenfürsten, die allzu oft den Müßiggang zur höchsten Philosophie erhoben und ihre Privilegien dafür nutzten, um zu schmarotzen und herumzuhuren. Die Aristokraten und die Monarchen, der hohe Klerus und die Kirchenoberen, die sich so viel auf ihre Titel und ihre Herkunft einbildeten, erstickten doch nur an ihrer eigenen Bedeutung! Dabei waren die vermaledeiten Pfaffen und die adligen Nichtsnutze den Gelehrten in den meisten Belangen weit unterlegen, auch den *master masons*. Wissenschaftler und Künstler, die als Menschen zweiter Klasse betrachtet und behandelt wurden, konnten in Wahrheit diesen eingebildeten Laffen allesamt auf den Kopf spucken, wenn es hart auf hart ging. Die Fähigkeit zur Kreation war der bloßen aristokratischen Herkunft und einem dummen Titel schon immer weit überlegen. Trotzdem wurden die *freestone masons* und die *master masons* bevormundet. Sie waren keine „Freien" wie das Adels-pack, das teilweise längst degeneriert und nur am eigenen Wohlleben interessiert war.

DIE INTELLEKTUELLE REVOLUTION

Beileibe nicht nur die *freestone masons* und die *master masons* begehrten innerlich auf. Allerdings verfügten sie bereits über verschiedene „Geheimzirkel", in denen man frei sprechen konnte und in die Unbefugte nicht leicht einzudringen vermochten. Und so hatten ihre Zirkel einen fantastischen Zulauf. Andere Gelehrte und Intellektuelle wurden neugierig, zuerst aufgrund der „Geheimnisse" der *masons*, denn Geheimnisse ziehen per se die Menschen an wie die Motten das Licht. Auch war das Selbstbewusstsein der *masons* erstaunlich. Das Wort *free-mason*, Frei-Maurer, bekam eine ganz andere, eine neue Bedeutung.

Alle Klassen sehnten sich nach Freiheit. Man suchte Freiheit von der Bevormundung durch Könige, Adlige und vor allem durch die Schwarzröcke, die so offensichtlich den Fortschritt der Menschheit aufhielten. Wie herrlich war es, wenn man frei reden und denken durfte.

Verschiedene Wissenschaften, vergessen wir das nie, machten Quantensprünge in dieser Periode.

Besonders verhasst waren die hohen Kirchenvertreter, die das Volk mit abergläubischen Märchen fütterten – und dabei selbst fett und rund wurden, die prassten, sich Mätressen hielten und von ihren Lügen gut lebten. Überall wurden die dümmsten religiösen Geschichtchen verbreitet, obwohl es doch längst offensichtlich war, dass die Bibel vor Halbwahrheiten und Falschheiten nur so strotzte. Die komplette intellektuelle Elite, ja, alles was Rang und Namen hatte, fand sich nach und nach in diesen Geheimzirkeln der *masons* ein. Die Geheimzeichen und geheimen Losungsworte übten einen unwiderstehlichen Reiz aus. Und der Kitzel, frei reden und denken zu dürfen, abseits von einer unterdrückerischen Obrigkeit, war ebenfalls fabelhaft. Denn jeder Intellektuelle und jeder Künstler ist im Grunde seines Herzens ein Rebell.

Und so kann man leicht nachvollziehen, dass diese neue Generation von Freimaurern sich eines bereits existierenden Geheimbundes bediente, weil hier bereits die notwendige Vorarbeit in Sachen Geheimhaltung geleistet worden war.

Die größten Denker dieser Epoche waren allesamt Freimaurer – allen voran der große Voltaire, der nicht nur in der französischen Loge der „Neun Schwestern" (in der die Fäden im Franzosenland zusammenliefen) seine revolutionären neuen Ideen verbreitete, sondern dessen Schriften überall gelesen wurden. Teilweise wurden seine Traktate, Abhandlungen und aufrührerischen Romane heimlich, wie Goldstücke, unter der Hand weitergereicht. Wie herrlich war es, der Obrigkeit eins auszuwischen!

Alle folgten sie Voltaires Spuren, auch in England und Deutschland, wo die intellektuelle Elite – von Goethe bis Lessing – schon bald den Logen beitrat oder mit der Freimaurerei zumindest sympathisierte. Die herausragenden literarischen Erfolge von Goethe, Lessing oder Voltaire lassen sich nicht verstehen, wenn man nicht weiß, dass es unter der Decke all diese Freimaurer-Bünde gab. Die Dichter und Schriftsteller verbreiteten mit geschwindem Griffel die neuen Ideen – und die Logen applaudierten und sorgten für die weitere Propaganda.

Komponisten wie Mozart halfen ebenfalls. Wolfgang Amadeus Mozart komponierte eine ganze „Freimaurer-Oper", die *Zauberflöte*, in der zahlreiche Anspielungen auf die Freimaurerei zu finden sind. Ihm zur Seite stand der Theaterdirektor, Sänger, Dichter und Schauspieler Emanuel Schikaneder, der die Zauberflöte aus der Taufe zu heben und zu einem Erfolg zu machen half. Schikaneder (1751–1812) war Mitglied einer Regensburger Loge, Mozart Mitglied der Loge „Zur Wohltätigkeit" und hatte Kontakt zur Loge „Zur wahren Eintracht".[5]

Und so könnte man hundert Rätsel und tausend Geheimnisse der Geschichte in dieser Epoche lösen, gäbe man nur den Einfluss der Freimaurerei zu und stellte ihn in Rechnung.

Fest steht, es gab in dieser Ära keine edlere Bewegung als die Freimaurerei. In keiner anderen Gruppierung ertönte der Schrei nach Freiheit lauter.

Doch auf eine Bewegung folgt fast immer eine Gegenbewegung, wie schon gesagt. Das ist ein historisches Gesetz. Die Opposition, tatsächlich die mächtigste Opposition, die man sich vorstellen konnte, ließ nicht lange auf sich warten.

DER GEGENSCHLAG

Unter ihren Kutten wetzten die Pfaffen die Messer, die sie dort verborgen hielten. Natürlich wussten sowohl die Katholiken als auch die Protestanten, welche Gefahr von den Freimaurern ausging. Sie wussten, dass man mit der Vernunft die Religion töten konnte. In Scharen liefen den Kirchen die Gläubigen davon oder traten zumindest die innere Emigration an. Die Argumente der Freidenker waren nicht vom Tisch zu wischen. Tatsächlich konnte die Welt unmöglich in sechs Tagen erschaffen worden sein. Außerdem war die Unendlichkeit entdeckt worden. Verbesserte Fernrohre bewiesen, dass der Himmel nicht von Engeln bevölkert war. Und was war mit der angeblichen Jungfräulichkeit Marias? Nun, in anderen Religionen gab es ähnliche Geschichten, das Märchen bedeutete doch nur, dass man den eigenen Gott auf ein besonders hohes Podest stellen wollte.[6] Generell war die Existenz anderer Religionen brandgefährlich für das Christentum, hatte man doch auch in Indien oder China unantastbare Heilige und hochethische Religionsgründer. Damit wurde die Einzigartigkeit Jesu Christi infrage gestellt. Ein kirchliches Dogma nach dem anderen wurde vom Schwert der Vernunft in der Mitte gespalten und hauchte sein Leben aus. Voltaire nutzte die gefährlichste Waffe, die es gibt: Er erstach alles mit dem Degen der Ironie, die auch noch die Lacher auf seine Seite zog.

Also schleuderte der Vatikan seinen Bannstrahl. Andere Kirchenfürsten schlugen in die gleiche Kerbe. Man konnte und durfte das Christentum nicht sterben lassen! Die Freimaurerei wurde ganz einfach verboten und als unvereinbar mit dem christlichen Glauben bezeichnet.

Unzählige Gegenschriften wider die Freimaurerei erschienen. Unter der Decke – von vielen ungesehen – tobte ein furchtbarer Kampf, der Kampf um die Gedanken der Menschen. In den höchsten Zirkeln wusste man: Nur wer die Gedanken der Menschen beherrschte, besaß die Macht. Eben nicht auf Kanonen oder Gewehre kam es an, sondern Gedanken und Vorstellungen waren tausendmal stärker als jedes Gewehr. Gewisse Gedanken vermochten selbst Hunderttausende Soldaten im Handumdrehen zu besiegen. Und so wurden den aufklärerischen Schriften flugs religiöse Schriften entgegengesetzt. Die scharfsinnigsten theologischen Geister machten sich daran, die Freimaurerei niederzuschreiben und zu verunglimpfen.

Bis heute gehört der Vatikan mit seinen Sturmtruppen, den Jesuiten und dem Opus Dei, zu den schärfsten Kritikern der Freimaurerei. Noch immer schmäht und bekriegt man sich wechselseitig.

Und so erkennen wir, warum sowohl die Jesuiten als auch die Freimaurer mehr als 300 Jahre lang verleumdet wurden. Geheimbund bekämpfte Geheimbund. Stets ging es um die bloße Macht und um die Herrschaft über die Gedanken und Seelen.

Alle Propagandaschriften wider diese beiden Geheimbünde, alle Hetzschriften, alle Pamphlete können wir getrost vergessen: Sie enthalten nicht etwa die Wahrheit, sondern sie sind nur Kampfschriften, die ausnahmslos dazu dienten, die gegnerische Gruppierung zu verleumden und niederzuschreiben.

RÄTSEL DER POLITIK

Aber befanden sich innerhalb der freimaurerischen Geheimzirkel nicht auch Adlige, ja selbst Könige? Korrekt!

Sogar viele Aristokraten, ja sogar Monarchen kokettierten mit dem neuen Denken, der Geruch der Freiheit stieg auch ihnen in die Nase. Mit der Ablehnung eines dumpfen christlichen (Aber-)Glaubens konnten sie sich schnell anfreunden. Ja natürlich! Die verfluchten Pfaffen! Sie hatten die Menschheit seit Tausenden von Jahren an der Nase herumgeführt. Die Religion musste verschwinden, und Wissenschaft und Vernunft mussten auf den Thron gesetzt werden.

Als der Preußenkönig Friedrich der Große einer Freimaurer-Loge beitrat, jubelte man in den inneren, geheimen Zirkeln. Was für ein fetter Fisch! Der Coup wurde als Etappensieg der Freimaurerei gefeiert. Auch Goethes Förderer, Herzog Karl August von Sachsen-Weimar-Eisenach (1757–1828), war Freimaurer[7]. Er war in der Loge „Amalia" aktiv (in Weimar) und Ritter der „Strikten Observanz" (in verschiedenen Städten). Später trat er dem Illuminatenorden bei, sein Geheimname war Aeschylus. Er stieg in diesem Orden bis zum Regenten auf.

Die „Strikte Observanz" war ein freimaurerisches Hochgradsystem, dem sich anfangs die meisten deutschen und viele europäische Logen unterwarfen. Die Mitglieder glaubten, es gebe einen Geheimen Oberen, und sahen sich als Nachfolger der Templer.

Kurz und gut: Es gab alle möglichen Freimaurer-Orden. Innerhalb der Logen traf man auf die unterschiedlichsten politischen Vorstellungen, nicht nur in Deutschland, sondern auch in Frankreich, England, Schottland und in den USA. Es gab demokratische, aristokratische und monarchische Ausrichtungen, kunterbunt nebeneinander.

Doch obwohl es herrlich war, wenn sich eine Loge mit einem großen (aristokratischen) Namen schmücken konnte, war es gleichzeitig auch gefährlich, die hohen Herren aufzunehmen. Die Könige, Herzöge und Grafen dachten nämlich nicht im Traum daran, auch nur ein Fünkchen ihrer Macht abzugeben. In gewissem Sinne unterwanderten sie die Freimaurer-Zirkel. Dem ursprünglichen Freiheitsgedanken wurde dadurch jedenfalls ein Riegel vorgeschoben.

Gleichzeitig verkalkulierten sich auch die freimaurerischen Aristokraten und Könige, die fast alle dieses Spiel der Geheimbündelei mitspielten und genossen. Ja, es war nett, sich über den (christlichen) Aberglauben lustig zu machen und auf das „dumme Volk" hinabzusehen, das alles in der Bibel wortwörtlich nahm, sogar die albernsten Glaubensvorstellungen. Es war köstlich, in den geheimen Zirkeln geistreich zu parlieren und heimlich ein paar Strippen zu ziehen, ungesehen von allen. Und es schmeichelte dem Ego, wenn man die Grade hinaufstieg und gelehrt philosophierte, inmitten all dieser klugen Leute. Hatten nicht die klügsten Denker, allen voran der große Voltaire, der Meinung angehangen, man müsse nur die Könige aufklären – schon sei alles in Butter? Hatte nicht selbst Platon das Ideal des „Philosophen auf dem Königsthron" geboren und die Monarchie verteidigt? Ja, die Freimaurerei war ein herrlicher Debattierclub und eine geheime Bruderschaft, in der allerlei feine Pöstchen zu vergeben und zu ergattern waren. Hier traf sich die geistige Elite, aber auch die „aufgeklärten" Aristokraten und die klugen, vermögenden Kaufleute. Hier konnte man sich über alle anderen Menschen erheben. Nein, nicht der Umsturz stand auf dem Programm. Man konnte getrost monarchistischen oder aristokratischen Vorstellungen nachgeben. Hatten nicht selbst die Rosenkreuzer die Monarchie geduldet, ja, sie sogar geschickt manipuliert? Und so versammelten sich in einigen Logen Könige und Fürsten. Verschiedene Bünde mutierten sogar zu Vehikeln der Mächtigen.

Blicken wir einen Augenblick nach Frankreich. Hier stieg der Herzog von Orléans, Ludwig Philippe II. – ein Verwandter des Königs und der zweitmächtigste Mann im Lande – sogar zum Großmeister der *Grand Orient Lodge* auf. Der Herzog, so urteilten einige Geschichtswissenschaftler später, versuchte, die Freimaurerei allein dazu zu benutzen, Ludwig XVI. vom Thron zu stoßen. Ja, auch der Herzog war von liberalen Ideen „infiziert“, er hatte sich bei den *freemasons* in England „angesteckt“. Aber die Freimaurerei mit ihren neuen Ideen diente ihm nur dazu, selbst noch höher aufzusteigen und vielleicht sogar eines Tages auf dem französischen Königsthron Platz zu nehmen. Um sein Ziel zu erreichen, gebärdete sich der Herzog „liberal“ und „aufgeklärt“, in Wahrheit kochte er sein eigenes Süppchen.

Das Spiel war nicht ungefährlich. Vor und während der Französischen Revolution gab es 629 Logen in ganz Frankreich, 65 davon allein in Paris.[8] Die Losungsworte lauteten jedoch *Liberté, Egalité et Fraternité* – Freiheit, Gleichheit und Brüderlichkeit. Die großen französischen Denker, allen voran immer Voltaire, aber auch d'Alembert, Diderot, Helvetius, d'Holbach, Concordet, kurz fast die gesamte französische intellektuelle Elite, allesamt Brüder der Loge *Les Neuf Soeurs* – die Neun Schwestern – standen den Auswüchsen der Monarchie kritisch gegenüber.

In vielen Freimaurer-Logen stellte man sich die Frage: Hatten sich die Vertreter der Hocharistokratie durch die Hintertür in die Maurerbünde eingeschlichen? Verwässerten sie die ursprünglichen Ideale? Die Monarchen und Aristokraten dagegen lachten sich ins Fäustchen. Aber sie täuschten sich furchtbar.

DER LUDERGERUCH DER REVOLUTION

Und wie sich die feinen Herren mit ihren Kratzbürstchen und verlausten Perücken irrten! Es stimmt, dass man in verschiedenen Freimaurer-Zirkeln die unterschiedlichsten politischen Ausrichtungen antraf. Aber einig war man sich im Kampf gegen den Aberglauben. Das verzopfte Christentum konnte nicht länger geduldet werden. Doch selbst Könige übersahen, dass mit der Schwächung der Religion auch ihre Throne in Gefahr gerieten. Denn bislang hatten sie sich bei Machtfragen immer auf Gott berufen können. Potentaten verwiesen darauf, dass Gott sie eingesetzt hatte, das Königtum war „heilig" und „sakrosankt". Die Vertreter Gottes aber waren die Priester. Und in dem Augenblick, da die Priester verteufelt wurden, sägten sich die Könige, ohne es zu bemerken, den Ast ab, auf dem sie saßen. Gleichzeitig hasste das Volk insgeheim den Absolutismus wie die Pest.

VORSICHT! POLITISCHE THEORIE

Als Absolutismus bezeichnet man die vollständige, absolute Herrschaft eines Monarchen. Innerhalb des Absolutismus regierte gewöhnlich ein König oder ein Fürst mit eiserner Faust und unumschränkt. Der Monarch duldete keinerlei Einmischungen in Machtfragen. Im Absolutismus war der König der oberste Militär-Befehlshaber und gleichzeitig der ausschließliche Nutznießer der Steuern. Er hatte also Gewalt über die Soldaten und das Geld. Damit beherrschte der Monarch den Staat vollkommen. Der absolutistische Herrscher war zudem gewöhnlich oberster Gesetzgeber, erster Gerichtsherr sowie der Chef der Justiz, der Polizei und der Verwaltung. Er bestimmte die Wirtschaftspolitik absolut und herrschte über die Innen- und Außenpolitik. Er herrschte schlichtweg über alles.

Das Staatswesen war streng hierarchisch gegliedert. Wer nicht „von Adel" war, galt nichts – was die Intellektuellen genauso erboste wie die reichen Kaufleute. Gewöhnlich wurden die Künste gefördert, aber auch quasi-diktatorisch und in der Regel nur, um den Herrscher zu besingen und zu preisen.

Mit der Kirche war der absolutistische Herrscher eine Zweckehe eingegangen. Meist stellte er sich allerdings persönlich über die Kirche und über die spirituelle Gewalt; der Papst (oder ein anderer Hohepriester) diente ihm nur als Alibi-Beschaffer für sein absolutistisches Regime. Deshalb wurden die Priester toleriert und gefüttert.

Der berühmte französische Sonnenkönig Ludwig XIV. verkörperte par excellence den Absolutismus. Er duldete niemanden neben sich, keine Person gleichen Ranges. Er stand im Mittelpunkt der Welt. Er war die Sonne, um die sich alle drehten. Aber war der Sonnenkönig nicht auch ein unerträglich selbstsüchtiger, eitler Pfau, der ein paar Tausend Frauen in sein Bett holte und speziell in der zweiten Hälfte seiner Regierungszeit unendliches Leid über die Bevölkerung brachte? Zettelte er nicht ständig Kriege an, ließ er nicht Hunderttausende Menschen für seinen Ruhm über die Klinge springen und erhob er nicht furchtbar hohe Steuern?

KÖNIGLICHE FEHLER

Die meisten Freimaurer hielten nicht viel von der Monarchie und erst recht nicht vom Absolutismus. Und sie hatten recht. In vielen gelehrten, geheimen Zirkeln wurde festgestellt, dass der Absolutismus alles andere als optimal war. Der Grund: Selbst wenn es ab und zu einen „guten" absolutistischen Herrscher gab, übernahm nach dessen Tod gewöhnlich ein Sohn den Thron, der nicht die Kragenweite des Vaters besaß und Fehler über Fehler beging. Das Glück und die Zukunft eines ganzen Landes allerdings von Zufällen der Geburt abhängig zu machen war blanker Wahnsinn.

Außerdem fehlten dem absolutistischen Herrscher die Tugenden der Bescheidenheit und der philosophischen Abgeklärtheit. Eine *echte* Führungspersönlichkeit musste die Fähigkeit haben, das Glück der anderen im Auge zu behalten. Doch ein absolutistischer Herrscher rückte immer nur sich selbst in den Mittelpunkt. Diese Regierungsform erzog den Herrscher zum selbstverliebten Egomanen.

Ohne jede Kontrollinstanz, die dem absolutistischen Herrscher die Leviten las, war die Talfahrt des Staates sicher. Die Nachteile des Absolutismus lagen klar auf der Hand: Es gab zu viele Kriege, die Kosten für die Heere fraßen den Reichtum des Landes auf und die Steuern wuchsen ins Uferlose. Die Überzentralisierung des Staates erstickte wirtschaftliche Eigeninitiativen im Keim, die für die Blüte eines Landes so wichtig waren. Zudem gab es Willkür in der Gesetzgebung und der Rechtsprechung, denn jeder musste sich in Richtung des Herrschers verbeugen. Es gab Innovationsbremsen, die Korruption blühte und die Hofhaltungskosten stiegen in unermessliche Höhen. Zahlreiche Unfreiheiten und Ungerechtigkeiten vergällten den Bürgern das Leben.

All diese Nachteile waren dem Absolutismus eigen. Hierin waren sich die meisten Freimaurer einig. In ihren Zirkeln durfte man sich ja den Luxus einer eigenen Meinung erlauben.

DER LEBENSGEFÄHRLICHE IRRTUM

Und so nutzte es den Königen und Aristokraten wenig, dass sie in allen möglichen geheimen Zirkeln vertreten waren und hier zeitweilig das große Wort schwangen. Als sie sich über die Religion mokierten, verkalkulierten sie sich schrecklich. Denn sie vergaßen, dass die Religion ihre Throne stützte. Außerdem hielt die Religion die Menschen davon ab, zu töten und zu morden, zu stehlen und zu rauben. Sie stellte ein gewisses Ordnungsgefüge dar. Und die Könige vergaßen auch, dass die in ihrer Gesamtheit republikanisch geprägte Freimaurerei der Monarchie nicht viel Sympathie entgegenbrachte.

Als also zunächst in den Vereinigten Staaten von Amerika und dann 1789, im Revolutionsjahr, in Frankreich die Köpfe rollten, bemerkten die Monarchen und Aristokraten höchst überrascht und mit einiger Verspätung, welches Kuckucksei sie sich mit der Freimaurerei ins Nest gelegt hatten. Die Revolution in US-Amerika fegte die Monarchie hinweg und machte der Demokratie Platz. In Frankreich wurde gar der König geköpft. Gleichzeitig war unzweifelhaft: Hinter beiden Revolutionen standen die Freimaurer.

Doch was passierte in Frankreich genau?

DIE BLUTIGE REVOLUTION

Der intellektuellen Revolution folgte die blutige Revolution auf dem Fuß. Vor allem in der letzten Phase der Französischen Revolution stand die Guillotine nicht mehr still. Dieses Fallbeil oder diese Köpfmaschine hatte der französische Arzt Joseph Guillotin – ein Freimaurer – erfunden, damit die Todesstrafe schneller vollstreckt werden konnte.

Während der Französischen Revolution wechselten „rechte" und „linke" Regierungen einander ständig ab, aber zum Schluss gewannen die „Linken" die Oberhand. Sie wollten die Feinde der Demokratie ein für alle Mal ausrotten. Dazu gehörten auch die Aristokraten. Lediglich den Herzog von Orléans, der sich flugs in Bürger Philippe Egalité umbenannt hatte, ließ man vorläufig ungeschoren – immerhin war auch er Freimaurer und hatte geholfen, die Revolution zu schüren.

„Die Linken" oder die Radikaldemokraten – allen voran Marat, Danton und Robespierre – bestimmten zuletzt den Verlauf der Revolution. Marat und Danton waren mit Sicherheit Freimaurer, Robespierre aller Wahrscheinlichkeit nach. Die Monarchie repräsentierte für sie das Übel dieser Welt. Und so beschlossen sie, König Ludwig XVI. wegen Landesverrat den Prozess zu machen. 625 Geheimdokumente wurden entdeckt, die verrieten, dass der französische König mit dem „Feind" konspiriert hatte und insgeheim plante, die Zeit zurückzudrehen und die Monarchie wiederherzustellen. Übereilt arrangierte man einen Schauprozess. Schließlich stimmten 683 von 749 Mitgliedern des französischen Nationalkonvents, einschließlich des ehemaligen Herzogs von Orléans, für den Tod Ludwigs XVI. Die Trommeln dröhnten so laut wie nie, als er unter die Guillotine gelegt und kurzerhand hingerichtet wurde. Die Nachricht vom Königsmord hallte durch ganz Europa.

Nun bildete sich eine empörte Koalition aus Preußen, Österreich, Sardinien, England, Holland und Spanien gegen Frankreich, das nun vom Glück verlassen zu sein schien: Die eigenen revolutionären Armeen waren in einem erbärmlichen Zustand – viele Armeelieferanten waren bestechlich. Französische Soldaten desertierten in Scharen aus dem Heer – wodurch Zwangsrekrutierungen unausweichlich wurden. Man gab frisches Papiergeld aus, das sofort dramatisch an Wert verlor. Es wurden neue Steuern erhoben, was ebenfalls den Zorn der Bevölkerung erregte. Zu hohe Steuern kannte man bereits aus monarchistischen Zeiten! Also wurde zunächst die aufstrebende Bourgeoisie ausgeplündert, da sich der Staat ständig in Geldnöten befand. Wegen der unaufhörlichen Unruhen fühlten sich Marat, Danton und Robespierre überall von Verrätern umgeben. Sie reagierten mit Polizeispitzeln und Überwachungskomitees. Der von ihnen manipulierte Nationalkonvent stimmte sogar zu, ein Revolutionstribunal zu errichten, um Verdächtige ohne Berufung oder Revision aburteilen und einen Kopf kürzer machen zu können. Dieses am 6. April 1793 eingeführte *Comité du salut public* (= Wohlfahrtsausschuss) avancierte zur mächtigsten Institution Frankreichs, denn sie konnte über Leben und Tod bestimmen. Der Wohlfahrtsausschuss kontrollierte die Generäle, den Geheimdienst, die Beamten, die Außenpolitik und die Religion. Danton wurde zum Führer des *Comité du salut public* gewählt. Trotzdem häuften sich die Probleme: Die Getreidepreise erreichten einen neuen Höchststand. Die Bauern machten gegen die Beschlagnahmung ihrer Ernten mobil. Verordnungen, die die Preise für Brot niedrig halten sollten, wurden unterlaufen. Wer sich an die staatlich verordneten Tiefstpreise hielt, wurde einfach nicht beliefert. Die Konsequenz: Überall brachen Hungerrevolten aus. Und als wären es der Probleme noch nicht genug, verbündete sich in Marseille und Lyon überdies die Bourgeoisie mit den Adligen gegen ihre revolutionär gesinnten Bürgermeister und verjagte sie von ihren Stühlen. Entsetzt registrierten die radikalen Demokraten, dass das alte Regime noch immer nicht vollständig zu Grabe getragen worden war. Zu allem Überfluss riefen die „Rechten" dazu auf, die Machenschaften der Pariser Kommune und ihren unrechtmäßigen Einfluss auf die Gesetzgebung zu untersuchen.

Robespierre und die radikale „Linke" empörten sich.

Die Konfusion war vollkommen, ein neuer Machtkampf war ausgebrochen.

Ja, der König war tot, aber wer herrschte jetzt in Frankreich?

Schließlich klärten sich die Fronten: Danton, Robespierre und Marat, das tödliche Triumvirat, die „Linke", wendete sich gegen die Girondisten, die „Rechten". Mit anderen Worten: Die Arbeiter und der Pöbel machten gegen den gut verdienenden Mittelstand mobil. In der Folge wurden die Girondisten gejagt und gehetzt, plötzlich galten sie als Feinde des französischen Volkes, obwohl sie doch gerade noch die Revolution gutgeheißen hatten. Danton, Robespierre und Marat errichteten eine „Diktatur des Proletariats". Wieder schlug die Erregung hohe Wellen. Lautstark wurde eine neue Verfassung gefordert. Das Recht auf Privateigentum sollte empfindlich eingeschränkt, das Recht jedes Bürgers auf Versorgung, Erziehung und Widerstand dagegen gesetzlich verankert werden. Die ehemaligen „bourgeoisen" Demokraten verkrochen sich in ihre Mauselöcher, während der Wohlfahrtsausschuss – kein Name war je irreführender – nun unbarmherzig zuschlug. Und so verloren die Girondisten (also die Unternehmer und die Bourgoisie) ein Scharmützel nach dem anderen. Sie verloren an vielen Fronten. In diesem innerfranzösischen Machtkampf kaufte sich eine gewisse Charlotte Corday, eine Sympathisantin der Girondisten, ein 15 Zentimeter langes Küchenmesser. Es gelang ihr, Zugang zum ewig kranken Marat zu finden. Er verstand es wie kein anderer, das einfache Volk aufzuhetzen, und verkörperte für sie die radikale Arbeiterpartei, die zahlreiche Morde auf ihrem Gewissen hatte. Marat befand sich gerade im Bad, wo er gewöhnlich seine Hautleiden auskurierte und gleichzeitig seine Hetzreden schrieb, als Charlotte Corday ihn aufspürte. Sie zückte das Küchenmesser und stieß es ihm in die Brust. Sie stieß so heftig zu, dass das Blut hoch aus der Wunde aufspritzte. Marat starb, die Mörderin wurde festgenommen, abgeurteilt und wenig später hingerichtet. Die Vertreter des Proletariats schworen bittere Rache.

Nun wurden zwölf neue Führer in den allmächtigen Wohlfahrtsausschuss berufen – unter ihnen Saint-Just, ein radikaler Egozentriker, der in einem Gedicht die Vergewaltigung von Nonnen verherrlicht hatte, ein wilder, kompromissloser Geselle, der dem gefährlichen Robespierre blind ergeben war. Die berüchtigte Schreckensherrschaft begann, die die ganze Revolution beschmutzen sollte. Die zahlreichen Morde, die nun in Szene gesetzt wurden, rechtfertigte man mit den zahlreichen Problemen: Die Armeen waren schlecht ausgerüstet, die Generäle ignorierten bisweilen die Befehle der Regierung, denn nicht wenige fühlten sich noch immer dem alten Regime verpflichtet. Es gab

Beispiele, da ganze Heeresteile zum Feind überliefen. Zudem standen England, Preußen und Österreich abermals vor den Toren Frankreichs. Im Innern erhoben sich erneut Katholiken und Aristokraten, die Girondisten, die „Rechten", boten den „Linken" Paroli – besonders in den Städten Lyon, Bourges, Nîmes, Marseille, Bordeaux, Nantes und Brest. Es machten sich aufs Neue Hungersnöte breit. Und Schieber verdienten Unsummen, während das einfache Volk hungerte. Der radikale Jacques Hébert klagte die Bourgeoisie kurzerhand des Verrates an und forderte den vollständigen Terror; mit ihm war Marat sozusagen von den Toten auferstanden.

Die zwölf Männer des Wohlfahrtsausschusses, allen voran Saint-Just und Robespierre, handelten wie von Furien gehetzt: Unverheiratete Männer wurden eingezogen, um die Heere aufzufüllen. Tausende von Fabrikanlagen wurden auf ihren Befehl hin in den Dienst des Krieges gestellt und mussten von einem Tag auf den anderen Kriegsmaterialien produzieren. Aus den Reichen presste man Unsummen heraus, um den bevorstehenden Krieg zu finanzieren. Schließlich hatte Frankreich 500 000 Mann unter Waffen. Die alten Generäle wurden eingekerkert und junge, revolutionstreue Generäle befördert. Katholiken, Royalisten und Bürgerliche lebten in Angst und Schrecken wie nie zuvor. Als Königin Marie Antoinette, nun nur noch „Witwe Capet" genannt, zu fliehen versuchte, wurde sie gefasst, verhört, gedemütigt, verurteilt und unter die Guillotine gelegt.

Spätestens ab diesem Zeitpunkt rasten die Henker. Erneut wurde Jagd auf Adlige gemacht. Die Guillotine stand nicht mehr still. Selbst der Herzog von Orléans, der eine so entscheidende Rolle bei der Revolution gespielt und sich immer auf die Seite der Radikalen geschlagen hatte, wurde unters Henkersbeil gelegt. In seinen Adern floss schließlich das Blut von Königen – man konnte seiner angeblich nicht sicher sein.

Katholikenrevolten wurden unterdrückt und Priester, Kaufleute und Beamte reihenweise umgebracht. Joseph Fouché – Giftspritze, Hetzer und Mörder – raste in Lyon und errichtete hier eine eigene Terrorherr-schaft. Insgesamt forderte der Terror in Paris 2700, in ganz Frankreich rund 30000 Todesopfer. Ein neuer Religionskrieg entbrannte. Der neue General Kléber schlug ihn nieder. Er kostete eine halbe Million Menschenleben. Der Hass gegen die Religion flackerte erneut an allen Ecken und Enden auf: Überall wurden Kleriker zur Heirat gezwungen, Kreuze und Heiligenstatuen zerschlagen und kirchliche Gold- und Sil-bergefäße konfisziert. Kirchen mussten schließen. Frankreich wurde in ein Bad von Blut getaucht, Angst und Schrecken krochen in jede Hütte.

Dabei errang der radikalisierte Wohlfahrtsausschuss außenpoli-tisch einen Sieg nach dem anderen. Im Osten und Süden schlugen die neuen Generäle den Feind an verschiedenen Fronten, im Süden eroberte Napoleon Toulon zurück.

Aber im Innern blühte das Verbrechen. Schlägerbanden machten die Straßen unsicher. Die Preise für Lebensmittel stiegen abermals ins Uferlose. Die Arbeitslosigkeit nahm zu und die Ordnung in den Städ-ten ab. Jeder, der über ein bisschen Macht verfügte, beargwöhnte sogar seine „Freunde". Die Guillotine fiel nämlich allzu sorglos und schnell über die angeblichen „Feinde der Republik". Schon ein falsches Wort konnte den Tod bedeuten.

DIE REVOLUTION FRISST IHRE KINDER

Robespierre – der sich mehr und mehr zum ersten Mann des Wohl-fahrtsausschusses gemausert hatte, der Schlächter und Henker der „Lin-ken", ein Massenmörder, der sich aber stets geschickt tarnte und nie versäumte, als Unbestechlicher aufzutreten – erlitt schließlich genau jenes Schicksal, das er so vielen anderen bereitet hatte. Sein Untergang begann, als er in seinem Wahn annahm, seine eigenen Freunde wollten ihn stürzen, einschließlich Danton, der bislang immer an seiner Seite gestanden hatte. Denn Danton forderte ein Ende des Mordens, das in letzter Konsequenz Robespierre verantwortete. Doch mithilfe des ihm sklavisch ergebenen Saint-Just gelang es Robespierre, rasch ein Todesurteil gegen Danton zu erwirken und ihn noch rascher unter die Guillotine zu bringen. Jeder, der versucht hatte, die Macht des Wohlfahrtsausschusses und damit Robespierres Macht zu beschneiden, wurde ebenfalls in atemberaubender Geschwindigkeit getötet oder ausgeschaltet. Von allen Clubs regierte nun nur noch der Club der Jakobiner. Die Presse wurde scharf zensiert, ebenso die Theater. Robespierre war nun der allmächtige Mann im Staat – er wurde sogar zum Präsidenten des Nationalkonventes gewählt.

Gleichzeitig intensivierte er die Terrorherrschaft: Der „Große Terror" begann, der vom 10. Juni bis zum 27. Juli 1794 dauerte. Die Henker hatten alle Hände voll zu tun, jeden Tag wurde gemordet und guillotiniert. Die Angst kroch in alle Häuser und Hütten, man wagte nicht mehr, frei und offen zu sprechen. Das gesellschaftliche Leben erstarb. Selbst im Nationalkonvent wagte man es nicht mehr, den Mund aufzumachen – aus Furcht vor dem blutrünstigen Robespierre. Von 750 Abgeordneten erschienen nur noch 117 zu den Sitzungen. Denn schon ein einziges falsches Wort konnte Robespierre erzürnen. Robespierre, Saint-Just und Couthon regierten nun Frankreich, in Wahrheit aber nur Robespierre – der düstere, humorlose Bluttrinker, der lediglich vorgab, alles allein zum Wohl des Volkes zu tun.

Doch als Robespierre einem seiner eigenen Gesellen, dem intriganten Fouché, dem Schlächter von Lyon, ans Leder wollte, schlug dieser erbarmungslos zurück. Fouché ließ heimlich eine Liste zirkulieren, auf der die Namen der Abgeordneten standen, die Robespierre angeblich in naher Zukunft erledigen wollte. Zwar suchte Robespierre sich in einer groß angelegten, aber unklugen Rede zu verteidigen, doch erstmalig wurde er im Konvent niedergeschrien. Jeder fürchtete um seine eigene Haut. Robespierre wurde in Blitzgeschwindigkeit verhaftet und in Gewahrsam genommen. Der widerlichste Mörder der Französischen Revolution versuchte, sich selbst das Leben zu nehmen, doch seine Hand zitterte, als er sich mit einem Gewehr in den Kopf schoss – die Kugel zerschmetterte nur seinen Kiefer. Als Maximilien Robespierre schließlich unter die Guillotine gelegt wurde, jubelte das Volk vor Begeisterung. „Nieder mit dem Maximum!", schrien viele. Die aufgeregte Zuschauermenge konnte es kaum erwarten, ihn „verkürzt" zu sehen. Fenster, die zur Place de la Concorde führten, wo die Guillotine stand, waren zu Wucherpreisen vermietet worden. Dieses Schauspiel durfte man sich nicht entgehen lassen! Als sein Kopf in den bereitstehenden Korb rollte, kannte die Begeisterung keine Grenzen. Jedermann in Paris und in ganz Frankreich wusste, dass die Zeit der Terrorherrschaft und des Schreckens vorüber war.

Nun kam es, wie es kommen musste: Robespierres Freunde, die ihm so bereitwillig Handlangerdienste geleistet hatten, wurden ebenfalls „verkürzt". Die Jakobinerclubs wurden in ganz Frankreich geschlossen. Die „Linke" sah sich entmachtet und die „Rechte" ergriff wieder die Macht. Die Religion erlebte eine Wiederauferstehung. Jedem wurde wieder die Freiheit zugestanden, die Religion zu wählen, die ihm zusagte. Radikale Führer wurden deportiert, zum Teil in weit entfernte Kolonien. Und viele „linke" Abgeordnete wurden unter die Guillotine gelegt. Überall massakrierte man die früheren Terroristen. Jetzt forderte der „Weiße Terror" seine Opfer. In verschiedenen Städten Frankreichs fanden Mordfeste statt. Die Bourgeoisie siegte erneut über das Proletariat, zumal sie sich rechtzeitig der Unterstützung der neuen Generäle versichert hatte.

Frankreich jedoch war revolutionsmüde. Es war so müde, dass selbst royalistische Anwandlungen wieder geduldet wurden, einige Stimmen riefen sogar nach einem neuen König. Rebellische Jugendliche fanden es schicker, sich promonarchistisch zu gebärden als revolutionär. Das Pendel schlug um.

Menschen waren plötzlich nicht mehr gleich, sondern nur noch gleich vor dem Gesetz. Eine neue Verfassung wurde auf den Weg gebracht. Noch ein letztes Mal erhoben sich die Menschen gegen die neue Ordnung, diesmal Royalisten und Reiche, „Ultrarechte" wenn man so will. 25 000 Bürger marschierten eines Tages in Richtung Nationalkonvent, um ihre Rechte einzufordern. Ein gewisser Barras wurde mit der Verteidigung der Abgeordneten beauftragt. Barras wiederum rief Napoleon auf den Plan, der gerade arbeitslos in Paris weilte. Der kleine Korse organisierte Soldaten und Waffen und befahl den Aufständischen auseinanderzuziehen. Als niemand seinem Befehl Folge leistete, ließ er schießen. Rund 250 Rebellen fielen, der Rest floh.

Am 26. Oktober 1795 erklärte sich der Nationalkonvent für aufgelöst, und Napoleon Bonaparte begann seine spektakuläre Karriere.[9]

REVOLUTIONEN UND DIE FREIMAUREREI

Wir können aus der Französischen Revolution mindestens sieben erregende Erkenntnisse über die Freimaurerei gewinnen:

ERKENNTNIS NR. 1

Viele Autoren gestehen heute ein, dass die Freimaurerei auch bei dieser Revolution ihre Hände im Spiel hatte. Die geistige Vorarbeit wurde von Freimaurern geleistet – allen voran Voltaire. Er war ein *franc-maçon*, ein Freimaurer, aber er war eine durch und durch edle Gestalt, die sich in seinen Schriften für mehr Freiheit und eine höhere Gerechtigkeit einsetzte. Er starb noch vor der Französischen Revolution und hätte sie mit all ihren Schlächtereien zweifellos verdammt. Auch viele andere Feingeister, wie Friedrich Schiller, wandten sich angeekelt von dieser Revolution ab, als bekannt wurde, dass nur noch die Guillotine regierte.

ERKENNTNIS NR. 2

Innerhalb der französischen Freimaurerei gab es unterschiedliche politische Glaubensbekenntnisse, die einander zum Teil völlig widersprachen. Diese Meinungsvielfalt scheint es bis heute zu geben. Das bedeutet aber: Die Freimaurerei kann nicht auf einen simplen gemeinsamen Nenner reduziert werden. Einig war man sich ehemals vielleicht in der Ablehnung der Monarchie, aber es gab zweifelsfrei auch Freimaurer, die bis zuletzt das Leben Ludwigs XVI. retten wollten. Weiter war Friedrich der Große Freimaurer, wie wir bereits gehört haben – ein König! Die Freimaurerei bot verschiedenen Ansichten eine Heimat.

ERKENNTNIS NR. 3

Innerhalb der Freimaurerei bekämpfte man sich heftig. Es gab wechselseitige „Unterwanderungen", man spionierte sich aus. Einige Zeitgenossen waren Mitglieder in drei, vier, ja fünf verschiedenen Logen, die manchmal sogar in verschiedenen Ländern beheimatet waren. Es gab Neugründungen und Abspaltungen in reicher Zahl. Viele Logen kämpften um die Vorherrschaft innerhalb des Freimaurertums und selbst innerhalb einzelner Logen balgte und bekriegte man sich wechselseitig. Großlogen versuchten immer wieder, die Freimaurerei auf ein gemeinsames Fundament zu stellen, aber das gelang bestenfalls für eine kurze Zeitspanne. Die Freimaurerei ist bis heute nicht stromlinienförmig ausgerichtet.

ERKENNTNIS NR. 4

Die Revolution, die von verschiedenen Freimaurer-Bünden initiiert worden war, fraß am Schluss ihre eigenen Kinder. Freimaurer töteten Freimaurer. Die Revolution entglitt den Freimaurern völlig, sie entwickelte eine Eigendynamik.

ERKENNTNIS NR. 5

Die Revolution scheiterte, am Schluss kam ein Diktator auf den Thron – Napoleon, der halb Europa verwüstete und für viele Millionen Tote verantwortlich zeichnete. Auch er war ein Schlächter und Massenmörder. Das ursprünglich angestrebte Ziel wurde nicht nur nicht erreicht, die Zustände verschlechterten sich sogar für ein halbes Jahrhundert.

ERKENNTNIS NR. 6

Innerhalb der Freimaurerei tummelten sich rabenschwarze Seelen, Teufel in Menschengestalt, zu denen zum Beispiel Robespierre zählte, der „fleischgewordene Luzifer", aber auch Mörder wie Danton und Marat. Die Freimaurerei hat es bis heute versäumt, sich von solchen Gestalten zu distanzieren.

Am wichtigsten allerdings ist, dass zumindest Teile der Freimaurerei offenbar Revolutionen begrüßten, ja, Revolutionen bis heute gutheißen. Revolutionen, Rebellionen, Coup d'Etats und Umsturzversuche waren und sind ihrer Meinung nach legitime Mittel, um am Schluss Verbesserungen zu erzielen. Das heißt, im Rahmen der Freimaurerei gibt es eine Strömung, innerhalb der man Revolution immer noch als probates Mittel dafür betrachtet, einen unerwünschten Zustand zu beenden und bessere Konditionen zu schaffen. Der Zweck heiligt die Mittel.

Was ist dazu zu sagen? Nun, die Französische Revolution beweist ohne Wenn und Aber, dass blutige Revolutionen das erdenklich schändlichste und verabscheuungswürdigste Instrument sind. Bluttrinker und Massenmörder hielten zuletzt das Zepter in der Hand. Und noch einmal: Die Revolution scheiterte vollständig. Das bedeutet: Mittel entheiligen immer den Zweck, wir haben bereits darauf aufmerksam gemacht.

Längst existiert innerhalb der Geschichtswissenschaft ein Zweig, der sich ausschließlich mit Revolutionen und ihren Auswirkungen befasst. Aufgrund des begrenzten Umfanges dieses Buches können wir nicht 101 Revolutionen analysieren und sezieren. Aber immerhin so viel: Wissenschaft hat inzwischen etabliert, dass Evolutionen, nicht Revolutionen das probate Mittel sind, um Fortschritte für die Menschheit zu erzielen.

Revolutionen führen zu schrecklichen Blutbädern und verbessern selten oder nie Situationen. Morde disqualifizieren angebliche Weltverbesserer sofort. Die barbarischen Schlächtereien der Französischen Revolution sprechen ihre eigene Sprache. Diese Revolution mag als Prototyp gelten für all die zahlreichen anderen Revolutionen und Coup d'Etats, die nur Elend, Hungersnot sowie Mord und Totschlag nach sich zogen.

Und so muss man über den Zweig der Freimaurerei, der sich des Mordes und des Massenmordes, der Schlächterei und des Krieges bedient, vollständig den Stab brechen.

Wenn ein Freimaurer der Revolution (und damit dem Massenmord) das Wort redet, handelt es sich immer um einen Kriminellen, wie raffiniert er sich auch tarnen mag und wie rhetorisch geschickt er auch argumentiert. Dieses Statement gilt nicht nur für die Freimaurerei, sondern für jeden Hetzer und Demagogen. Das ist die eigentliche Lehre aus der Französischen Revolution.

DIE SCHWARZE HAND

Kehren wir nun einigermaßen angewidert von all diesen Blutbädern wieder zurück zur Geschichte der Freimaurerei, die wir allenfalls schlaglichtartig darstellen können.

Das 19. Jahrhundert wurde völlig verdunkelt durch Napoleon, der sich schließlich selbst besiegte, als er in seinem Größenwahn nach Russland marschierte. Im Verborgenen blühte allerdings nach wie vor die Freimaurerei. Nach der Napoleonischen Ära gewannen die Bünde wieder mehr Einfluss. Das freie Denken und verschiedene Wissenschaften führten zu neuen Höhen.

Deshalb sahen das 19. Jahrhundert und das beginnende 20. Jahrhundert unvorstellbare Fortschritte, denken wir nur an das Auto, das Flugzeug sowie die Nutzung von Elektrizität. Das 20. Jahrhundert wurde durch enorme Rückschritte zurückgeworfen, man denke nur an den Faschismus und den Kommunismus, an Hitler und Stalin. Im 20. Jahrhundert gab es nach wie vor zahlreiche Freimaurerbünde, manchmal waren die Vokabeln Freimaurer und Geheimbund austauschbar.

Anfang des 20. Jahrhunderts bildete sich ein furchtbarer Geheimbund, der zumindest mitschuldig zu sprechen ist an einem Krieg, der zehn Millionen Menschen das Leben kostete. Wir alle wissen, dass der österreichische Thronfolger Franz Ferdinand und seine Gattin damals von Serben ermordet wurden, was den bis dahin Entsetzlichsten aller Kriege auslöste, den Ersten Weltkrieg.

Wer war dafür verantwortlich?

Nun, bekannt ist inzwischen, dass die Engländer, die die Meere beherrschten, mit allen Mitteln zu verhindern suchten, dass Deutschland im Schiffsbau und in der Schifffahrt aufholte.

Doch noch einmal: WER löste diesen barbarischen Krieg aus?

Mitglieder der Schwarzen Hand – eines serbischen Geheimbundes –, die aus nationalistisch gesinnten Offizieren bestand. Sie waren für den Mord an dem österreichischen Thronfolger verantwortlich, der eine entsetzliche Kettenreaktion auslöste: Österreich trat in den Krieg ein, dann Serbien, Deutschland, Russland, Frankreich und England. Und wer verbarg sich hinter der Schwarzen Hand? Welche Intentionen hatte der Geheimbund? Dieser Bund kämpfte mit terroristischen Mitteln für ein selbstständiges, unabhängiges Großserbien. Die Offiziere versuchten, sich von Österreich abzunabeln. Das Mittel des Mordes hieß man innerhalb der Schwarzen Hand gut, gleichgültig, ob er mit Granaten und Gewehren, mit dem Dolch oder mit Gift begangen wurde. Der Führer des Bundes war ein gewisser Dragutin Dimitrijević. Sein Geheim- und Logenname lautete Apis; er war ihm vielleicht wegen seines Stiernackens verliehen worden – der ägyptische Stiergott heißt ja Apis. Dimitrijević war ein Freimaurer – behaupten jedenfalls einige Verschwörungstheoretiker. Der Geheimbund verfügte diktatorisch über das Leben und das Vermögen seiner Mitglieder. Die Führung der Schwarzen Hand verhängte in selbstherrlicher Willkür die Todesstrafe über Zeitgenossen, die ihrer Politik im Weg standen. Und so traf es auch den österreichischen Thronfolger und seine Gattin.

Mit Dragutin Dimitrijević war Robespierre wieder von den Toten auferstanden. Er befahl und andere erledigten die Schmutzarbeit – fanatisierte Mitglieder der Schwarzen Hand. Die Mitglieder kannten einander nicht, man kommunizierte nur über Kontaktleute untereinander. Bedingungsloser Gehorsam wurde eingefordert, Geheimnisse eifersüchtig gehütet. Wollte man der Schwarzen Hand beitreten, lautete der Aufnahmeschwur:

„Ich, der ich in die Organisation „Vereinigung oder Tod" eintrete, schwöre bei der Sonne, die mich erwärmt, bei der Erde, die mich ernährt, vor Gott, beim Blut meiner Väter, bei meiner Ehre und bei meinem Leben, dass ich von diesem Augenblick an bis zu meinem Tode die Satzung dieser Organisation treu befolgen und stets bereit sein werde, ihr alle Opfer zu bringen.

Ich schwöre vor Gott, bei meiner Ehre und bei meinem Leben, dass ich allen Weisungen und Befehlen widerspruchslos folgen werde.

Ich schwöre vor Gott, bei meiner Ehre und bei meinem Leben, dass ich alle Geheimnisse dieser Organisation mit ins Grab nehmen werde.

Mögen Gott und meine Kameraden in dieser Organisation über mich zu Gericht sitzen, wenn ich wissentlich diesen Eid breche oder umgehe."[10]

Die Schwarze Hand verübte verschiedene Attentate, aber der Mord an dem österreichischen Thronfolger zeitigte die furchtbarsten Folgen. Und so wurde der Erste Weltkrieg ausgelöst, der wie gesagt zehn Millionen Menschen das Leben kostete.

Es hilft wenig zu erfahren, dass der stiernackige Apis, der seine Karriere als Chef der Abwehr des serbischen Geheimdienstes begann, später in einem Schauprozess zum Tode verurteilt und erschossen wurde.

Wieder einmal beweist die Geschichte selbst, dass ein feiger Mord keine Lösung für ein Problem darstellt, sondern eine Situation nur dramatisch verschlechtert. In diesem Fall führte das Attentat sogar in den schwärzesten Abgrund.

DIE NAZIS UND DIE FREIMAUREREI

Als im 20. Jahrhundert der Faschismus am Horizont aufzog, schien das das Ende der Freimaurerei einzuläuten. Ein Mann wie Hitler wusste, wie man Macht erringen und zementieren konnte. Deutschland wurde unter seinem Diktat völlig umgemodelt. Hitler ließ alle wichtigen politischen, polizeilichen, geheimdienstlichen und militärischen Posten mit seinen Nazi-Schergen besetzen und brachte auf diese Weise einen ganzen Staat unter seine Knute. Aber er und seine Nationalsozialisten taten noch mehr:

• Die Jugend wurde „umerzogen", indem man sie in die „Hitlerjugend" drängte, wo man sie entsprechend indoktrinierte.
• Studenten fanden sich im „NS Deutscher Studentenbund" wieder.
• Gewerkschaften unterstellten sich Hitler entweder freiwillig in der „Deutschen Arbeiterfront" oder wurden aufgelöst. • Frauen organisierte man in der „NS-Frauenschaft".
• Die Presse wurde „gleichgeschaltet" und einer nationalsozialistischen Kontrolle unterworfen.
• Künstler, Schriftsteller und Gelehrte, die aufmuckten, wurden aus dem Land geekelt, also zur Auswanderung gezwungen, oder verschwanden in Konzentrationslagern. Die Jasager organisierte man in der „Reichskulturkammer".
• Wissenschaftler wurden entlassen, wenn sie nicht mit den Nazis im Gleichschritt marschierten. Nur wenige Wissenschaftler bekleckerten

sich in Sachen Widerstand mit Ruhm. Die meisten traten dem „NS Deutscher Dozentenbund" bei.

• Die Bauern wurden in einer monopolistischen Organisation zusammengefasst.

• Es gab sogar ein nationalsozialistisches Kraftfahrerkorps.

• Die Städte wurden ihrer freien Selbstverwaltung beraubt, wichtige Posten nur noch von der Partei vergeben, der NSDAP.

• Die Kirchen suchten sich zunächst zu arrangieren und biederten sich an, nur wenige Priester leisteten Widerstand; im Allgemeinen vereinnahmte oder entmachtete man die beiden großen christlichen Konfessionen.

• Die Banken und die Wirtschaft wurden ebenfalls von den Nazis geschluckt, aber viele Wirtschaftsführer und Großfinanziers suchten auch liebdienerisch, geschmeidig und biegsam die Kooperation mit den Nazis; so etwa die Deutsche Bank, worüber Hans Magnus Enzensberger (nach 1945) so ausführlich berichtete.[11]

• Die Freimaurerei wurde ebenfalls unterdrückt und offiziell abgeschafft.

Ja, Hitler wusste, wie man ein ganzes Land in die Tasche steckt.

Der Widerstand der Freimaurer gegen die Nazis gereicht ihnen noch heute zur Ehre. Aber spätestens nach dem „Tausendjährigen Reich", das gerade einmal zwölf Jahre währte, nachdem also die Nazis von der Bildfläche verschwunden waren, schlug erneut die große Stunde der Freimaurerei.

VERTRAULICH: DER WAHRE
EINFLUSS DER FREIMAUREREI

Der wahre Einfluss der Freimaurerei ist bis heute (!) innerhalb der gängigen Geschichtswissenschaft nicht wirklich aufgearbeitet worden, genauso wenig wie der Einfluss der Geheimdienste dieser Welt je objektiv wissenschaftlich gesichtet und ausgewertet wurde. Der Grund ist stets der gleiche: Eine der Tugenden eines Geheimbundes oder eines Geheimdienstes besteht darin, Spuren sorgfältig zu verwischen. Es gibt ein eigenständiges „Desinformations-Know-how", wie das im Rahmen des KGB, des ehemaligen sowjetischen Geheimdienstes, genannt wurde – wir haben in der Einleitung dieses Buches bereits darauf hingewiesen. Wer könnte sich also anmaßen, über alle Einflüsse der Freimaurerei Auskunft geben zu können?

Wiederholen wir zunächst noch einmal: Die Französische Revolution (1789) – vielleicht das wichtigste Ereignis der Neuen Geschichte, die das Leben in Europa vollständig umkrempelte – wurde von Freimaurer-Bünden zumindest teilweise mitinitiiert und später vorangetrieben. Einige Drahtzieher wie Lafayette, Mirabeau, Marat und viele andere Revolutionäre waren zweifelsfrei Freimaurer, genau wie Voltaire, Montesquieu und andere Vordenker dieser Revolution, wenngleich sie auch für die blutigen Morde nicht schuldig zu sprechen sind.

Auch die Entstehung der Vereinigten Staaten von Amerika ist ohne den Einfluss der Freimaurerei undenkbar. George Washington und andere Gründungsväter waren Freimaurer – genau wie später zahlreiche weitere Präsidenten der USA wie James Monroe, Andrew Jackson, James Buchanan, Abraham Lincoln, Theodore Roosevelt, Franklin D. Roosevelt, Harry S. Truman und Gerald Ford. Die Liste ist natürlich nicht vollständig. Bis in die Gegenwart hinein wurden die USA von der Freimaurerei geprägt, Mitgliedschaften wichtiger Persönlichkeiten werden manchmal erst nach deren Tod zugegeben.

Im 18. Jahrhundert gab es praktisch keinen Königsthron in Europa, auf dem nicht ein Freimaurer saß (oder hinter dem als „Erster Berater" und als „Graue Eminenz" ein Freimaurer stand). Das bestätigte selbst der relativ zurückhaltende Historiker Will Durant, vielleicht die Nummer eins der US-amerikanischen Geschichtswissenschaftler. Englische Könige waren Freimaurer (Eduard VIII. und Georg VI. zum Beispiel) sowie Könige von Belgien, Könige von Schweden, Zaren von Russland, österreichische Kaiser, deutsche Könige und Kaiser, Könige von Dänemark, Griechenland und Frankreich. Selbst Napoleon war Freimaurer. Doch auch Könige von Spanien, Polen und Holland gehörten diesem Geheimbund an.

Der (beweisbare) Einfluss der Freimaurerei reicht bis in die Gegenwart: Viele bedeutende Staatsmänner zählten zu den Freimaurern: Stresemann, Winston Churchill, Tschiang Kai Schek, der große türkische Staatsmann Kemal Pascha Atatürk, Yoshida (ein ehemaliger japanischer Ministerpräsident), sie alle gehörten diesem Geheimbund an. Die Liste ist schier endlos.

Man wäre also mit vollständiger Blindheit geschlagen und ein Kind unverzeihlicher Naivität, würde man den politischen Charakter der Freimaurerei und ihren weltweiten Einfluss leugnen.

Doch wo, so muss man fragen, ist die Freimaurerei heute besonders politisch aktiv?

DER GEHEIMBUND IN DER GEGENWART

Am stärksten ist die Freimaurerei in den USA (rund fünf Millionen Mitglieder) und in England (rund eine Million Mitglieder) vertreten. Die Logen in Kanada zählen 250 000 Mitglieder, die Logen in Frankreich und Neuseeland je 50 000. In Deutschland gibt es offiziell 20 000 Freimaurer, in Kuba 26 000 und in Schweden 25 000. Hier liegen also die Hauptzentren.[12]

Aber es gibt auch Logen in Norwegen, Schweden, Dänemark, auf den Philippinen, in Tasmanien, Indien, Italien, Griechenland, Argentinien, Japan, in der Schweiz, in Israel, in den Niederlanden, in Finnland, auf Island, in Chile, in der Türkei, in China (Taiwan) und in Österreich. Ferner finden sich Großlogen in Mexiko, Brasilien und Belgien. Was diese verschiedenen Geheimbünde aktiv im politischen Raum unternehmen, kann man aufgrund der Vergangenheit hochrechnen, beweisen kann man jedoch nichts. Dennoch darf man aufgrund der Geschichte, die wir zumindest punktuell ausführlich dargestellt haben, seine Schlüsse ziehen.

Wie also muss man über die Freimaurerei insgesamt urteilen?

VORLÄUFIGES FAZIT

Es mag den Leser überraschen, doch wir verurteilen die Freimaurerei nicht insgesamt. Dafür gibt es mindestens zwei gute Gründe: Zum einen ist das Freimaurertum heute so weit verbreitet, dass kein Mensch auf der Welt, und ganz bestimmt kein einzelner Autor, von sich behaupten kann, überall seriös nachrecherchieren zu können, was Sache ist. Es ist nach wie vor schwierig, wenn nicht gar unmöglich, sich ein unvoreingenommenes Urteil zu bilden.

Zum Zweiten gibt es unserer Erfahrung nach in jeder Gruppierung schwarze und weiße Schafe. Es ist nicht auszuschließen, dass die überwiegende Mehrheit der Freimaurer durchaus noble, vornehme Ziele verfolgt. Grundsätzlich ging es den Freimaurern darum, Umstände zu verbessern. Vergessen wir das nie.

Zugegeben, viele Freimaurer traten den einzelnen Logen nur bei, um persönliche Vorteile zu haben und sich mit einem hübschen Pöstchen und einer schönen Pension zu versorgen. Sie suchten und suchen Einfluss. Aber es gibt auch zahlreiche Anzeichen dafür, dass Freimaurerclubs oder ihre Front-Gruppen, deren Hintermänner oft unsichtbar bleiben, Zustände ehrlich verbessern wollen.

Es ist immer primitiv, eine ganze Bewegung zu verdammen, ohne zu differenzieren.

Der wilde Hass, der den Freimaurern entgegenschlug und teilweise noch immer entgegenschlägt, ist aufgrund des Gegensatzes zu den christlichen Kirchen und zu anderen (politischen) Weltanschauungen verständlich und nachvollziehbar. Übernehmen kann man solche Vorurteile jedoch nicht.

Als die Freimaurer im 18. Jahrhundert das Denken auf ein höheres Niveau hoben, als sie die Menschen vom Aberglauben befreiten, als sie das dumme Geschwätz von der „göttlichen Vorsehung" als Unsinn enttarnten und die Lügen der Bibel entlarvten, trugen sie zu einer Wissensexplosion bei, von der wir heute noch zehren.

Sie vergaßen vielleicht, dass Religionen im Allgemeinen und das Christentum im Besonderen auch sehr viel Gutes bewirkt hatten: Christliche Mönche brachten einstmals den barbarischen Germanen Lesen und Schreiben bei, sie gründeten Schulen und trieben die Zivilisation voran. Christliche Nonnen kümmerten sich aufopferungsvoll um Kranke, Arme und Schwache, sie trösteten Waisen und Witwen. Religiöse Gebote halfen dabei, dass Millionen von Menschen Sünden vermieden und Gutes taten. Und das Gebot der Nächstenliebe wurde nie von einem anderen Gebot übertroffen. Die Freimaurer vergaßen, in einem geschichtlichen Kontext gedacht, dass der Buddhismus einst halb Asien zivilisiert hatte und das Christentum halb Europa. Sie vergaßen, dass Religionen gewöhnlich einen Ordnungsrahmen schaffen, der das Zusammenleben erleichtert und das Chaos vermeiden hilft. Religionen förderten Integrität und Ethik, und wenn auch viele religiöse Gesetze und Regeln heute überzogen wirken und veraltet sind, so kann man die grundsätzlich gute Absicht nicht in Abrede stellen.

Und so verwundert es nicht, dass die „Herrschaft der Vernunft" zunächst in ein erstaunliches 19. Jahrhundert einmündete, dann aber in ein furchtbares 20. Jahrhundert, dessen Grausamkeiten von keinem anderen Jahrhundert je übertroffen wurden. Dennoch war es richtig, mutig und ehrenwert, sich von den Fesseln eines Teils des Christentums zu befreien, jenes Teils, der längst dabei war, im Aberglauben zu ersticken.

DIE FEHLER DER FREIMAURER

Die Fehler und Sünden der Freimaurerei darf man allerdings auch nicht ignorieren.

Die Geschichte der Rosenkreuzer beweist, dass der Aberglauben auch in die Freimaurerei Einzug hielt und Hochstaplern und Heuchlern, Scharlatanen und Schwindlern einen Rahmen gab, Zeitgenossen aufs Glatteis zu führen. Denken wir nur noch einmal an den Grafen von Saint Germain, der eine ganze Welt einseifte, sowie an die Hokuspokus-Séancen, mit denen selbst Könige an der Nase herumgeführt wurden. Vergessen wir auch nie das Geschwätz von einem „unbekannten, hohen Führer", der angeblich „hinter" einigen Logen stand (Weishaupt und die Illuminaten lassen grüßen, aber auch von Hund, der Gründer der Loge der „Strengen Observanz"). Wie wurden die Menschen in der Freimaurerei belogen und für dumm verkauft! Die ehrenwertesten, nobelsten Vertreter des Freimaurertums ließen zwar die Vernunft walten, doch Schurken und Schufte sorgten dafür, dass das Freimaurertum teilweise in noch wilderem Aberglauben versank, als es zuvor die Religion fertiggebracht hatte.

Ferner darf man nicht vergessen, dass innerhalb der Freimaurerei die übelsten Gestalten zu Macht und Ansehen kamen. Wenn es ausgemachte Lotterbuben auf dem Papstthron gab, so muss man auch festhalten dürfen, dass einige begabte Intriganten und Mörder auf den Freimaurer-Stühlen der Meister Platz nahmen. Denken wir noch einmal an die Französische Revolution sowie an die Loge P2. Schwarzes politisches Know-how, wie wir das genannt haben, kam im Rahmen vieler Logen zum Einsatz. Als einige Großmeister von ihrer eigenen Macht- und Geldgier aufgefressen wurden, läutete das den Anfang vom Ende ein. Einige Logenmeister sanken in moralischer Hinsicht so tief, dass keine Schandworte ausreichen, um ihre schwarzen Seelen hinreichend zu beschreiben. Die Freimaurerei muss sich also vorwerfen lassen, in ihren eigenen Reihen zu wenig für Ordnung, Ethik und Integrität gesorgt zu haben. Ihr Ruf litt unter diesem Versäumnis jahrhundertelang. Blutbäder und Revolutionen im Namen der Freimaurerei diskreditieren diese Bewegung zeitweise ganz.

Auch für die heimliche Unterwanderung des Staates können wir keine Sympathie aufbringen. Sie ist zumindest ein zweischneidiges Schwert. Die Unterwanderung ist nicht nur undemokratisch, sondern für einen Geheimbund auch unheimlich gefährlich. Wird die Unterwanderung öffentlich, können die Mitglieder mit hohen Strafen seitens des Staates rechnen, seitens der Freimaurerei werden Verräter mit einem kleinen Stich in den Rücken in einer dunklen Straßenecke belohnt.

Wir sind nicht so naiv zu glauben, dass nicht auch heute noch viele

Freimaurer-Bünde Staaten systematisch zu vereinnahmen suchen – Weishaupts Geist geht noch immer um, er spukt ungehemmt in vielen Freimaurer-Köpfen. Und in einigen Staaten haben Freimaurer-Bünde ihr Ziel auch längst erreicht; etwa in Mexiko, wo in den letzten Jahrzehnten kein Präsident nicht zugleich auch Freimaurer war, egal, welcher Partei er angehörte. Aber die Gefahr der Entdeckung schwebt stets wie ein Damoklesschwert über einer „geheimen Großloge", die einen ganzen Staat in ihrer Klaue hält. Sich den Staat auf ungesetzliche Art und Weise zur Beute zu machen, ist nach wie vor kein Kavaliersdelikt, sondern Landesverrat. Dennoch gibt es im politischen Raum heutzutage keinen mächtigeren Geheimbund als die Freimaurer, etwas anderes anzunehmen wäre einfältig. Natürlich sind einflussreiche Freimaurer-Bünde stets mit allen möglichen Meinungsführern verbandelt, wie wir am Beispiel der P2 sehr schön studieren konnten.

Sind in einem Geheimbund hohe Offiziere versammelt sowie Geheimdienstchefs und Spitzenbankiers, ganz zu schweigen von Top-Politikern, dann existieren ganze Netzwerke, in denen sich selbstverständlich die Bälle zugespielt werden. Je mächtiger solche Netzwerke sind, desto schwerer kann man die Fäden zerreißen, speziell wenn an der Spitze des Staates die „Rechten" und die „Linken" einen Pakt eingehen. Politische Überzeugungen werden in diesem Fall rasch über Bord geworfen, während gemeinsame freimaurerische Treueschwüre alles bedeuten.

Persönlich sind wir überzeugt, dass es solche Netzwerke in vielen Ländern gibt und eine erstaunliche Macht haben, vor allem in den USA, in England, Kanada und Frankreich. Aber auch weltweit verfügt die Freimaurerei über die besten Kontakte, alles andere würde bedeuten, dass man das Menschengeschlecht nicht kennt und die Geschichte der P2 nicht studiert hat.

Kein Historiker hat jedoch all diese Bünde je vollständig ausgelotet, kein Wissenschaftler sie je aufgedeckt und kein Autor vollständig beschrieben. Den Grund kennen wir: Es handelt sich um Geheimbünde.

Wie kann man sich trotz all dieser Geheimniskrämerei ein vernünftiges Urteil bilden?

ENDGÜLTIGES FAZIT

Der Gerechtigkeit halber muss noch einmal festgehalten werden, dass Freimaurer mitunter lobenswerte politische Ziele förderten wie Freiheit und Gleichheit. Wir sagten das bereits. Sie förderten zudem Wissen und Wissenschaft, Know-how und Kultur und waren und sind teilweise karitativ tätig. Die Entdecker Robert Scott und Roald Amundsen waren Freimaurer, aber auch der Flieger Charles Lindbergh und der Astronaut Gordon Cooper. Einige Freimaurer erhielten Friedensnobelpreise. Der kluge Benjamin Franklin war Freimaurer, aber auch Mozart, Haydn, Liszt, Puccini, Fichte, Wieland, wahrscheinlich Lessing und immer wieder Goethe. Edle Gestalten, ohne Ausnahme! Oscar Wilde, Jonathan Swift, Mark Twain und Alexander Puschkin sowie andere berühmte, liebenswerte Schriftsteller, die gleichzeitig auch Freimaurer waren, kämpften unaufhörlich für das Gute.

Was bedeutet das?

Nun, grundsätzlich muss man differenzieren. „Die" Freimaurerei gibt es nicht. Das wird auch dadurch erhärtet, dass sich einige Logen heute, wie schon ausgeführt, bis aufs Messer bekämpfen und durchaus keine einheitliche Politik verfolgen. In einigen Zirkeln der Freimaurerei werden unterschiedliche Ideale hochgehalten.

Wenn man also zu einem gerechten Urteil gelangen will, muss man immer die Einzelpersönlichkeit betrachten. Allein durch seine Zugehörigkeit zu einem Freimaurer-Bund sollte niemand vorverurteilt werden.

Gleichwohl gilt: Die Freimaurerei muss sich, wie jede andere Grup-

313

pierung auch, an den Werten messen lassen, die sie vertritt. Sofern Toleranz, Verständnis und Verstehen, Friede, Freiheit, Gleichheit vor dem Gesetz und das Recht, nach seiner eigenen Fasson selig zu werden, hochgehalten werden, kann man nichts gegen die Freimaurerei einwenden. Wenn die Mittel der Gewalt, des Krieges, des Mordes, der Täuschung und der Revolution eingesetzt werden, ist sie verächtlich und verbrecherisch. Die Freimaurerei steht also keineswegs über den „ewigen Werten". In diesem Sinne urteilt die Freimaurerei mit jeder ihrer Taten jeden Tag über sich selbst.

WARUM DIESES BUCH GESCHRIEBEN WERDEN MUSSTE ODER GEHEIMNIS ENTHÜLLT

Damit sind wir am Ende angelangt. Fast. Es fehlt nur noch eine letzte wichtige Botschaft, die wahrscheinlich bedeutsamer ist als alle Geheimbündeleien, denen wir auf den vorangegangenen Seiten begegnet sind.

Doch zunächst: Warum wurden im vorliegenden Buch keine weiteren Geheimbünde aufgenommen? Was ist mit dem Geheimbund Skull and Bones? Was mit den Bilderbergern? Und was mit den Rockefellern? Definieren wir zunächst die Begriffe.

SKULL AND BONES

Bei den *Skull and Bones* (engl. = Schädel und Knochen) handelt es sich um eine Studentenverbindung der *Yale University*. Sie befindet sich hoch im Norden der USA, an der Ostküste, in der Stadt New Haven (= Neuer Hafen) und hat eine ausgezeichnete Reputation. Sie ist eine der renommiertesten Universitäten der Welt, eine Elite-Universität, und mit einem zweistelligen Milliarden-Dollar-Stiftungskapital ausgestattet. Es ist wahr, dass drei Präsidenten der USA diese Universität besuchten – unter anderem George Herbert Bush. Sie alle waren in ihrer Studentenzeit auch Mitglieder der Skull and Bones.

Andere Namen dieser Studentenverbindung lauten: *The Order of Death* (= Todesorden), *Loge 322* und *Eulogian Club*. Einem Gerücht zufolge verehren die Bonesmen eine griechische Göttin namens Eulogia – ein Symbol der Redekunst oder Rhetorik. Auf jeden Fall sind die Bonesman und Yale-Absolventen rhetorisch bestens ausgebildet, sie können exzellent debattieren und Vorträge halten. Der Studentenbund setzt sich wechselseitig für die Karrieren seiner Mitbrüder ein. Weiter waren und sind einige hochrangige CIA-Mitglieder Yale-Absolventen.

So weit, so gut! Es handelt sich also um eine Brutstätte für Karrieristen, wie das wohl jede Elite-Universität ist.

Einige Verschwörungstheoretiker nehmen an, die Skull and Bones seien eine Abordnung einer außerirdischen Rasse mit reptilienartigen Körpern. Angeblich beabsichtigen sie, die Erde zu übernehmen. Um dieses Ziel zu erreichen, hätten sie sich einst mit alten, vornehmen, irdischen Adelsgeschlechtern (körperlich) verbunden, um sich zu tarnen.

Unser Urteil? Zweifellos laufen in der Yale-Elite-Universität einige heiße Drähte zusammen. Wer könnte das leugnen? Und dass Studentenvereinigungen dazu neigen, ihren Mitgliedern bei der Karriere aufs Pferd zu helfen, ist eine Binsenweisheit – in den kleinsten deutschen Universitäten geschieht dasselbe. Das jedoch als eine Weltverschwörung darzustellen und gar eine Beziehung zu außerirdischen Reptilien zu behaupten, übersteigt unsere Toleranz.

Wahr ist lediglich, dass die „Großen Familien" in den USA die Zügel fest in der Hand halten. Idealerweise ist man in Fragen der Macht weiß, protestantisch und von englischer Abstammung, Ausnahmen bestätigen nur die Regel. Milliarden von Dollar, kurz das Kapital, ist in diesen „Großen Familien" versammelt, zu denen selbstverständlich die Rockefellers gehören sowie verschiedene Großbankiers. Dass es Überschneidungen und Querverbindungen zu Elite-Universitäten gibt, möglicherweise auch zum Freimaurertum, liegt auf der Hand. Allein der Name Loge 322 lässt allerlei Vermutungen zu. Mehr aber lässt sich nicht behaupten, wenn man seriös bleiben will.

DIE BILDERBERGER

Auch über die Bilderberger, eine Gruppe hochkarätiger Mitglieder, ranken sich allerlei Gerüchte. Benannt ist die Gruppierung nach dem Hotel de Bilderberg, einer niederländischen Nobelherberge, in der sich die Mitglieder einst trafen. Prinz Bernhard der Niederlande, ehemals der Vorsitzende der Gruppe, war der Inhaber dieses Hotels, der Name Bilderberg wurde in der Folge für alle Mitglieder übernommen.

Um wen handelt es sich bei den Bilderbergern, und was hat es mit ihren geheimnisvollen Treffen auf sich?

Die Zusammenkünfte der Bilderberger finden alljährlich an verschiedenen Orten statt. Dann treffen sich höchst einflussreiche Persönlichkeiten aus Politik, Wirtschaft, Militär (= NATO), Hochschulen, Medien und dem Adel zu einem privaten Stelldichein. Die Teilnehmer kommen aus den USA und Europa, mittlerweile auch aus anderen Erdteilen. Offiziellen Verlautbarungen zufolge geht es den Bilderbergern darum, sich informell auszutauschen, Fragen der Weltwirtschaft zu erörtern und Probleme von internationaler Tragweite zu beleuchten. Tatsächlich zählen Superreiche, Premierminister, NATO-Generalsekretäre, Bundespräsidenten, Präsidenten internationaler Bankhäuser, Vorsitzende von Konzernen, Könige und Chefredakteure zu den Bilderbergern. Bemerkenswert: Zwei Drittel von ihnen gehören zur

Finanzelite. Konkrete Namen, die durchsickerten: Rockefeller, Warburg, Walter Scheel, Henry Kissinger, Hilmar Kopper, Josef Ackermann und Helmut Schmidt.

Bei den Bilderbergern gibt es keine Abschluss-Verlautbarungen, keine offiziellen PR-Statements, die Inhalte dieser „privaten" Gespräche sind weitgehend unbekannt. Die Öffentlichkeit erfährt nichts oder wenig über diese Gespräche, sie unterliegen der Geheimhaltung.

Die Verschwörungstheorien, die sich um die Bilderberger ranken, sind deshalb zahlreich: Die Vorstellung einer geheimen Weltregierung geistert ebenso durch die Literatur wie die Anklage, die Bilderberger seien für die Ölkrisen verantwortlich und die Irak-Kriege.

Doch was ist die Wahrheit?

Einige Kritiker monieren, die strikte Geheimhaltung sei demokratiefeindlich, und sie haben nicht Unrecht. Doch zumindest wir persönlich können nicht seriös über die Bilderberger urteilen. Es steht uns zu wenig handfestes Datenmaterial zur Verfügung, ein Grund, warum wir uns in diesem Buch nicht mit ihnen beschäftigt haben. Nachdenklich stimmt uns lediglich, dass zwei Drittel der Teilnehmer der internationalen Bankszene und Finanzelite zuzurechnen sind. Anzunehmen, dass man sich in solch hochkarätigen Kreisen zum Kaffeeklatsch trifft, ist gewiss naiv. Aber mehr lässt sich nicht behaupten.

ROCKEFELLER, ROTHSCHILD & CO.

Was die mächtigsten und reichsten Familien der Welt angeht – unter anderem die Rockefellers, die Rothschilds und die Warburgs – sowie international operierende Bankiers, so liegt hier sicher ebenfalls einiges im Argen, um es vorsichtig auszudrücken. Aber die Finanzmanipulationen auf der Welt sind ein eigenes Thema, sie lassen sich nicht mit ein paar dünnen Pinselstrichen darstellen. Nur so viel: Kein Geheimbund kann etwas bewirken, wenn nicht genug Geld zur Verfügung steht. Was die harten Fakten angeht, so behalten wir die Ergebnisse einem späteren Buch vor.

Doch kommen wir jetzt endlich zu der Kernbotschaft dieses Buches.

DIE WAHRE MACHT

Weil die zweifellos existenten Geheimbünde einen so beträchtlichen Einfluss haben, könnte man zu der Meinung gelangen, dass wir alle von großmächtigen Strippenziehern umgeben sind, die uns nach Strich und Faden manipulieren. Scheinbar wird hinter den Kulissen nach allen Regeln der Kunst gekungelt, wir dagegen sind lediglich das dumme, törichte Volk, das nichts erfährt und vor allem nichts ändern kann.

Verhält es sich so?

Nun, das genaue Gegenteil ist der Fall. Es ist richtig, dass Geheimbünde über weit mehr Macht verfügen, als man es sich in seiner Schulweisheit träumen lässt. Die Fakten sprechen für sich. Aber genau diese Macht kann urplötzlich kollabieren. Die Geschichte kennt Hunderte von Fallbeispielen, die beweisen, wie schwächlich all diese Geheimbündelei ist. Sobald nämlich ein Geheimnis auffliegt, löst sich alle Macht in Rauch auf. Grundsätzlich sollten wir uns also nicht allzu sehr von all diesen Geheimgesellschaften beeindrucken lassen.

Geheimbünde haben allerdings bisweilen eine „mentale" Wirkung auf uns, wie man das nennen könnte. Das Individuum glaubt zum Schluss, nichts bewirken zu können, es fühlt eine gewisse Ohnmacht. Es nimmt an, es könne nichts bewegen. Doch die reine Wahrheit ist:

Nur das Individuum kann etwas bewegen. Erinnern wir uns noch einmal an das historische Axiom, das wir etabliert haben:

Individuen, nicht Massen machen Geschichte.

Will man es anwenden, kommt es darauf an, sich selbst Macht zuzugestehen. Man muss den Entschluss fassen, Einfluss zu nehmen. Wenn man sich in sein Schneckenhaus zurückzieht und die Welt als einen Kuchen betrachtet, dessen gute Stücke bereits verteilt worden sind, wenn man sich „im Geiste" von der Existenz „übermächtiger Finanziers" oder „gefährlicher Geheimbündler" ins Bockshorn jagen lässt, hat man bereits verloren.

Die Wahrheit lautet: Selbst eine Milliarde Dollar ist nichts im Verhältnis zu einem aktiven Individuum und nichts im Verhältnis zu einer brillanten Idee. Die wahre Macht liegt immer beim Individuum, sie liegt bei dem Zeitgenossen, der bereit ist, etwas zu unternehmen und zu verändern.

Die bloße Existenz all dieser Geheimbünde suggeriert jedoch, unidentifizierbare Drahtzieher hielten alle Karten in der Hand. Doch genau das ist nicht der Fall. Zunächst gilt es zu realisieren, dass wir eben nicht überall von Verschwörungen umgeben sind. Noch einmal: Rund 80 Prozent aller Verschwörungstheorien sind Humbug. Die meisten Verschwörungstheorien sind durch nichts zu beweisen und an den Haaren herbeigezogen.

Und was ist mit den Verschwörungstheorien mit Substanz? Nun, wie gesagt, Geheimbünde und Geheimgesellschaften generell sind bei all ihrer Stärke letztlich sehr viel schwächer als allgemein angenommen. Erinnern wir uns noch einmal daran, wie schnell der Illuminatenchef Weishaupt in der Versenkung verschwand und sich zitternd vor Angst in einem Kamin verkroch. Vergessen wir nicht das Schicksal der Rosenkreuzer, die kalt abserviert wurden, als ihre Taschenspielertricks aufflogen. Auch Licio Gelli ergriff das Hasenpanier und tauchte schnell unter, als er bemerkte, dass es ihm ans Leder ging.

Das Gleiche gilt für Geheimdienste, die zwar nicht das Thema dieses Buches sind, aber genügend Anschauungsmaterial dafür bieten, wie schwächlich diese Geheimnistuerei ist. Der einst allmächtige rumänische Geheimdienst, die *Securitate,* Mörder vom Dienst, vor denen alle zitterten, musste sich beispielsweise in die kleinsten Mauselöcher verkriechen, als der Kommunismus stürzte und ihre Untaten bekannt wurden. Oder als die ehemalige DDR zusammenbrach, die von einem riesigen Stasi-Spitzelheer bevölkert war, versteckten sich die vormals allmächtigen Spione und Geheimdienstler wie Erdhörnchen. Das Volk jagte die Stasi und mit ihr die gesamte DDR-Polit-Verbrecherbande zum Teufel, obwohl hinter der Deutschen Demokratischen Republik die scheinbar noch mächtigere UdSSR stand, der allmächtige KGB und ein riesiges russisches Heer. Aber eines Tages platzte die Sowjetunion wie ein zu stark aufgeblasener Ballon und fiel in sich zusammen.

Doch zurück zu unseren Geheimbünden: Im Allgemeinen wird unterschätzt, wie verletzlich viele Bünde in Wahrheit sind. Die Achillesferse jedes Geheimbundes ist die mangelnde Integrität seiner Mitglieder und das zwanghafte Versteckspiel. Vieles ist nur Show, Äußerlichkeit, Täuschung und Trickserei. Und noch einmal: Ein einmal enthülltes Geheimnis verliert sofort seine Macht. Die Geheimhaltung, ein riesiger Vorteil bei einem Coup d'Etat, ist ein unglaublicher Nachteil bei der Verbreitung einer Idee. Bewegt sich ein Geheimbund dazu noch auf dem Boden der Illegalität, ist er gleich zweimal angreifbar. Alle aufgeflogenen Geheimgesellschaften scheiterten letztlich an ihren eigenen Lügen und/oder der Tatsache, dass sie mit dem Gesetz in Konflikt gerieten.

Nichts schwächt einen Geheimbund außerdem mehr als der Umstand, dass Ziele manchmal selbst vor den eigenen Mitgliedern nicht klar und offen ausgesprochen werden, wodurch man seine Brüder verunsichert und nur mühsam neue Mitglieder gewinnt. Wenn Geheimbündler ferner untereinander uneins sind, wenn sie sich bekämpfen und wenn keine Ethik- und keine Organisationstechnologien existieren, sind all diese Bünde früher oder später zum Scheitern verurteilt.

Die größtmögliche Kraft dagegen ist ein Individuum mit hoher Integrität, das fähig ist zu unverstellter, ehrlicher Kommunikation und sich durch brillante Ideen auszeichnet. Insofern ist die wichtigste Botschaft dieses Buches, dass Sie sich nicht allzu sehr beeindrucken lassen sollten – von all den Geheimbünden, die es gibt. Halten Sie außerdem nicht an allen Ecken und Enden nach Geheimbünden und Verschwörungen Ausschau. Das destabilisiert mental. Gebrauchen Sie Ihren eigenen gesunden Menschenverstand und entscheiden Sie selbst, ob hinter einem Ereignis ein Geheimbund steckt oder nicht.

Geheimbünde an sich sind eine Konstante in der Geschichte der Menschheit. Der Mensch ist verliebt in Geheimnisse. Geheimbünde gehören zum Menschen wie die Mäuse zum Speck. Der Mensch kommt offenbar nicht ohne Geheimnisse aus, er ist vernarrt in das Mysteriöse. Im Laufe der Geschichte gab es jedoch zahlreiche Geheimbünde, nach denen heute kein Hahn mehr kräht.

Die Macht von real existierenden Geheimbünden ist nur dann überwältigend, wenn *Sie* ihnen in Ihrem Kopf Bedeutung einräumen. Jeder von uns kann etwas Großes, Anständiges und Bedeutsames bewirken, mit und ohne Geheimbund. *Über* der Macht eines Geheimbundes steht die Macht der Einzelpersönlichkeit. *Ihre* Macht. Das ist die wichtigste Lehre, die man aus der Existenz all dieser Geheimbünde ziehen kann.

LITERATURVERZEICHNIS

Die Anatomie des Geheimnisses

[1] Vgl. Frank Fabian: Was wir aus 10.000 Jahren Geschichte lernen können, Suhl, 2016, S. 262

Tempelritter

[1] Hans Wollschläger: Die bewaffneten Wallfahrten gegen Jerusalem, Zürich, ohne Zeitangabe, S. 140

[2] Vgl. die Autoren Georges Tate, Walter Zöllner und Frank Fabian: Die geheim gehaltene Geschichte Deutschlands, München, 2016, S. 117ff

[3] 2. Buch Mose, 25,10

[4] Dieter H. Wolf: Internationales Templerlexikon, Innsbruck, 2003, S. 232ff

[5] Dieter H. Wolf: a. a. O., S. 107

[6] Dieter H. Wolf: a. a. O., S. 232ff sowie Wikipedia: Stichwort „Templer"

[7] Dieter H. Wolf: a. a. O., S. 197

[8] Dieter Wolf: a. a. O., S. 65

[9] Dieter Wolf: a. a. O., S. 66 und S. 94f

[10] Vgl. Ha. A. Mehler: Pokerspiel, Güllesheim, 2006, S. 305ff

[11] Vgl. Frank Fabian: Unterdrückte Informationen über Jesus Christus, München, 2016

Assassinen

[1] Frank Fabian: Die größten Lügen der Geschichte, München, 2016, S. 175ff

[2] Dieter Wolf: a. a. O., S. 145

³ Vgl. Marco Polo: Il Milione: Die Wunder der Welt, ohne Ortsangabe, 1983, 1997

Jesuiten
¹ Vgl. Wikipedia: Stichwort „Jesuiten", speziell das Stichwort „Verschwörungstheorien und Jesuiten"
Vgl. weiter *Monita Secreta* – Die geheimen Instruktionen der Jesuiten, Württemberg, 1924 (Die Schrift kann im Internet vollständig
gelesen und heruntergeladen werden.)
² Will Durant: Gegenreformation und Elisabethanisches Zeitalter,
München, 1981, S. 383
³ Will Durant: a. a. O., S. 384
⁴ Vgl. Wikipedia: Stichwort „Kadavergehorsam", deutsche Überset-
zung von Peter Knauer, 1998
⁵ Will Durant: a. a. O., S. 386
⁶ Frank Fabian: Die geheim gehaltene Geschichte Deutschlands,
München, 2016, S. 143ff
⁷ Vgl. die bereits zitierte Quelle *Monita Secreta* im Internet
⁸ Vgl. Karl-Heinz Deschner: Die Kriminalgeschichte des Christentums, 10 Bände, Hamburg, verschiedene Erscheinungsdaten
⁹ Vgl. Frank Fabian: Unterdrückte Informationen über Jesus Christus,
München, 2016
¹⁰ Siehe Frank Fabian: Die größten Lügen der Geschichte, a. a. O.,
sowie Frank Fabian: Die größten Fälschungen der Geschichte,
München, 2012

Opus Dei
¹ Vgl. Ha. A. Mehler: Weltbestseller, Clearwater, 2016
² Vgl. Wikipedia: Stichwort „Opus Dei"
³ Gefunden in: Wikipedia: Stichwort „Opus Dei"
⁴ Zitiert nach dem Buch des Gründers „Der Weg"

[5] Vgl. Wikipedia: Stichwort „Opus Dei"

[6] Vgl. Petra Riechert: Die Steuer-Tyrannei, Suhl, 2014

[7] Curzio Maltese: Scheinheilige Geschäfte, München, 2009

[8] Maltese: a. a. O., S. 70

[9] Vgl. Frank Fabian: Was wir aus 10.000 Jahre Geschichte lernen können, Suhl, 2016

[10] Vgl. Maggy Whitehouse: Opus Dei. Der Stoßtrupp Gottes im Vatikan, ohne genaue Ortsangabe, 2007 sowie
John L. Allen: Opus Dei – Mythos und Realität, München, 2009

USA

[1] Frank Fabian: Spitzenleistungen der Regierungskunst, Idstein, 1993, S. 239,
Siehe auch: www.frankfabian.org

[2] Vgl. Frank Fabian: Spitzenleistungen der Regierungskunst, Die Kunst des Regierens, Suhl, 2012

[3] Henri Seé: Les Indées politique en France au XVIII sièe, Paris, 1920, S. 161
Vgl. auch: Will Durant: Europa und der Osten im Zeitalter der Aufklärung, Bd. XV, München, 1980, S. 90

[4] Vgl. die ausgezeichnete Recherche von W. Cleon Skousen: The Making of Amerika, The substance and meaning of die Constitution, Washington D. C. 1985

[5] Thomas Jefferson, Aus dem Gesetz über religiöse Freiheit in Virginia, 1786

[6] Vgl. „Masonic Boston Tea Party, http://copycateffect.blogspot.com/2009/04/btp.html"http://copycateffect.blogspot.com/2009/04/btp.html

[7] Gefunden bei Wikipedia unter dem Stichwort „John Hancock".
Hier wird verwiesen auf: William R. Denslow/Harry S. Truman: 10,000 Famous Freemasons from A to J

[8] Vgl. Berühmte Freimaurer, http://www.internetloge.de/arst/masons1.htm

[9] Vgl. erneut Wikipedia: „Greatest Names of American Revolution"

[10] Vgl. Wikipedia: „Greatest Names of the American Revolution":
John Adams – Spoke favorably of Freemasonry – never joined
Samuel Adams – Close and principle associate of Hancock, Revere & other Masons
Ethan Allen – Mason
Edmund Burke – Mason
John Claypoole – Mason
William Daws – Mason
Nathan Hale – No evidence of Masonic connections
John Hancock – Mason
Benjamin Harrison – No evidence of Masonic connections
Patrick Henry – No evidence of Masonic connections
Thomas Jefferson – Deist with some evidence of Masonic connections
John Paul Jones – Mason
Francis Scott Key – No evidence of Masonic connections
Robert Livingston – Mason
James Madison – Some evidence of Masonic membership
Thomas Paine – Humanist
Paul Revere – Mason
Colonel Benjamin Tupper – Mason
George Washington – Mason
Daniel Webster – Some evidence of Masonic connections

[11] Siehe Freemasonry and the American Revolution, form the Grand Lodge Of Texas, http://www.themasonictrowel.com/Articles/History/united_states_files/freemasonry_and_the_american_revolution_gltx.htm

[12] Frank Fabian: Die größten Fälschungen der Geschichte, München,

2012

[13] Vgl. Wikipedia: Stichwort „Loge der Neun Schwestern"

[14] Frank Fabian: Die größten Fälschungen der Geschichte, a. a. O., S. 95ff

Der Graf von Saint Germain

[1] Ha. A. Mehler: Abenteuerliche Leben, Idstein, 1995, S. 26ff

[2] Vgl. Wikipedia: Stichwort „Graf von Saint Germain"

[3] Will Durant: Das Zeitalter Voltaires, Frankreich, Berlin, Wien, 1982, S. 255

[4] Vgl. Wikipedia: Stichwort „Secret du Roi"

[5] Ha. A. Mehler: Abenteuerliche Leben, a. a. O., S. 28f

[6] Vgl. die ausgezeichnete Recherche von Thomas Freller: Der Graf von St. Germain, Alchemist oder Hochstapler, Stuttgart, 2015

[7] Serge Hutin: Die Freimaurer, in: Geheimgesellschaften und Geheimbünde, Düsseldorf und Wien, 1979, S. 323ff

[8] Vgl. Will Durant: Das Zeitalter Voltaires, München, 1980

[9] Vgl. Ha. A. Mehler: Der Seelenhändler, Idstein, 1998, sowie verschiedene Biografien über Saint Germain

[10] Zitiert nach Wikipedia: Stichwort „Saint Germain"

[11] Zitiert nach Wikipedia: Stichwort „Saint Germain"

Rosenkreuzer

[1] Vgl. Wikipedia: Stichwort „Andreae"

[2] Vgl. Wikipedia: Stichworte „Orson Wells" und „Krieg der Welten"

[3] Vgl. verschiedene Wikipedia-Einträge zu den „Gold- und Rosenkreuzern"

[4] Gisela Graichen/Alexander Hesse: Geheimbünde, Reinbek bei Hamburg, 2007, S. 216ff

[5] Eugen Lennhoff/Oskar Posner: Internationales Freimaurer-Lexikon, München, 1932

[6] Vgl. verschiedene Wikipedia-Einträge, Stichworte wie „Sonnentempler", „Joseph Di Mambro" etc., sowie Gisela Graichen: a. a. O., S. 222

Illuminaten

[1] Vgl. Wikipedia: Stichwort „Illuminatenorden"
[2] Vgl. Wikipedia: Stichwort „Adam Weishaupt"
[3] Vgl. Wikipedia: Stichwort „Immanuel Kant"
[4] Gisela Graichen: a. a. O., S. S. 192
[5] Jim Marrs: Rule by secrecy, New York, 2001, S. 242
[6] Vgl. Wikipedia: Stichwort „Adam Weishaupt"

Hitler

[1] Vgl. Thomas Röder: Die Männer hinter Hitler, Malters, 1994
[2] Vgl. Wikipedia: Stichwort „Thule" und „Rudolf von Sebottendorf"
[3] Jim Marrs: a. a. O., S. 155ff
[4] Vgl. Wikipedia: Stichwort „Dietrich Eckart"
[5] Jim Marrs: a. a. O., S. 161
[6] Vgl. Wikipedia: Stichwort „Vril-Gesellschaft", vgl. weiter verschiedene Kurzfilme des „History-Kanals" in den USA, die sich mit dem Thema „Hitler und Esoterik" befassen
[7] Vgl. Wikipedia: Stichwort „Thule-Gesellschaft"
[8] Vgl. Wikipedia: Stichwort „Thule-Gesellschaft"
[9] Frank Fabian: Die größten Fälschungen der Geschichte, a. a. O.
[10] Die *Protokolle der Weisen von Zion* sind überall einsehbar und veröffentlicht, auch mehrfach im Internet. Vgl. außerdem Wolfgang Benz: Die Protokolle der Weisen von Zion, München, 2007
[11] Hadassa Ben-Itto: Die Protokolle der Weisen von Zion – Anatomie einer Fälschung, Berlin, 1998
[12] Vgl. Wikipedia: Stichwort „Die Protokolle der Weisen von Zion"
[13] Vgl. die ausgezeichnete Recherche von Dr. Thomas Röder: Die

Männer hinter Hitler, Malters, 1994

[14] Frank Fabian: Die geheim gehaltene Geschichte Deutschlands, München, 2016, S. 380f

[15] Vgl. Ha. A. Mehler: Der sanfte Schrei, München, 1985

P2

[1] Die Anti-Freimaurer-Literatur nach den Ereignissen rund um P2 vervielfachte sich derart, dass es überflüssig ist, konkrete Quellenangaben zu machen. Bis heute ist zudem das Internet übersät davon.

[2] Vgl. Wikipedia: Stichwort „Ordine Nuovo"

[3] Gisela Graichen: a. a. O., S. 82 ff

[4] Graichen: a. a. O., S. 85

[5] Graichen: a. a. O., S. 86

[6] Freimaurer-wiki.de/index.php/Rezension:_Guido_Grandt:_ Schwarzbuch_Freimaurerei_III

[7] Gary Allen: Non Dare Call it Conspiracy, ohne Ortsangabe, 1971

[8] http://www.secret-politics.com/Logen/Struktur-Welth.htm http://www.secret-politics.com/Logen/Struktur-Welth.htm

[9] Vgl. Wikipedia: Stichwort „Roberto Calvi"

[10] Vgl. Wikipedia: Stichwort „Michele Sindona"

[11] Vgl. Daniele Ganser: NATO-Geheimarmeen in Europa, Inszenierter Terror und verdeckte Kriegsführung, Zürich, 2008

[12] Vgl. Wikipedia: Stichwort „P2"

Geschichte der Freimaurerei

[1] Die größten Lügen der Geschichte. Wie „historische Wahrheiten" gefälscht wurden

Die größten Fälschungen der Geschichte. Was so nicht in unseren Schulbüchern steht

Die geheim gehaltene Geschichte Deutschlands. Was von Historikern bis heute verschwiegen wird

Was wir aus 10.000 Jahren Geschichte lernen können.
Geheim-Wissen: Wie die Gesetze der Macht heißen
Unterdrückte Informationen über Jesus Christus. Was bis heute
über Jesus Christus verschwiegen wird
Sehr geehrte Frau Bundeskanzlerin. Was faul ist im Staate
Deutschland
Spitzenleistungen der Regierungskunst. Auf der Suche nach
politischen Erfolgsgeheimnissen
Die Steuer-Tyrannei. Auf welche Weise die Deutschen mit astro-
nomischen Steuern unterdrückt werden. Mit welcher Methode Sie
persönlich der Steuerfalle entgehen können
Die Kunst des Friedens. Wie Frieden aktiv herbeigeführt und
aufrechterhalten werden kann
Macht und Magie der Public Relations. Insider-Informationen und
Spitzen-Techniken rund um die Öffentlichkeitsarbeit
Ungewöhnliches politisches Wörterbuch. Die wichtigsten politi-
schen Grundbegriffe. Rasch und unkompliziert politische Zusam-
menhänge einordnen und verstehen
Die Mätresse von Mailand. Historischer Roman
Die Geheimmission des Tempelritters (Band I). Historischer Roman
Der falsche Pharao. Roman
Die Nonne und der Tempelritter (Band II)
(siehe auch http://www.frankfabian.org)

² Vgl. Graichen u. a.: a. a. O.
³ Frank Fabian: Die Geheimmission des Tempelritters, Clearwater,
2015, publiziert erstmalig bei Amazon, siehe auch
www.frankfabian.org
⁴ Ha. A. Mehler: Psst! Es geht um Ihr Geld! Welche Informationen
Ihnen Banken und Versicherungsgesellschaften verschweigen. Wie
Sie weitaus höhere Zinsen für Ihr Geld erwirtschaften können,
Clearwater, 2016

[5] Vgl. Walter Schulz: internetloge.de – internetloge.org – Hamburg, Deutschland – Freimaurerei, Freimaurer-Logen, Freimaurer

[6] Vgl. Frank Fabian: Unterdrückte Informationen über Jesus Christus, München, 2016

[7] Wikipedia: Stichwort „Karl-August von Sachsen-Weimar-Eisenach"

[8] Frank Fabian: Die größten Fälschungen der Geschichte, München, 2013, S. 132

[9] Die letzten Seiten wurden zitiert nach: Frank Fabian: Die größten Fälschungen der Geschichte, a. a. O.

[10] Vgl. Wikipedia: Stichwort „Schwarze Hand"

[11] Zitiert nach: Frank Fabian: Die geheim gehaltene Geschichte Deutschlands, München, 2015, S. 353ff

[12] Alle Zahlen sind frei im Internet erhältlich, sie werden nicht einmal geheim gehalten

ÜBER DEN AUTOR

FRANK FABIAN, Jahrgang 1952, lebt in Florida, USA. Fabian studierte Geschichte und Philosophie in Deutschland, England und in den USA. Der in neun Ländern publizierte Bestsellerautor wurde mit vielen Preisen ausgezeichnet. Eine seiner Ausgaben wurde in Deutschland zum Einsatz als ergänzende Literatur empfohlen für die Fächer Wirtschaft, Ethik, Geschichte und Sozialkunde der Klassenstufen 9 bis 12 sowie für Studenten, Ausbilder und Lehrer.

ERFOLGSTITEL

- Die größten Lügen der Geschichte. Wie „historische Wahrheiten" gefälscht wurden
- Die größten Fälschungen der Geschichte. Was so nicht in unseren Schulbüchern steht
- Die geheim gehaltene Geschichte Deutschlands. Was von Historikern bis heute verschwiegen wird
- Was wir aus 10.000 Jahren Geschichte lernen können. Kompakt-Wissen: 10.000 Jahre Wissen auf einen Blick, Elite-Wissen: Wie der Code der Historie lautet, Geheim-Wissen: Wie die Gesetze der Macht heißen
- Unterdrückte Informationen über Jesus Christus. Was bis heute über Jesus Christus verschwiegen wird
- Sehr geehrte Frau Bundeskanzlerin. Was faul ist im Staate Deutschland
- Die Kunst des Regierens. Auf der Suche nach politischen Erfolgsgeheimnissen
- Die Steuer-Tyrannei. Auf welche Weise die Deutschen mit astronomi-

schen Steuern unterdrückt werden. Mit welcher Methode Sie persönlich der Steuerfalle entgehen können

- Die Kunst des Friedens. Wie Frieden aktiv herbeigeführt und aufrechterhalten werden kann
- Macht und Magie der Public Relations. Insider-Informationen und Spitzen-Techniken rund um die Öffentlichkeitsarbeit
- Ungewöhnliches politisches Wörterbuch. Die wichtigsten politischen Grundbegriffe. Rasch und unkompliziert politische Zusammenhänge einordnen und verstehen
- Die Mätresse von Mailand. Historischer Roman
- Die Geheimmission des Tempelritters (Band I). Historischer Roman
- Der falsche Pharao. Roman
- Die Nonne und der Tempelritter (Band II)
- Die mächtigsten Geheimbünde in Geschichte und Gegenwart (Band II der Serie „Die größten Lügen der Geschichte")

Website: www.frankfabian.org
Kontakt: frankfabian11@yahoo.com